JÖRG MARTENS

Die Besteuerung wirtschaftlicher Aktivitäten im Amateursport

Schriften zum Steuerrecht

Band 34

Die Besteuerung wirtschaftlicher Aktivitäten im Amateursport

Von

Dr. Jörg Martens

Duncker & Humblot · Berlin

CIP-Titelaufnahme der Deutschen Bibliothek

Martens, Jörg:
Die Besteuerung wirtschaftlicher Aktivitäten im Amateursport
von Jörg Martens. – Berlin: Duncker u. Humblot, 1989
(Schriften zum Steuerrecht; Bd. 34)
Zugl.: Kiel, Univ., Diss., 1988
ISBN 3-428-06612-X
NE: GT

Druck: Berliner Buchdruckerei Union GmbH, Berlin 61
Printed in Germany

ISSN 0582-0235
ISBN 3-428-06612-X

Vorwort

Seit dem 1.1.1986 ist § 67 a AO in Kraft. Diese Norm bestimmt, wann eine sportliche Veranstaltung ein Zweckbetrieb ist. Der Gesetzgeber reagierte damit auf die neuere Entwicklung im Amateursport, daß finanzielle Zuwendungen an Amateursportler unter bestimmten Bedingungen zulässig sind. Dies hatte zu Zahlungen von Sportvereinen an Amateursportler geführt. Hierin wurde eine Gefahr für die Gemeinnützigkeit zahlreicher Sportvereine gesehen. Diese Gefahr wollte der Gesetzgeber kurzfristig beseitigen.

Mit der vorliegenden Arbeit sollen die Auswirkungen der neuen Vorschrift im System des Gemeinnützigkeitsrechts aufgezeigt werden. Die Untersuchung ist eingebettet in eine Gesamtdarstellung des geltenden Gemeinnützigkeitsrechts der Sportvereine, die den Schwerpunkt der Arbeit bildet. Ihr vorangestellt wurde eine Darstellung der Vertragspraxis bei der Vermarktung sportlicher Erfolge von Amateursportlern und der Besteuerung der dadurch erzielten Einnahmen.

Die vorliegende Arbeit ist in der Zeit von Juli 1986 bis März 1988 auf Anregung von Prof. Dr. Sonnenschein entstanden. Sie lag der Rechtswissenschaftlichen Fakultät der Christian-Albrechts-Universität zu Kiel im Sommersemester 1988 unter dem gleichen Titel als Dissertation vor. Das Nachwort wurde während der Drucklegung angefügt.

Mein besonderer Dank gilt Herrn Prof. Dr. Sonnenschein, der mir zahlreiche wertvolle Hinweise gab und die Arbeit als Erstgutachter betreute. In gleichem Maße danke ich Herrn Prof. Dr. Hattenhauer, der sich freundlicherweise als Zweitgutachter zur Verfügung stellte. Mein Dank gilt ferner dem Bundesministerium der Finanzen, das mir den Referentenentwurf eines Gesetzes zur Verbesserung und Vereinfachung der Vereinsbesteuerung zur Verfügung gestellt hat.

Lübeck, im November 1988 — Jörg Martens

Inhaltsverzeichnis

1. Teil

Einleitung

§ 1 Problemstellung ... 13

A. Einnahmeerzielung und Amateurstatus ... 13

B. Rechtsprobleme von Sportvereinen und Sportverbänden bei der Sportvermarktung ... 15

C. Ziel der Arbeit ... 18

2. Teil

Werbung und Sportvermarktung durch Spitzensportler

§ 2 Die rechtliche Konstruktion der Sportvermarktung ... 19

A. Vertragsparteien ... 19

B. Rechtskonstruktionen ... 20

I. Fördergesellschaft – Unternehmen ... 20

II. Fördergesellschaft – Sportler ... 21

§ 3 Mögliche Vermarktungsformen ... 22

A. Ausrüsterverträge ... 22

B. Produktwerbung ... 24

C. Start- und Preisgelder ... 24

D. Sonstige Vermarktungsformen ... 25

§ 4 Die Besteuerung der Einkünfte von Amateursportlern aus Sportvermarktung ... 25

A. Meinungsstand ... 25

I. Berufssportler ... 25

II. Amateursportler ... 25

B. Beurteilung von Werbemaßnahmen ... 26

C. Beurteilung von Start- und Preisgeldern ... 27

D. Zeitpunkt des steuerlichen Zuflusses ... 29

3. Teil

Werbung und Sportvermarktung durch Sportvereine

§ 5 Werbeformen und Vertragsgestaltung 30

A. Bandenwerbung 30

B. Trikotwerbung 31

C. Vereinsname 32

D. Werbung in der Vereinszeitung 33

E. Ausrüsterverträge 33

F. Sonstige Vermarktungsformen 33

§ 6 Die Besteuerung der Einnahmen aus wirtschaftlichen Betätigungen von Sportvereinen im Überblick 34

A. Allgemeines zur Besteuerung gemeinnütziger Sportvereine 34

B. Die Voraussetzungen für die Anerkennung der Gemeinnützigkeit 34

§ 7 Die geschichtliche Entwicklung der Gemeinnützigkeit von Sportvereinen 36

A. Der Begriff der Gemeinnützigkeit in den Rechtsvorschriften einzelner deutscher Staaten 37

B. Die gesetzliche Verankerung der Gemeinnützigkeit von Sportvereinen im Steuerrecht des Deutschen Reiches 38

C. Die Ausgestaltung des Gemeinnützigkeitsrechts der Sportvereine 40

§ 8 Das Verhältnis der Absätze 1 und 2 des § 52 AO 42

A. Meinungsstand 42

B. Stellungnahme 43

I. Historische Gesichtspunkte 43

II. Sinn und Zweck der Vorschrift 44

C. Mögliche Ausnahmefälle 44

I. Zielkonflikte 45

II. Todesfälle und Sportverletzungen 46

III. Zuschauerverhalten 47

IV. Gesetzesverstöße 48

§ 9 Der steuerrechtliche Sportbegriff 49

A. Die sprachliche Definition des Begriffs „Sport“ 49

B. Die steuerrechtliche Problematik des Sportbegriffs 49

C. Der Sportbegriff der AO 50

I. Amateursport 51

II. Historische Gesichtspunkte 52

III. Historisch-systematische Gesichtspunkte 53
IV. Teleologische Gesichtspunkte 54
1. Gesundheitspolitische Aspekte 54
2. Publikumswirksamkeit 55
3. Repräsentationsfunktion 56
4. Gesellschaftspolitische Gesichtspunkte 57
5. Abgrenzung gegenüber nicht begünstigten Zwecken 57
a) Abgrenzung zur Erholung 58
b) Abgrenzung zum Hobby 60
c) Abgrenzung zur Geselligkeit 61
d) Mitgliedschaft im DSB 62
V. Bestimmung des steuerrechtlichen Sportbegriffs 62
VI. Anwendungsbeispiele 63
1. Schießen 63
2. Segeln 64
3. Motorflugsport 65
4. Motorrennsport 65
5. Amateurfunksport 66
6. Tanzsport 66
7. Billard 66
8. Kegeln 67
9. Golf 67
10. Minigolf 67
11. Tischfußball 67
12. Sport mit Tieren 68
13. Schach 69
14. Sonstiges 70

§ 10 Eingrenzung der Allgemeinheit 70

A. Allgemeines 71

B. Zugangssperren 71
I. Begrenzte Mitgliederzahlen 72
II. Betriebssportgruppen 72
III. Finanzielle Zugangssperren 74
1. Auffassung der Finanzverwaltung 74
2. Auffassung der Rechtsprechung 75
3. Beurteilung der Auffassungen 75
a) Aufnahmegebühren 76
b) Vereinsbeiträge 78

§ 11 Selbstlosigkeit 78

A. Das Verbot, „in erster Linie“ eigenwirtschaftliche Zwecke zu verfolgen 79
I. Eigenwirtschaftliche Zwecke 79

II. Der betroffene Personenkreis 79
III. Das Merkmal „in erster Linie“ 80
1. Meinungsstand 81
2. Stellungnahme 82
a) Handeln zum Vorteil der Körperschaft 82
b) Handeln zum Vorteil der Mitglieder 86
B. Bindung der Mittel 88
I. Rechtliche Verankerung des Amateurprinzips 88
1. Die rechtliche Herleitung des Amateurprinzips 89
2. Kritik am Amateurprinzip im Steuerrecht 90
3. Stellungnahme 90
II. Aufwandsentschädigungen 93
III. Ablösezahlungen 95

§ 12 Ausschließlichkeit 98
A. Inhalt des Gebots der Ausschließlichkeit 98
B. Ausnahmen vom Grundsatz der Ausschließlichkeit 98
C. Satzung und Ausschließlichkeit 99

§ 13 Unmittelbarkeit 100

§ 14 Die Auswirkungen des § 67a AO auf die Voraussetzungen des Gemeinnützigkeitsrechts 102
A. Ausnahmen von der Mittelbindung 103
B. Umfang der Freistellung vom Grundsatz der Selbstlosigkeit im Sinne des § 55 I HS 1 AO 104

§ 15 Das Sonderrecht der Fußballbundesligavereine 105
A. Durchbrechung von Prinzipien 105
B. Die gesetzliche Verankerung der Durchbrechungen 106

§ 16 Die Zuordnung wirtschaftlicher Aktivitäten als Folge der Gemeinnützigkeit 107
A. Grundbegriffe 107
I. Vermögensverwaltung 108
II. Wirtschaftlicher Geschäftsbetrieb 108
III. Zweckbetrieb 109
B. Zuordnung von Werbemaßnahmen 110
I. Die Entwicklung der heutigen Positionen 110
II. Kritik an der Auffassung der Finanzverwaltung 112

III. Einordnung von Werbemaßnahmen 112
1. Die Selbständigkeit von Werbemaßnahmen 113
2. Abgrenzung Vermögensverwaltung – wirtschaftlicher Geschäftsbetrieb bei Werbemaßnahmen 115
a) Problemstellung 115
b) Entscheidungsgrundlagen 116
c) Anwendung auf Werbemaßnahmen 118
IV. Eigentumsverhältnisse an den Werbemitteln 120
V. Auslagerung wirtschaftlicher Tätigkeiten 122
1. Anwendung der Grundsätze der Betriebsaufspaltung 122
2. Einflußnahme auf die Geschäftsführung 123

§ 17 Die steuerrechtliche Behandlung sportlicher Veranstaltungen 125

A. Bezahlte Sportler 125
I. Bezahlte Sportler im Sinne des § 67 a S. 1 Nr. 1 AO 125
1. Verhältnis der Begriffe bezahlter Sportler – Amateur 126
2. Zeitpunkt der Zuwendung 129
3. Statuswechsel 131
4. Sportler mit besonderen Funktionen 132
5. Zuwendungen der Stiftung Deutsche Sporthilfe 134
II. Bezahlte Sportler nach § 67 a S. 1 Nr. 2 AO 134

B. Sportliche Veranstaltungen 135
I. Meinungsstand 135
II. Der Begriff „sportliche Veranstaltung“ 136
1. Die Bedeutung des Begriffs „sportliche Veranstaltung“ 137
2. Zeitliche Dimension der sportlichen Veranstaltung 137
III. Zuordnung einzelner wirtschaftlicher Betätigungen 138
1. Sportliche Veranstaltungen im engeren Sinne 138
2. Sportunterricht 138
3. Sportreisen 139
4. Überlassung von Sportanlagen 140
a) Überlassung durch Sportvereine 140
b) Überlassung durch eine Sportanlagen-GmbH 143

C. Umfang der Einnahmen aus sportlichen Veranstaltungen 144
I. Sportliche Veranstaltungen als Zweckbetrieb 144
II. Sportliche Veranstaltungen als wirtschaftliche Geschäftsbetriebe 144

§ 18 Kritik an der Regelung des § 67 a AO 145

A. Verfassungsmäßigkeit 145

B. Inhaltliche Kritik 147

4. Teil

Werbung und Sportvermarktung durch gemeinnützige Sportverbände

§ 19 Die Aufgaben der Sportverbände 149

A. Deutscher Sportbund (DSB) 149

B. Sportfachverbände 150

§ 20 Sportvermarktung durch Sportverbände 151

A. Rechtskonstruktionen der Sportvermarktung 151

B. Vermarktungsformen 152

I. Trikotwerbung 152
II. Bandenwerbung 152
III. Werbung auf Organisationsmitteln 153
IV. Ausrüsterverträge 153
V. Medienrechte 153
VI. Gesponsorte Veranstaltungen 154

§ 21 Die Besteuerung wirtschaftlicher Aktivitäten von Sportverbänden 154

A. Die Voraussetzungen für die Gemeinnützigkeit von Sportverbänden 155

B. Die steuerrechtliche Behandlung wirtschaftlicher Tätigkeiten von Sportverbänden 157

5. Teil

Schlußbetrachtung

§ 22 Zusammenfassung und Ausblick 160

A. Zusammenfassung 160

B. Ausblick 162

Nachwort 164

Literaturverzeichnis 166

1. Teil

Einleitung

§ 1 Problemstellung

Sport wird zunehmend zum Geschäft. Dies gilt gleichermaßen für Sportler, Sportvereine und Sportverbände. Insbesondere die Werbung im und mit dem Sport erhält einen immer größer werdenden Stellenwert[1]. Dies beruht zu einem großen Teil auf der Sportberichterstattung im Fernsehen.

Sport interessiert ein breites Publikum. Sportwerbung kann deshalb viele Menschen erreichen. Im Gegensatz zur herkömmlichen Fernsehwerbung, die vom laufenden Programm deutlich abgesetzt ist, ist die Sportwerbung mit den Sportsendungen untrennbar verbunden. Vielen Menschen ist die Zeit, in der Werbespots gezeigt werden, eine willkommene Pause, in der sie anderen Interessen nachgehen, ohne etwas vom Programm zu versäumen. Dagegen kann sich ein Zuschauer der Sportwerbung nur dadurch entziehen, daß er auf die Sportsendung verzichtet. Marketing-Fachleute sehen darin einen Vorteil zur herkömmlichen Fernsehwerbung. Sport wird in der Öffentlichkeit zudem mit positiven Werten wie Jugendlichkeit und Dynamik verbunden. Deshalb wollen immer mehr Unternehmen Sportwerbung betreiben[2].

Sportler, Sportvereine und Sportverbände nutzen diese Situation, um durch Sportvermarktung Werbeeinnahmen zu erzielen. In ihrem letzten Sportbericht hat die Bundesregierung die Sportvereine und Sportverbände sogar aufgefordert, ihre Finanzsituation durch vermehrte Werbeleistungen zu verbessern[3].

A. Einnahmeerzielung und Amateurstatus

I. Welche Verdienstmöglichkeiten sich Sportlern bieten können, wird im Fußball und Tennis besonders deutlich. In der Fußballbundesliga sind Spielergehälter von 150000 DM und mehr keine Seltenheit[4]. Noch höhere

[1] DIE WELT v. 12.5.1987, S. 16.
[2] DIE WELT v. 12.5.1987, S. 16.
[3] 6. Sportbericht, BT-Drucks. 10/6241, S. 13.
[4] Fischer S. 92 ff.

Gewinnsummen können Tennisspieler/innen erzielen[5]. Die Werbeeinnahmen eines Spitzensportlers können weitaus höher sein. Boris Becker soll im Laufe seiner Karriere bereits 50 Millionen DM an Werbehonoraren eingenommen haben[6].

Die bekannten Fußballer und Tennisspieler/innen sind vom Status her Berufssportler. Für sie ist der Sport eine Erwerbsquelle. Unter den Sportlern bilden die Berufssportler eine Minderheit, denn die meisten Sporttreibenden haben Amateurstatus.

II. Bis vor kurzem war gemäß Regel 26 a. F. der IOC-Bestimmungen[7] Amateur, wer keinen materiellen Vorteil aus seiner Beteiligung am Sport zieht. Einem Amateur war es daher verwehrt, die Möglichkeiten der Sportvermarktung zu nutzen, ohne den Amateurstatus zu verlieren. Die Wirklichkeit jedoch sah anders aus. Verstöße gegen die Bestimmungen über den Amateurstatus waren nicht selten[8]. Konsequenzen hatten solche Vorkommnisse meist nicht[9].

Im Jahre 1981 ist die Regel 26 der IOC-Bestimmungen[10] neu gefaßt worden. Seitdem ist es auch Amateuren möglich, sportliche Erfolge ohne Gefährdung des Amateurstatus zu vermarkten. Hierbei sind jedoch strenge Beschränkungen zu beachten.

Kein Athlet darf einen auf Sportvermarktung gerichteten Vertrag selbst abschließen. Auch Zahlungen darf er nicht selbst entgegennehmen. Der Amateurstatus bleibt nur dann erhalten, wenn der für den Athleten zuständige Sportfachverband oder das NOK den Vertrag für den Sportler abschließt. Zahlungen dürfen nur an den Fachverband oder das NOK fließen. Zudem muß sich der Athlet damit abfinden, daß er über die Einnahmen aus der Werbung eventuell erst nach Beendigung seiner sportlichen Karriere verfügen kann[11].

III. Die Neufassung der Amateurbestimmungen hat erfolgreichen Amateursportlern erhebliche Einnahmemöglichkeiten eröffnet. Erwerbschancen ergeben sich jedoch nicht nur im Bereich der Sportwerbung. Speziell in der Leichtathletik besteht seitdem auch die Möglichkeit, ohne Gefährdung des Amateurstatus Startgelder zu fordern oder anzunehmen. Voraussetzung ist aber, daß sämtliche Zahlungen an den Verband geleistet werden[12]. Gleiches

---

[5] Vgl. Fischer S. 119; vgl. auch Lübecker Nachrichten v. 30.12.87, S. 21.
[6] Lübecker Nachrichten v. 22.2.1987, S. 3.
[7] Deutsche Übersetzung abgedruckt bei Rauball S. 54 ff.
[8] Vgl. Poschenrieder S. 90 ff; Kaske S. 17 ff.
[9] Zu einer Ausnahme Rauball S. 194 ff.
[10] Abgedruckt bei Tröger/Vedder S. 1 (2 f) (englisch); Klein I 2.1 (deutsch).
[11] Vgl. Reschke Dok. 05 00 1 (S. 1 Nr. 3).
[12] Vgl. Wettkampfordnung des Deutschen-Leichtathletik-Verbandes, Teil II C Nr. 6.

gilt für Preisgelder, die es im neu eingeführten Grand Prix der Leichtathleten zu gewinnen gibt. An Preisgeldern standen hier 1986 insgesamt 763.000 US-Dollar zur Verfügung[13].

Für die Veranstalter großer Sportfeste hat die neue Regelung weitreichende Folgen. Internationale Spitzensportler wie der inzwischen gesperrte Sprinter Ben Johnson fordern 30000 Dollar für einen Start[14]. Derartige Forderungen liegen im obersten Bereich des derzeit Möglichen. Deutsche Athleten erhalten weniger, zum Teil nur einige hundert Mark. Die Startgelder sind nach Leistung gestaffelt und von Titelkämpfen abgesehen fast schon die Regel.

Die Veranstalter großer Sportfeste brauchen Spitzensportler, um das Publikumsinteresse zu wecken und Werbeeinnahmen zu erzielen. Ihnen stehen jedoch nicht unbegrenzt Mittel zur Verfügung. Daher wird es immer schwieriger, mit den verfügbaren Geldern ein qualitativ hochwertiges Teilnehmerfeld zu gewinnen. Ohne zahlungskräftige Geldgeber sind große Sportveranstaltungen deshalb heute fast undenkbar.

IV. Die neuen Erwerbsmöglichkeiten im Amateursport werfen rechtliche Fragen auf. Zum einen ist von Interesse, welche vertraglichen Konstruktionen gewählt werden, um den Amateurbestimmungen zu genügen. Zum anderen ist fraglich, ob bundesdeutsche Athleten mit ihren Werbeeinnahmen und Startgeldern etc. der Einkommensteuer unterliegen.

B. Rechtsprobleme von Sportvereinen und Sportverbänden bei der Sportvermarktung

I. Die Vorschriften über die Vertragsgestaltung in Regel 26 der IOC-Bestimmungen gelten nur für Amateursportler. Sportvereine und Sportverbände dürfen ihre Werbeverträge daher selbst abschließen. Sie nutzen schon seit langem die Möglichkeit, durch Bandenwerbung und Ausrüsterverträge[15] Werbeeinnahmen zu erzielen.

1973 ist in der Fußballbundesliga die Trikotwerbung eingeführt worden[16]. Diese Werbeform eröffnet beträchtliche Einnahmequellen[17]. In anderen Sportarten konnte die Trikotwerbung in der Regel nicht genutzt werden. Insofern schreiben noch heute Wettkampfbestimmungen von Sportfachverbänden vor, daß Werbung auf der Wettkampfkleidung verboten ist. Dies gilt speziell für Länderkämpfe und internationale und nationale Titelkämpfe.

[13] Kieler Nachrichten v. 12.9.1986, S. 11.

[14] Kieler Nachrichten v. 2.9.1987, S. 10.

[15] BFH BStBl II 1983,27 : Ausrüstervertrag von 1968.

[16] Vgl. BGH ZIP 1987,446.

[17] Vgl. die Übersicht in WiSt 1986,478.

Bei weniger bedeutenden Veranstaltungen sind aber zunehmend Lockerungen zu verzeichnen. So hat der Deutsche-Leichtathletik-Verband zum 1.1.1987 neue Werberichtlinien erlassen, die Trikotwerbung bei vielen Veranstaltungen ermöglichen. Jedoch ist vorgeschrieben, wie groß die Werbeaufdrucke sein dürfen[18].

II. Die rechtlichen Fragen der Sportvermarktung durch Sportvereine und Sportverbände betreffen ebenfalls die Vertragsgestaltung und die Besteuerung der Einnahmen. Die steuerrechtlichen Probleme sind aber vielschichtiger als die bei den Amateursportlern.

Sportvereine und Sportverbände sind regelmäßig als e.V. organisiert und unterliegen daher grundsätzlich gemäß § 1 I Nr. 4 KStG der Körperschaftsteuer. Gemäß § 5 I Nr. 9 S. 1 KStG sind Körperschaften von der Körperschaftsteuer befreit, wenn sie nach der Satzung und nach der tatsächlichen Geschäftsführung ausschließlich und unmittelbar gemeinnützigen Zwecken dienen.

Gemäß § 52 I 1 AO sind Körperschaften gemeinnützig, die die Allgemeinheit auf materiellem, geistigem oder sittlichem Gebiet selbstlos fördern. Als Beispiel für einen gemeinnützigen Zweck nennt das Gesetz in § 52 II Nr. 2 AO die Förderung des Sports.

Neben der Befreiung von der Körperschaftsteuer gewährt das geltende Steuerrecht gemeinnützigen Körperschaften zahlreiche weitere Steuervorteile. Zu nennen sind die Steuerbefreiungen nach den §§ 3 Nr. 6 S. 1 GewStG, 3 I Nr. 12 VStG, 13 I Nr. 17 ErbschStG und § 3 I Nr. 3 b) GrStG, der ermäßigte Umsatzsteuersatz nach § 12 Nr. 8 S. 1 UStG und der mittelbare Vorteil, gemäß § 10 b I 1 EStG steuerbegünstigte Spenden erhalten zu können.

Die Steuerbefreiungen nach dem KStG, GewStG und VStG gelten nur insoweit, als kein wirtschaftlicher Geschäftsbetrieb unterhalten wird. Nach § 14 S. 1 AO wird ein wirtschaftlicher Geschäftsbetrieb durch eine selbständige nachhaltige Tätigkeit gekennzeichnet, durch die Einnahmen oder andere wirtschaftliche Vorteile erzielt werden und die über den Rahmen einer Vermögensverwaltung hinausgeht. Einnahmen aus Vermögensverwaltung, zu denen gemäß § 14 S. 3 AO regelmäßig Zinseinnahmen gehören, unterliegen folglich nicht der Besteuerung.

Ein wirtschaftlicher Geschäftsbetrieb kann als Zweckbetrieb zu behandeln sein. Dann bleiben die Steuervergünstigungen gemäß § 64 AO erhalten. Das Gesetz nennt in § 65 AO drei Merkmale, die nebeneinander vorliegen müssen, damit ein Zweckbetrieb gegeben ist. Der wirtschaftliche Geschäftsbetrieb muß dazu dienen, steuerbegünstigte satzungsmäßige Zwecke zu ver-

[18] Wettkampfordnung, Teil XII.

wirklichen, er muß für die Zweckerfüllung erforderlich sein und darf nur in engen Grenzen in Wettbewerb zu nicht begünstigten Betrieben treten.

Die Frage nach der steuerrechtlichen Behandlung der Einnahmen der Sportvereine und Sportverbände aus Sportvermarktung betrifft daher zwei Problemkreise. Zum einen ist die Vorfrage zu klären, ob die Voraussetzungen der Gemeinnützigkeit vorliegen. Genügt die Körperschaft den Anforderungen der §§ 51 ff AO, folgt daraus noch nicht die Freistellung von der Besteuerung. Steuerfrei sind vielmehr zunächst nur die Einnahmen aus Vermögensverwaltung. Betreibt die Körperschaft dagegen einen wirtschaftlichen Geschäftsbetrieb, müssen die daraus erzielten Einnahmen nur dann nicht versteuert werden, wenn insoweit ein Zweckbetrieb vorliegt.

III. Nach Einschätzung vieler Politiker brauchen die Sportvereine die Gemeinnützigkeit, um ihre Aufgaben durchführen zu können[19]. Die Finanzverwaltung hat zwar die meisten von ihnen als gemeinnützig anerkannt. Infolge der zunehmenden Kommerzialisierung drohte aber zahlreichen Vereinen der Verlust dieses Status[20]. Der Gesetzgeber hat deshalb mit dem Steuerbereinigungsgesetz 1986[21] auch einige vordringliche Änderungen der AO beschlossen, die zum 1.1.1986 in Kraft getreten sind. Um den betroffenen Vereinen die Gemeinnützigkeit vorläufig zu erhalten, ist § 67 a AO in das Gesetz eingefügt worden. Diese Norm regelt, wann eine sportliche Veranstaltung ein Zweckbetrieb ist.

Neuere Äußerungen in Rechtsprechung und Literatur lassen Zweifel aufkommen, ob zahlreiche Sportvereine zu Recht als gemeinnützig anerkannt sind. Danach soll die Gemeinnützigkeit nicht schon aus der Förderung des Sports abgeleitet werden können. Vielmehr soll aus § 52 AO folgen, daß es einer Abwägung der positiven und negativen Auswirkungen einer jeden Sportart bedarf[22].

Auf dieser Grundlage hat das FG Nürnberg die Gemeinnützigkeit des Motorsports verneint[23]. Reitsport soll nach Tipke/Kruse nicht gemeinnützig sein, weil eine Freizeitgestaltung auf Kosten von Tieren vorliege[24]. Bei Golf und Tennis soll es an einer Förderung der Allgemeinheit fehlen, weil private Interessen mitverfolgt würden[25]. Die Tragweite dieser Aussagen wird erst im Zusammenhang mit § 56 AO deutlich. Nach dieser Norm darf eine gemeinnützige Körperschaft nur begünstigte Zwecke fördern. Bei einem Sportverein reicht deshalb eine Abteilung mit einer nicht begünstigten Ziel-

[19] Z. B. SPD-Fraktion im Deutschen Bundestag, BT-Drucks. 10/3094 S. 3.

[20] Begründung zu § 67 a AO, BT-Drucks. 10/4513 S. 14.

[21] Gesetz v. 19.12.1985, BGBl I 2436.

[22] Arndt/Immel BB 1987,1153 (1155).

[23] EFG 1986,621; zustimmend Lang DStZ-A 1988,18 (29 f).

[24] Tipke/Kruse § 52 AO Rn. 17.

[25] Lang StuW 1987,221 (250).

setzung aus, um die Gemeinnützigkeit des Vereins insgesamt zu gefährden. Vor diesem Hintergrund muß die derzeitige Rechtslage als unsicher bezeichnet werden.

Eine grundlegende Neuordnung des Gemeinnützigkeitsrechts steht noch aus. Beim Bundesministerium der Finanzen ist eine Sachverständigenkommission eingesetzt worden[26], die klären soll, wie die §§ 51 ff AO neu gestaltet werden können[27].

Längst haben Vertreter des Sports Vorstöße unternommen, um die derzeitige Rechtslage zugunsten der Sportvereine zu ändern[28]. Ihr Forderungskatalog umfaßt Erleichterungen bei der Besteuerung der Einnahmen aus wirtschaftlichen Geschäftsbetrieben ebenso wie eine Anhebung der Übungsleiterpauschale[29] von derzeit 2400 DM im Jahr. Im Finanzausschuß wurden entsprechende Anträge mit Rücksicht auf die seinerzeit noch ausstehenden Gutachten abgelehnt[30]. Im 11. Deutschen Bundestag hat die SPD-Fraktion die Forderungen der Sportfunktionäre aufgegriffen und erneut Steuererleichterungen gefordert[31]. Von daher ist auch die rechtspolitische Diskussion um das Gemeinnützigkeitsrecht der Sportvereine in vollem Gange[32].

C. Ziel der Arbeit

In dieser Arbeit sollen die rechtstatsächlichen Konstruktionen bei der Vermarktung des Amateursports aufgezeigt und die bereits angerissenen Rechtsfragen[33] hinsichtlich der Besteuerung geklärt werden. Insbesondere soll im Hinblick auf neuere Stellungnahmen[34] untersucht werden, unter welchen Voraussetzungen Sportvereine und Sportverbände nach geltendem Recht gemeinnützig sind und welche steuerlichen Folgen sich daraus ergeben.

---

[26] Vgl. DStR 1986,62.

[27] Das Gutachten liegt inzwischen als Band 40 der Schriftenreihe des Bundesministeriums der Finanzen vor.

[28] Vgl. BT-Drucks. 10/4513 S. 14; 10/6298 S. 5.

[29] § 3 Nr. 26 EStG.

[30] BT-Drucks. 10/6298 S. 4.

[31] BT-Drucks. 11/124.

[32] DER TAGESSPIEGEL v. 25.3.1988 S. 2; DER TAGESSPIEGEL v. 26.3.1988 S. 2; Lübecker Nachrichten v. 27.3.1988 S. 18; Lübecker Nachrichten v. 30.3.1988 S. 2; Lübecker Nachrichten v. 31.3.1988 S. 28.

[33] S. o. § 1 A IV; § 1 B II.

[34] S. o. § 1 B III.

2. Teil

Werbung und Sportvermarktung durch Spitzensportler

Sportler mit Amateurstatus dürfen aufgrund der Regel 26 der IOC-Bestimmungen selbst keine auf Sportvermarktung gerichteten Verträge schließen oder Zahlungen entgegennehmen[1]. Autorisiert sind insofern der zuständige Sportfachverband oder das NOK. Dies erfordert Vertragskonstruktionen, an denen mindestens drei Personen beteiligt sind.

§ 2 Die rechtliche Konstruktion der Sportvermarktung

Viele Sportfachverbände haben darauf verzichtet, die ihnen vom IOC zugewiesenen Aufgaben selbst wahrzunehmen. Sie befürchten, infolge der Förderung der Sportvermarktung die Gemeinnützigkeit zu verlieren. Diese Verbände beschränken sich darauf, die Einhaltung der Amateurbestimmungen durch die Athleten zu überwachen.

A. Vertragsparteien

Auf dem Gebiete der Sportvermarktung tätig wird die eigens zu diesem Zweck gegründete Fördergesellschaft Deutsche Sporthilfe GmbH (FDSH). Dieser Gesellschaft haben das NOK und die meisten deutschen Fachverbände die Befugnis übertragen, die Werbung der Spitzensportler gemäß den Vorgaben der Regel 26 der IOC-Bestimmungen abzuwickeln[2].

Die Fördergesellschaft schließt mit einem Unternehmen einen auf Werbung mit einem bestimmten Sportler gerichteten Vertrag[3]. Außerdem geht sie vertragliche Bindungen mit dem Athleten ein. Der Sportler selbst unterhält keine direkten vertraglichen Beziehungen zu dem an der Werbung interessierten Unternehmen.

Dieses Dreipersonenverhältnis nimmt der betreffende Fachverband zur Kenntnis. Er prüft, ob das Vertragswerk den Amateurstatus des Sportlers berührt. An der Ausarbeitung und Abwicklung dieses Vertrages wirkt der

---

1 Greffenius/Borcherdt S. 1 (5); Seiter S. 41 (57).
2 Greffenius/Borcherdt S. 1 (5); OFD Münster v. 11.6.1985, FR 1985,410 (411).
3 Vertragsmuster bei Reschke Dok. 05 00 2.

Fachverband nicht mit. Das bei Reschke wiedergegebene Vertragsmuster[4], das als Genehmigung des Verbandes ausgestaltet ist, gibt die tatsächliche Praxis unzutreffend wieder. Dem Fachverband geht es nur darum, eine Gefährdung der Startberechtigung des Athleten speziell in Nationalmannschaften und daraus folgende Komplikationen bei Wettkämpfen zu vermeiden.

B. Rechtskonstruktionen

Die Abwicklung der Sportvermarktung über eine zwischengeschaltete juristische Person ist eine reine Zweckkonstruktion, die auf den Regelwerken des Sports beruht. Dadurch wird der Fördergesellschaft eine Mittlerrolle zugewiesen, die sich auch in den Vertragspflichten offenbart.

I. Fördergesellschaft – Unternehmen

Die Fördergesellschaft verpflichtet sich gegenüber dem Unternehmen, diesem Werbemöglichkeiten mit einem bestimmten Sportler zu verschaffen. Als Gegenleistung zahlt das Unternehmen zumeist einen Geldbetrag an die Fördergesellschaft, der das Entgelt für die Nutzung des Namens oder Bildes etc. eines Sportlers ist. Weil direkte vertragliche Beziehungen zwischen dem Athleten und dem Unternehmen nicht bestehen dürfen, müssen die wesentlichen Pflichten des Sportlers bereits in dem Vertragswerk zwischen dem Unternehmen und der Fördergesellschaft festgelegt werden. Hierin ist kein Vertrag zu Lasten Dritter zu sehen, weil die Verpflichtung der Fördergesellschaft darin besteht, darauf hinzuwirken, daß der Athlet die getroffene Vereinbarung als eigene erfüllt. Der Sportler muß deshalb erst einen Vertrag mit der Fördergesellschaft schließen, durch den die Abreden mit dem Unternehmen für ihn verbindlich werden.

Die Pflichten der Fördergesellschaft sind maßgeblich für die Bestimmung der Rechtsnatur des Vertrages. Die Vermittlung der Tätigkeiten des Athleten kennzeichnet keinen Erfolg im Sinne des § 631 II BGB[5]. Wie der Sportler bei dem Unternehmen tätig wird, ist nur den wesentlichen Merkmalen nach festgelegt. Über die Einzelheiten bestimmt das Unternehmen. Die Fördergesellschaft soll außerdem keine Werbeleistungen erbringen. Dies schließt einen Dienstvertrag aus, bei dem der Athlet Erfüllungsgehilfe ist[6]. Die Vereinbarung ist vielmehr als Dienstverschaffungsvertrag anzusehen, der gesetzlich nicht geregelt ist[7].

---

[4] Vgl. Anlage 2 zum Vertragsmuster bei Reschke Dok. 05 00 2.
[5] Vgl. BAG BB 1980,1326.
[6] Vgl. BAG 1980,1326 (1327).
[7] Münchener Kommentar-Söllner § 611 Rn. 35.

II. Fördergesellschaft – Sportler

Im Verhältnis Fördergesellschaft – Sportler ist zwischen zwei Vereinbarungen zu unterscheiden.

1. Zum einen wird ein Geschäftsbesorgungsvertrag im Sinne des § 675 BGB geschlossen, in dem der Athlet die Fördergesellschaft beauftragt, seine Werberechte wahrzunehmen. Dies bedeutet jedoch nicht, daß er jeder Werbemaßnahme von vornherein zustimmt. Weil die Werbung sein Persönlichkeitsrecht berührt, ist die gesonderte Genehmigung jeder Maßnahme erforderlich[8].

Außerdem wird die Fördergesellschaft beauftragt, die bei der Vermarktung der Werberechte des Sportlers erzielten Entgelte zu seinen Gunsten einem Athletenfonds zuzuführen. Die Werbeeinnahmen fließen dem Fonds jedoch nicht in voller Höhe zu. Bis zu 30 % der vereinnahmten Entgelte werden für den Fachverband, die Stiftung Deutsche Sporthilfe, den Verein des Athleten und für Verwaltungskosten abgezogen[9]. Die Abzüge für die drei genannten Organisationen werden damit begründet, daß sie die sportliche Karriere des Athleten gefördert und ihm dadurch ermöglicht haben, einen finanziellen Nutzen aus seinen Fähigkeiten zu ziehen.

Soweit die Werbeeinnahmen dem Athletenfonds zufließen, wird für den Sportler ein Guthaben ausgewiesen, über das er grundsätzlich erst nach Beendigung seiner sportlichen Karriere verfügen kann. Bis dahin werden die Gelder gewinnbringend angelegt, so daß sich das Guthaben durch Zinserträge erhöht. Die Anlage erfolgt in der Regel in festverzinslichen Wertpapieren, zum Teil auch in Aktien.

Obwohl sich der Sportler strengen Bindungen hinsichtlich der Abtretung oder Verpfändung seines Guthabens unterwerfen muß, ist der Zugriff auf die dem Fonds zugeführten Gelder nicht völlig ausgeschlossen. Vielmehr können Beträge für zukunftssichernde Maßnahmen abgerufen werden, wenn der Fachverband zustimmt[10]. Ein Athlet kann deshalb sein Guthaben auf ein Bausparkonto übertragen lassen. Es ist ferner möglich, Gelder für Trainingszwecke zu verwenden.

Dem Fonds werden alle Beträge zugeführt, die ein Amateur nicht selbst annehmen darf. Dementsprechend kann ein Geschäftsbesorgungsvertrag zwischen Fördergesellschaft und Sportler auch unabhängig von konkreten Werbemaßnahmen bestehen, sofern zum Beispiel Start- oder Preisgelder gezahlt werden[11].

---

[8] Vgl. Anlage 1 zu dem Vertragsmuster bei Reschke Dok. 05 00 2.

[9] Zur Aufschlüsselung vgl. Greffenius/Borcherdt S. 1 (8).

[10] Greffenius/Borcherdt S. 1 (7); vgl. auch Meier FR 1986,350; Nr. 3 des Mustervertrages bei Reschke Dok. 05 00 1.

[11] Vgl. Nr. 1 des Mustervertrages bei Reschke Dok. 05 00 1.

2. Zum anderen wird ein Vertrag zwischen Fördergesellschaft und Sportler geschlossen, durch den sich dieser verpflichtet, an den von der Fördergesellschaft vereinbarten Werbemaßnahmen teilzunehmen[12]. Einer Abrede über die Gegenleistung bedarf es nicht, weil insofern schon der eingangs behandelte Geschäftsbesorgungsvertrag alle wesentlichen Punkte regelt.

Die Verpflichtung des Sportlers besteht darin, einem Dritten Dienstleistungen zu erbringen. Die Art der Dienstleistungen hängt von den Vereinbarungen zwischen der Fördergesellschaft und dem Unternehmen ab. Die Fördergesellschaft wird nur zwischengeschaltet, um den Amateurstatus des Athleten zu wahren. Deshalb stehen ihr Weisungsrechte, die auf eine Arbeitnehmerstellung hindeuten, nicht zu. Ansonsten entspricht die Stellung des Sportlers jedoch der eines Dienstverpflichteten im Sinne des § 611 BGB. Aufgrund der Besonderheiten hinsichtlich des Entgeltes und der Person dessen, bei dem die Dienstleistungen zu erbringen sind, ist der Vertrag als atypischer Dienstvertrag einzuordnen[13].

§ 3 Mögliche Vermarktungsformen

Die Tätigkeit der Fördergesellschaft hängt von den in Betracht kommenden Vermarktungsformen ab, die sich auf wenige Grundtypen zurückführen lassen.

A. Ausrüsterverträge

Ausrüsterverträge gehören zu den wichtigsten Vermarktungsformen und sind weit verbreitet[1]. Dabei handelt es sich um eine Vereinbarung mit einem Hersteller von Sportartikeln, die auf die ausschließliche[2] Verwendung bestimmter Produkte dieses Ausrüsters durch einen Sportler gerichtet ist. Ein Ausrüstervertrag umfaßt in der Regel das gesamte Sortiment des Herstellers. Andere Ausrüstungsgegenstände, die der Vertragspartner nicht im Programm hat oder die nicht in den Vertrag einbezogen worden sind, dürfen benutzt werden. Der Hersteller stellt dem Athleten die benötigten Sportartikel meist kostenlos zur Verfügung. Je nach Leistungsstand zahlt der Hersteller zusätzlich einen Geldbetrag. Rekorde und nationale oder internationale Titel werden zumeist zusätzlich vergütet[3].

---

[12] Vgl. Anlage 1 zu dem Mustervertrag bei Reschke Dok. 05 00 2.

[13] Offengelassen von Seiter S. 41 (59); auf das Arbeitnehmerüberlassungsgesetz (AÜG) braucht nicht eingegangen zu werden, weil es an einer Arbeitnehmereigenschaft des Sportlers fehlt.

[1] Die Mehrzahl der etwa 500 Kaderathleten des Deutschen-Leichtathletik-Verbandes z. B. hat einen solchen Vertrag.

[2] Zu § 18 GWB siehe OLG Frankfurt NJW-RR 1986,716, das die Vereinbarkeit mit der Norm bejaht.

Die Fördergesellschaft hat die Aufgabe, den Ausrüstervertrag mit dem Sportartikelhersteller zu schließen. Sie nimmt die darin vereinbarten Geldbeträge entgegen und führt sie dem Athletenfonds zu. Die Vertragskonditionen kann jedoch der Athlet ausgehandelt haben, der die Gegenstände benutzen soll.

Eine der wenigen Klauseln, die auf die Rechtsposition der Fördergesellschaft eingeht, ist das Wettbewerbsverbot zugunsten des Ausrüsters. Zugunsten des Athleten besteht ferner die Abrede, daß der Hersteller gegebenenfalls beratend tätig wird. Die Vertragsdauer beträgt regelmäßig mehr als ein Jahr. Eine Option bezüglich der Vertragsverlängerung wird zumeist aufgenommen. Dies ermöglicht dem Ausrüster, durch Anpassung der Vertragsbedingungen einen Wechsel der Marke abzuwenden.

Für die an Ausrüsterverträgen interessierten Sportler gibt es zwei wesentliche Umstände, die zu bedenken sind. Zum einen haben einige Sportfachverbände Poolverträge geschlossen. Poolverträge kommen sowohl als Ersatz für einen Ausrüstervertrag des Verbandes als auch neben einem solchen vor. Im erstgenannten Fall kann der Sportler den Ausrüster zwar grundsätzlich frei wählen. Ein Start in der Mannschaft des Verbandes ist jedoch davon abhängig, daß der Ausrüster im Pool vertreten ist. Im zweiten Fall dagegen ist die Auswahl von vornherein auf die im Pool vertretenen Ausrüster beschränkt. Dadurch sind die Spitzensportler faktisch gezwungen, ihren Ausrüster aus dem Kreis der Unternehmen zu wählen, die dem Pool angehören.

Zum anderen besteht die Gefahr einer Kollision des persönlichen Vertrages mit gleichgerichteten Vereinbarungen des Vereins, Fachverbandes oder NOK's. Eine solche Situation kann eintreten, wenn der Athlet bei einem Start in einer Mannschaft die Ausrüstung eines anderen Herstellers tragen müßte.

Bei gleichem Ausrüster können derartige Schwierigkeiten nicht auftreten. Problematisch sind daher nur die Fälle, in denen der persönliche Vertrag die Veranstaltungen nicht ausnimmt, bei denen die Mannschaft ausgerüstet wird.

Die Vermarktungsrechte für eine Mannschaft stehen zwar der Organisation zu, die sie aufstellt. Dies schließt jedoch schuldrechtliche Vereinbarungen eines Mannschaftsangehörigen nicht aus, da es insoweit nicht auf die Rechtszuständigkeit ankommt. Eine restriktive Auslegung des individuellen Vertrages muß ausscheiden, soweit eindeutige Abreden getroffen worden sind. Aufgrund der Wirksamkeit beider Ausrüsterverträge kann dann eine der Vereinbarungen nicht erfüllt werden. Wenn unterstellt wird, daß eine

---

[3] Greffenius/Borcherdt S. 1 (2).

gütliche Einigung nicht möglich ist, bleibt regelmäßig nur der Ausweg, auf den Einsatz des betroffenen Athleten zu verzichten.

B. Produktwerbung

Die Produktwerbung umfaßt die Verwendung der Person, des Namens, des Bildes und/oder der Stimme eines Sportlers zur Steigerung des Absatzes einer Ware oder Dienstleistung. Insofern handelt es sich um die übliche Werbung, die man von Rundfunk, Fernsehen und Presse her kennt. Ergänzende persönliche Auftritte des Athleten, insbesondere Autogrammstunden, sind nicht selten. Je nach Anlaß können kurz- oder längerfristige Bindungen vorkommen. Aus Gründen der werblichen Glaubwürdigkeit und der zeitlichen Beanspruchung bei Verträgen über kurze Zeiträume wird den Spitzensportlern jedoch empfohlen, langfristige Werbeverträge anzustreben[4].

Auch insoweit wird regelmäßig die Fördergesellschaft zwischengeschaltet. Die Vertragsgestaltung entspricht weitgehend der bei Ausrüsterverträgen. Die Fördergesellschaft schließt den Werbevertrag als Dienstverschaffungsvertrag mit dem Unternehmen ab. Sie sorgt dafür, daß der Athlet die Vereinbarung als für sich verbindlich anerkennt und führt die vereinnahmten Geldbeträge dem Athletenfonds zu.

C. Start- und Preisgelder

Speziell in der Leichtathletik ist es heute weit verbreitet, daß Spitzensportler auf Sportfesten nur gegen ein Startgeld antreten. Diese Gelder, die nach Leistung gezahlt werden, müssen grundsätzlich dem Athletenfonds zugeführt werden. Die Fördergesellschaft nimmt die Beträge entgegen und verwaltet sie.

Nicht unter diese Regelung fallen die Aufwandsentschädigungen, die als Ersatz für die Kosten der Anreise und der Unterkunft gewährt werden. Auch Startgelder unter 1000 DM werden wie Aufwandsentschädigungen behandelt.

Zum Teil werden an die Sportler, die die ersten Plätze belegen, Preisgelder gezahlt. Dieses System ist im Tennis üblich. Preisgelder werden aber auch in anderen Disziplinen gezahlt[5]. Auch diese Gelder müssen dem Athletenfonds zugeführt werden.

---

[4] Greffenius/Borcherdt S. 1 (9).

[5] Neuerdings will der Deutsche-Leichtathletik-Verband an die Leichtathleten, die bei den Olympischen Spielen eine Medaille gewinnen, Beträge zwischen 15000 DM und 5000 DM zahlen, vgl. Lübecker Nachrichten v. 30.3.1988 S. 26.

D. Sonstige Vermarktungsformen

Als weitere Vermarktungsformen kommen Exklusivinterviews, Auftritte als Gastkommentator oder die kommerzielle Nutzung des Rechts am eigenen Bild nach § 22 KunstUrhG in Betracht. Auch Trikotwerbung bietet sich an. Diese Einnahmemöglichkeiten spielen jedoch für den einzelnen Sportler gegenüber den vorgenannten Vermarktungsformen nur eine untergeordnete Rolle.

§ 4 Die Besteuerung der Einkünfte von Amateursportlern aus Sportvermarktung

Wie die Einkünfte der Amateursportler zu versteuern sind, die ihre Fähigkeiten nach Regel 26 der IOC-Bestimmungen vermarkten, ist noch nicht hinreichend geklärt. Die Meinungen zu diesem Themenbereich gehen auseinander. Hinsichtlich der vergleichbaren Tätigkeiten von Berufssportlern dagegen herrscht weitestgehende Einigkeit.

A. Meinungsstand

I. Berufssportler

Nach nahezu einhelliger Meinung unterliegen die Einnahmen von Berufssportlern der Einkommensteuer, sofern deutsches Steuerrecht anwendbar ist. Die Einkunftsart kann jedoch unterschiedlich sein. Ist der Sportler beispielsweise als Berufsfußballspieler abhängig beschäftigt, ist sein Spielergehalt gemäß § 19 I EStG zu versteuern[1]. Ein Tennisspieler dagegen ist regelmäßig selbständig tätig. Seine Preisgelder muß er gemäß § 15 I EStG versteuern[2]. Einkünfte aus Gewerbebetrieb liegen nach Auffassung der Rechtsprechung auch vor, wenn ein Berufssportler Werbeeinnahmen erzielt[3].

II. Amateursportler

Werbeeinnahmen von Amateursportlern behandelt die Finanzverwaltung wie bei den Berufssportlern als Einkünfte aus Gewerbebetrieb gemäß § 15 I EStG[4]. Der BFH hat diese Rechtsauffasung bestätigt[5]. Soweit bereits Stel-

---

[1] Vgl. BFH BStBl II 1979,182 (184); ausdrücklich Bitz in Littmann/Bitz/Meincke § 15 Rn. 119.

[2] Vgl. Schmidt § 15 Anm. 32 sub Berufssportler; Bitz in Littmann/Bitz/Meincke § 15 Rn. 119; Keßler BB 1986,1890 (1894); Krabbe FR 1986,425 (426).

[3] BFH BStBl II 1983,182; Schleswig-Holsteinisches FG, EFG 1980,300 (als Vorinstanz).

[4] Schreiben des BdF v. 9.11.1984, DStR 1985,36; OFD Münster v. 11.6.1985, FR 1985,410 f.

lungnahmen aus der Literatur vorliegen, wird die Meinung des BFH übernommen[6].

Unterschiedliche Auffassungen bestehen dagegen hinsichtlich der steuerrechtlichen Behandlung von Start- und Preisgeldern. Zum Teil wird die einkommensteuerliche Erfassung dieser Einnahmen gefordert, ohne daß eine Festlegung bezüglich der Einkunftsart getroffen wird[7]. Nach anderer Ansicht sind Preisgelder von Amateuren regelmäßig nicht steuerbar[8]. Bei hohen Gewinnchancen und Wiederholungsabsicht soll jedoch § 22 Nr. 3 EStG anwendbar sein[9]. Auch Startgelder gehören nach dieser Ansicht grundsätzlich nicht zu den steuerbaren Einkünften. Sie sollen aber dann unter § 22 Nr. 3 EStG fallen, wenn ausgeschlossen werden kann, daß die Teilnahme in erster Linie auf sportlichen Erwägungen beruht[10]. Andere Autoren ziehen die Anwendung des § 18 I Nr. 3 EStG in Betracht[11]. Einigkeit scheint bis vor kurzem nur darüber bestanden zu haben, daß § 15 I EStG nicht eingreift[12].

B. Beurteilung von Werbemaßnahmen

Werbeeinnahmen, zu denen gemäß § 8 II EStG auch Sachzuwendungen zu zählen sind, könnten als Einkünfte aus Gewerbebetrieb zu behandeln sein. Als Voraussetzungen eines Gewerbebetriebes nennt § 15 II 1 EStG eine selbständige nachhaltige Tätigkeit, Gewinnerzielungsabsicht und eine Beteiligung am allgemeinen wirtschaftlichen Verkehr. Die Tätigkeit darf weder nach § 13 EStG noch nach § 18 EStG zu beurteilen sein. Sie muß ferner über den Rahmen einer Vermögensverwaltung hinausgehen[13].

I. Fraglich ist, auf welche Tätigkeit abzustellen ist. Bilden Sport und Werbung eine Einheit, darf die Werbetätigkeit nicht isoliert betrachtet werden. Eine Werbetätigkeit baut zwar auf sportlichen Erfolgen auf. Der Sportler nutzt jedoch lediglich seine Popularität zur Erzielung von Einnahmen aus. Werbung ist für einen Athleten nicht notwendig, um Sport treiben zu können. Umgekehrt ist Werbung durch einen bekannten Sportler auch nach Beendigung seiner sportlichen Karriere möglich. Werbung und Sport bilden

---

[5] BFH BStBl II 1986,484 (486).

[6] Schmidt § 15 Anm. 32 sub Werbung; Meier FR 1986,350; Claßen BB 1987,173.

[7] Dziadkowski BB 1986,2377 (2378 f).

[8] Schmidt/Heinicke § 22 Anm. 37 sub Preise b).

[9] Schmidt/Heinicke § 22 Anm. 37 sub Preise b).

[10] Schmidt/Heinicke § 22 Anm. 37 sub Preise b).

[11] Offengelassen Keßler BB 1986,1890 (1895); Grube in Littmann/Bitz/Meincke § 18 Rn. 293.

[12] Vgl. Krabbe FR 1986,425 (426); anderer Ansicht jetzt Reisch/Reichardt/Urbanke DB 1988,359 (361).

[13] Schmidt § 15 Anm. 4.

deshalb keine Einheit. Die Werbetätigkeit darf deshalb isoliert betrachtet werden[14].

II. Ein Sportler wirkt aufgrund eines freien Dienstvertrages an Werbemaßnahmen mit[15]. Er ist deshalb nicht wie ein Arbeitnehmer in eine Organisation eingebunden, sondern insoweit selbständig tätig.

III. Regelmäßig besteht die Absicht, über längere Zeit Einnahmen aus Werbetätigkeiten zu erzielen. Deshalb wird die Tätigkeit nachhaltig und mit Gewinnerzielungsabsicht ausgeübt.

IV. Durch seine Bereitschaft, Werbeleistungen zu erbringen, macht der Sportler interessierten Unternehmen deutlich, für solche Maßnahmen zur Verfügung zu stehen. Dieses Verhalten genügt für eine Teilnahme am allgemeinen wirtschaftlichen Verkehr[16].

V. Sommer[17] schließt aus der Vermarktung der Persönlichkeitsrechte des Sportlers, es handle sich um Vermögensverwaltung, die unter § 21 I Nr. 3 EStG falle. Vermögensverwaltung liegt vor, wenn sich die Betätigung noch als Nutzung von Vermögen im Sinne einer Fruchtziehung aus zu erhaltenden Substanzwerten darstellt und die Ausnutzung substantieller Vermögenswerte durch Umschichtung nicht entscheidend in den Vordergrund tritt[18].

Sommer übersieht, daß sich der Sportler für die Dauer des Vertrages mit einem Produkt identifiziert. Deshalb liegt keine bloße Verwaltung der Namens- und Bildrechte vor. Vielmehr werden darüber hinausgehende Werbeleistungen erbracht. Die Betätigung stellt sich daher als Umschichtung von Vermögenswerten dar. Folglich ist der Rahmen einer Vermögensverwaltung überschritten.

VI. Einnahmen aus Werbeverträgen jeder Art sind deshalb unter § 15 I EStG einzuordnen.

C. Beurteilung von Start- und Preisgeldern

Start- und Preisgelder werden für die Teilnahme an sportlichen Veranstaltungen gezahlt. Deshalb scheidet eine von der sportlichen Betätigung losgelöste Beurteilung aus. Die enge Verknüpfung von Amateursport und Geldzuwendungen scheint dabei besondere Probleme zu bereiten. Amateursport wird der Idee nach regelmäßig aus Begeisterung betrieben. Deshalb ist

---

[14] BFH BStBl II 1986,484 (486).

[15] S. o. § 2 B II 2.

[16] Vgl. BFH BStBl II 1983,182 (184).

[17] Sommer BB 1981,177 (180).

[18] Abschnitt 137 Abs. 1 S. 2 EStR; BFH BStBl II 1972,360; 1973,260; 1980,389 (391); 1982,700 (703); Spanner in Hübschmann/Hepp/Spitaler § 14 AO Rn. 10.

fraglich, ob die Gewinnerzielungsabsicht gegeben ist, ohne die steuerbare Einnahmen nicht vorliegen können.

I. Der Schluß vom Amateurstatus auf die fehlende Gewinnerzielungsabsicht ist nicht möglich, weil die Umstände des Einzelfalles unbeachtet bleiben. Selbst der Hinweis, Sport werde aus Begeisterung betrieben, geht nicht auf alle Gesichtspunkte ein. Ein Berufssportler kann seinen Sport aus Begeisterung ausüben. Dennoch handelt er mit Gewinnerzielungsabsicht, weil insofern eine Nebenabsicht ausreicht.

Die Frage nach der Gewinnerzielungsabsicht betrifft nur die Sportler, die tatsächlich Zuwendungen erhalten. Bei ihnen handelt es sich regelmäßig um Hochleistungssportler, die neben dem intensiven Training kaum Zeit finden, einer Erwerbstätigkeit nachzugehen. Die Einnahmen aus Start- und Preisgeldern dieser Sportler dienen zukunftssichernden Maßnahmen. Aus diesem Grunde spielen bei einem Start auch finanzielle Erwägungen eine Rolle. Dies gilt um so mehr, wenn Startgelder gefordert werden. Folglich führt bei Spitzensportlern jede Annahme von Start- und Preisgeldern dazu, daß zumindest die Nebenabsicht der Gewinnerzielung vorliegt.

Auch Sportler, die nur gelegentlich Start- oder Preisgelder erzielen, handeln insoweit mit der Nebenabsicht der Gewinnerzielung, so daß steuerbare Einkünfte vorliegen[19]. Die Gewinnerzielungsabsicht kann nur dann verneint werden, wenn einem Sportler, der nach seinen bisherigen Leistungen keine Aussicht auf einen der vorderen Plätze hatte, ein Preisgeld völlig unerwartet zufällt[20].

II. Eine Einordnung der Einnahmen unter § 22 Nr. 3 EStG setzt voraus, daß keine andere Einkunftsart einschlägig ist. Start- und Preisgelder könnten Einkünfte aus Gewerbebetrieb im Sinne von § 15 I EStG sein.

1. Der Sportler steht dem Veranstalter nur kurzfristig zur Verfügung. Er trägt das Risiko, von den Veranstaltern von Sportfesten, bei denen Start- oder Preisgelder gezahlt werden, Angebote für Starts zu erhalten. Die Vorbereitung auf den Wettkampf obliegt ihm selbst. Sein momentaner Leistungsstand beeinflußt seine Chancen, Einnahmen zu erzielen. Aus diesen Gründen ist der Sportler selbständig tätig.

2. Ein Athlet, der wiederholt Wettkämpfe gegen Entgelt bestreitet, ist nachhaltig tätig. Die für die Nachhaltigkeit erforderliche Wiederholungsabsicht kann jedoch fehlen, wenn ein Sportler nur gelegentlich geringe Beträge für seine Teilnahme erhält. Dann könnte § 22 Nr. 3 EStG anwendbar sein. Das Entgelt wird für eine sportliche Dienstleistung gezahlt. Der Leistungscharakter der Zuwendung ergibt sich aus der gegenseitigen Abhängigkeit

---

[19] Reisch/Reichhardt/Urbanke DB 1988,359 (360).

[20] Vgl. Reisch/Reichhardt/Urbanke DB 1988,359 (360).

von sportlicher Tätigkeit und Entgelt. Zumal Gewinnerzielungsabsicht vorliegt, ist § 22 Nr. 3 EStG erfüllt[21].

3. Die Einordnung der Tätigkeit unter § 18 I Nr. 3 EStG scheidet aus, weil der Vergleich mit künstlerischen Darbietungen mangels schöpferischer Leistung nicht in Betracht kommt[22]. Dies gilt auch für Kunstturner und Eiskunstläufer, deren Darbietungen eine künstlerische Note aufweisen. Bei ihnen liegt der Schwerpunkt der Darbietung in der Präsentation schwieriger Übungen, die für sich künstlerischen Darbietungen nicht vergleichbar sind.

4. Der Sportler macht durch seine Teilnahme an Veranstaltungen, bei denen Start- und Preisgelder gezahlt werden, anderen Veranstaltern deutlich, solche Erwerbschancen wahrnehmen zu wollen. In bezug auf die Veranstalter nimmt er daher am allgemeinen wirtschaftlichen Verkehr teil.

5. Das Erbringen von sportlichen Dienstleistungen ist keine Vermögensverwaltung. Deshalb sind Start- und Preisgelder von Amateursportlern, die nachhaltig tätig sind, gemäß § 15 I EStG zu behandeln[23]. Fehlt es an der Nachhaltigkeit, liegen regelmäßig Einkünfte gemäß § 22 Nr. 3 EStG vor.

D. Zeitpunkt des steuerlichen Zuflusses

Zahlungen, die in einem Athletenfonds angelegt werden, sind dem Sportler nach Auffassung der Finanzverwaltung mit der Gutschrift auf seinem Sonderkonto im Sinne des § 11 I EStG zugeflossen[24]. Diese Auffassung hat in der Literatur Zustimmung gefunden[25].

Mit der Gutschrift steht dem Sportler zwar nicht die volle Verfügungsgewalt über das Guthaben zu. Er ist jedoch in der Lage, Beträge mit Zustimmung seines Fachverbandes für zukunftssichernde Maßnahmen abzurufen. Dieser Umstand rechtfertigt es, als Zeitpunkt des Zuflusses den Zeitpunkt der Gutschrift anzusehen.

---

[21] Reisch/Reichhardt/Urbanke DB 1988,359 (360).

[22] Im Ergebnis Reisch/Reichhardt/Urbanke DB 1988,359 (360).

[23] Vgl. Reisch/Reichhardt/Urbanke DB 1988,359 (361).

[24] Schreiben des BdF v. 9.11.1984, DStR 1985,36; OFD Münster v. 11.6.1985, FR 1985,410 (411).

[25] Schmidt/Heinicke § 11 Anm. 5 sub Gutschrift c); Meier FR 1986,350.

3. Teil

Werbung und Sportvermarktung durch Sportvereine

§ 5 Werbeformen und Vertragsgestaltung

Sportvereine können ihre auf Sportvermarktung gerichteten Verträge selbst abschließen, weil die Vorschriften über die Vertragsgestaltung in Regel 26 der IOC-Bestimmungen nur für Amateursportler gelten. Auch den Sportvereinen steht eine begrenzte Anzahl typischer Werbeformen zur Verfügung.

A. Bandenwerbung

Bandenwerbung liegt vor, wenn Produkte oder Dienstleistungen auf Werbeflächen in Sportstätten angepriesen werden. Als Eigentümer eines Stadions oder einer Sporthalle kann sich ein Sportverein diese Einnahmequelle regelmäßig ohne Probleme erschließen. Hat der Verein die Sportanlage nur gemietet, entscheidet der Inhalt des Mietvertrages, ob er Bandenwerbung betreiben darf. Sofern sich der Vermieter das Recht vorbehalten hat, die Bande zu Werbezwecken zu nutzen, gehört Bandenwerbung durch den Verein nicht zum vertragsgemäßen Gebrauch. Ohne einen solchen Vorbehalt steht dem Mieter der uneingeschränkte Gebrauch der Mietsache zu. Folglich darf der Verein dann Bandenwerbung betreiben.

Die Vertragsgestaltung bei Werbemaßnahmen durch Sportvereine wird maßgeblich durch das Steuerrecht beeinflußt. In der Praxis sind die meisten Sportvereine als gemeinnützig anerkannt. Schließt ein gemeinnütziger Verein die Verträge über die Nutzung der Bande mit werbenden Unternehmen selbst ab, behandelt die Finanzverwaltung diese Betätigung als steuerpflichtigen wirtschaftlichen Geschäftsbetrieb[1]. Dagegen wird die Verpachtung der Werberechte an der Bande an einen Pächter, der seinerseits Verträge mit werbenden Unternehmen schließt, von der Finanzverwaltung regelmäßig als steuerfreie Vermögensverwaltung angesehen[2]. Folglich werden die Werberechte an der Bande häufig verpachtet.

---

[1] Anwendungserlaß zu § 67 a AO Anm. III 3, BStBl I 1987,664 (682); so bereits FinMin NRW v. 17.10.1983, BB 1983,1969 f.

[2] Siehe Fn. 1.

Bei dieser Gestaltungsform wird als Gegenleistung des Pächters entweder ein fester Betrag oder eine prozentuale Beteiligung an den Werbeeinnahmen vereinbart. In Betracht kommt auch eine Kombination aus einer Garantiesumme und einer prozentualen Beteiligung. Oftmals werden Absprachen getroffen, für bestimmte Produkte nicht zu werben. Dies gilt speziell für Tabakwaren. Zum Teil gibt es darüber hinaus noch Mitspracherechte des Vereins bei der Gestaltung der Werbung[3] und der Herstellung der Werbeflächen[4].

Derartige Absprachen lassen Zweifel aufkommen, ob die Vereinbarung ein Pachtvertrag im Sinne des § 581 BGB ist. Bei einer prozentualen Beteiligung an den Werbeeinnahmen könnte zwar der Eindruck entstehen, als ob der Verein einen auf Provisionsbasis tätigen Vermittlungsagenten einsetzt. Der Vertragspartner des Vereins schließt seine Verträge mit den werbenden Unternehmen jedoch in eigenem Namen und für eigene Rechnung. Er zieht Früchte aus den ihm überlassenen Rechten. Deshalb liegt kein Geschäftsbesorgungsvertrag, sondern ein partiarischer Pachtvertrag vor[5].

Derartige Pachtverträge können über kurze oder längere Zeiträume abgeschlossen werden. Speziell bei bedeutenden Veranstaltungen ist es gebräuchlich, die Bande gesondert für diesen Anlaß zu vergeben. Gegebenenfalls werden dann zusätzliche Werbeflächen geschaffen.

B. Trikotwerbung

I. Trikotwerbung liegt vor, wenn Werbung auf der Sportbekleidung angebracht wird. Es handelt sich um zusätzliche Aufdrucke; die Kennzeichnung der Sportbekleidung durch Warenzeichen ihres Herstellers bleibt davon unberührt. Daher schließen sich ein Ausrüstervertrag und Trikotwerbung nicht gegenseitig aus.

Die Regelwerke der Sportfachverbände enthalten zumeist Bestimmungen über Trikotwerbung. Sie ist entweder untersagt oder es bestehen Vorschriften darüber, welche Abmessungen Werbeaufdrucke haben dürfen.

Einnahmen aus Trikotwerbung werden hauptsächlich in den Mannschaftssportarten, speziell im Fußball, Handball und Eishockey, erzielt. Trikotwerbung findet aber zunehmend auch in anderen Sportarten, etwa in der Leichtathletik, Verbreitung.

II. Einnahmen eines gemeinnützigen Sportvereins aus Trikotwerbung behandelt die Finanzverwaltung stets als steuerpflichtige Einkünfte aus

---

[3] FinMin NRW v. 17.10.1983, BB 1983,1969.
[4] FG des Saarlandes EFG 1988,135 (136).
[5] Vgl. RGZ 70,20 (24) zur Anzeigenpacht; OLG Naumburg OLGE 24,340.

einem wirtschaftlichen Geschäftsbetrieb[6]. Deshalb ist es für einen Verein naheliegend, selbst einen Vertrag über Trikotwerbung mit dem Werbepartner zu schließen. Auf diese Art lassen sich Abzüge für einen Pächter vermeiden. Verträge über Trikotwerbung werden zumeist für mehrere Jahre abgeschlossen.

Soweit die Werberechte verpachtet sind, ergibt sich für den Sportverein eine Situation, die der eines Amateursportlers vergleichbar ist, der die Fördergesellschaft Deutsche Sporthilfe GmbH mit der Wahrnehmung seiner Interessen beauftragt hat. Schließt der Pächter einen Vertrag über Trikotwerbung ab, liegt zunächst nur eine Vereinbarung zwischen ihm und dem Unternehmen vor. Der Verein muß diese Vereinbarung deshalb als für sich verbindlich anerkennen. Dies kann zwar schon vorab im Pachtvertrag erfolgen. Der Verein kennt jedoch zu diesem Zeitpunkt die künftigen Vertragsbedingungen noch nicht und hat daher ein Interesse, jedem Vertrag gesondert zuzustimmen. Sofern keine zwingenden Gründe entgegenstehen, hat der Pächter aufgrund des Pachtvertrages einen Anspruch auf Zustimmung. Im Gegenzug ist er verpflichtet, den Verein über alle wesentlichen Absprachen mit dem Unternehmen zu unterrichten.

III. Kleineren Vereinen stellen Unternehmen nicht selten Sportbekleidung mit Werbeaufdrucken zur Verfügung. Die Finanzverwaltung behandelt solche Zuwendungen als steuerpflichtiges Sachentgelt für Werbeleistungen. Die Vereine dagegen wünschen, derartige Zuwendungen steuerfrei als Sachspenden entgegennehmen zu können. Wie künftig in solchen Fällen steuerrechtlich verfahren werden soll, ist Gegenstand einer rechtspolitischen Diskussion[7]. Die Thematik soll hier jedoch vorläufig zurückgestellt werden[8].

C. Vereinsname

Eine nur vereinzelt anzutreffende Form der Sportvermarktung ist die Werbung mit dem Vereinsnamen. Es gibt Vereine, deren Vereinsname eine Firmenbezeichnung enthält[9]. Auch die Vereinsembleme sind dann so beschaffen, daß sich ein Bezug zu einem Unternehmen herstellen läßt. Dieses Unternehmen ist regelmäßig der Hauptgeldgeber des Vereins.

Die meisten dieser Vereinsnamen sind jedoch historisch gewachsen, da sie auf Werksportgruppen zurückgehen. Versuche, den Vereinsnamen zu Werbezwecken zu ändern, sind selten. Im Fall Eintracht Braunschweig[10] ist

---

[6] Anwendungserlaß zu § 67 a AO Anm. III 3, BStBl I 1987,664 (682); so bereits früher FinMin NRW v. 17.10.1983, BB 1983,1969 (1970).

[7] BT-Drucks. 11/124 S. 2.

[8] Das Thema wird in § 16 B IV 2 behandelt.

[9] Bayer 04 Leverkusen; Bayer 05 Uerdingen; LAC Quelle Fürth; Salamander Kornwestheim.

deutlich geworden, daß mit dem Widerstand von Sportfachverbänden zu rechnen ist.

D. Werbung in der Vereinszeitung

Soweit eine Vereinszeitung herausgegeben wird, besteht die Möglichkeit, Anzeigen aufzunehmen. Diese Einnahmequelle wird schon deshalb genutzt, um die Herstellungskosten der Zeitung zu senken.

Verpachtet ein gemeinnütziger Verein das Anzeigengeschäft, behandelt die Finanzverwaltung die Pachtzinsen als steuerfreie Einnahmen aus Vermögensverwaltung[11]. Folglich ist die Verpachtung des Anzeigengeschäfts die naheliegendste Gestaltungsform.

E. Ausrüsterverträge

Eine Reihe von Vereinen hat für ihre Mannschaften Ausrüsterverträge abgeschlossen. Zu dieser Form der Werbung hat sich die Finanzverwaltung noch nicht ausdrücklich geäußert. Die Ausrüstungsgegenstände müssen von den Sportlern der Mannschaft getragen werden. Dies entspricht der Situation bei der Trikotwerbung. Deshalb müßte die Finanzverwaltung die Einnahmen aus Ausrüsterverträgen als steuerpflichtige Einkünfte aus einem wirtschaftlichen Geschäftsbetrieb behandeln.

Von daher liegt es für einen Verein nahe, den Vertrag mit dem Ausrüster selbst abzuschließen. Ein Verein kann auch sämtliche Werberechte an eine Vermarktungsgesellschaft verpachtet haben. In diesen Fällen gelten die Ausführungen zur Trikotwerbung entsprechend[12].

F. Sonstige Vermarktungsformen

Als weitere Vermarktungsformen bieten sich die Lautsprecherwerbung, Werbung auf Organisationsmitteln wie Eintrittskarten und Startnummern sowie der Abschluß von Ausrüsterverträgen an, die sich nicht auf Sportbekleidung beziehen. Bei gesponsorten Veranstaltungen treten die Hauptgeldgeber als Förderer in die Öffentlichkeit. Sie nutzen aber auch andere Werbemittel, zum Beispiel Anzeigentafeln im Stadion. Anzutreffen ist ferner die Verpachtung des Rechts, Erfrischungen an Zuschauer zu verkaufen.

---

[10] Dazu BGH ZIP 1987,446 ff; Vorinstanz OLG Frankfurt WRP 1985,500 ff; zu den materiell-rechtlichen Problemen vgl. Grunsky S. 13 ff.

[11] FinMin NRW v. 17.10.1983, BB 1983,1969 (1970) unter Hinweis auf BFH BStBl III 1967,373.

[12] S. o. § 5 B II.

§ 6 Die Besteuerung der Einnahmen aus wirtschaftlichen Betätigungen von Sportvereinen im Überblick

Die wirtschaftlichen Betätigungen von Sportvereinen erschöpfen sich nicht in Werbemaßnahmen. Vielmehr werden Wettkampfveranstaltungen durchgeführt, bei denen der veranstaltende Verein von Zuschauern regelmäßig Eintrittsgelder verlangt. Häufig unterhält ein Sportverein auch eine Gaststätte. Bei allen wirtschaftlichen Aktivitäten stellt sich die Frage, ob die Einnahmen zu versteuern sind.

A. Allgemeines zur Besteuerung gemeinnütziger Sportvereine

Vereine unterliegen grundsätzlich gemäß § 1 I Nr. 4 KStG der Körperschaftsteuer. Sportvereine sind jedoch zumeist als gemeinnützig anerkannt. Dann unterliegen sie gemäß § 5 I Nr. 9 KStG nur mit ihren Einkünften aus wirtschaftlichen Geschäftsbetrieben der Körperschaftsteuer. Gleiches gilt gemäß § 3 Nr. 6 GewStG für die Gewerbesteuer.

Aus diesen Bestimmungen folgt im Umkehrschluß, daß gemeinnützige Sportvereine daneben auch steuerfreie Einnahmen erzielen können. Der Steuerbefreiung unterliegen zum einen die Einnahmen aus Vermögensverwaltung, zum anderen die aus Zweckbetrieben. Von daher sind gemeinnützige Sportvereine sehr daran interessiert, daß die Finanzverwaltung möglichst viele ihrer wirtschaftlichen Tätigkeiten als steuerbegünstigt behandelt.

Eine wirtschaftliche Betätigung eines Sportvereins kann jedoch nur dann steuerbegünstigt sein, wenn feststeht, daß dieser Verein gemeinnützig ist. In jüngster Zeit mehren sich die Stimmen, die die Gemeinnützigkeit von Sportvereinen in Frage stellen[1]. Bevor untersucht werden kann, wie die Einnahmen aus einzelnen wirtschaftlichen Betätigungen steuerrechtlich zu behandeln sind, muß deshalb geklärt werden, unter welchen Voraussetzungen ein Sportverein gemeinnützig ist.

B. Die Voraussetzungen für die Anerkennung der Gemeinnützigkeit

Unter welchen Voraussetzungen ein Sportverein gemeinnützig ist, ist in den §§ 51, 52 I, II Nr. 2 und 55 – 63 AO geregelt. Am 1.1.1986 ist § 67 a AO hinzugekommen.

---

[1] FG Nürnberg EFG 1986,621; Tipke/Kruse § 52 AO Rn. 17; Arndt/Immel BB 1987,1153 (1154 f); Lang StuW 1987,221 (234 f, 250); ders. DStZ-A 1988,18 (23 f, 29 f).

Danach setzt die Gemeinnützigkeit die ausschließliche und unmittelbare Förderung eines gemeinnützigen Zwecks voraus. Gemäß § 52 I 1 AO verfolgt eine Körperschaft einen gemeinnützigen Zweck, wenn sie die Allgemeinheit auf materiellem, geistigem oder sittlichem Gebiet selbstlos fördert. In § 52 II AO zählt das Gesetz Beispiele auf, bei denen unter den Voraussetzungen des Absatzes 1 eine Förderung der Allgemeinheit anzuerkennen ist. Die Förderung des Sports ist in § 52 II Nr. 2 AO genannt. Der Katalog des § 52 II AO ist nicht abschließend[2], vielmehr können nicht erwähnte Zwecke nach Maßgabe von Absatz 1 begünstigt sein.

Gemäß § 55 I HS 1 AO handelt eine Körperschaft selbstlos, wenn sie nicht in erster Linie eigenwirtschaftliche Zwecke verfolgt. In § 55 I Nr. 1 – 4 AO ist außerdem vorgeschrieben, wie die Mittel der Körperschaft zu verwenden sind.

Der § 56 AO schreibt vor, daß nur gemeinnützige Zwecke verfolgt werden dürfen. Mit dem Merkmal der Ausschließlichkeit ist es folglich nicht zu vereinbaren, wenn die Körperschaft auch nur einen nicht begünstigten Zweck fördert.

Gemäß § 57 AO muß die Körperschaft ihre Zwecke unmittelbar, d. h. selbst verfolgen. Die Voraussetzungen der §§ 55 – 57 AO gelten jedoch nur soweit, wie das Gesetz keine Ausnahme vorsieht. In § 58 AO findet sich ein umfassender Katalog von Tätigkeiten, die mit der Gemeinnützigkeit vereinbar sind, obwohl eine der in den §§ 55 – 57 AO genannten Voraussetzungen nicht erfüllt ist.

Zahlreichen Sportvereinen drohte der Verlust der Gemeinnützigkeit, weil sie ihre Sportler bezahlt hatten[3]. Um diese Gefahr zu beseitigen, hat der Gesetzgeber den § 67 a AO eingefügt. Diese Vorschrift bestimmt, unter welchen Voraussetzungen die Bezahlung eines Sportlers dazu führt, daß eine sportliche Veranstaltung nicht als Zweckbetrieb, sondern als wirtschaftlicher Geschäftsbetrieb zu behandeln ist. Da § 67 a AO anordnet, daß Sportvereine trotz der Bezahlung ihrer Sportler gemeinnützig bleiben, stellt sich die Frage, wieweit die Vorschriften der §§ 52, 55 – 57 AO durch § 67 a AO modifiziert werden.

Gemäß § 59 AO muß eine gemeinnützige Körperschaft ihre Satzung und ihre tatsächliche Geschäftsführung an den §§ 52 – 57 AO ausrichten. Die §§ 60, 61 AO legen die formellen Anforderungen an die Satzung fest. Die Satzung muß so genau gefaßt sein, daß ihr die Finanzverwaltung eindeutig entnehmen kann, daß die Voraussetzungen für die steuerlichen Vergünstigungen vorliegen. Mustersatzungen finden sich im Anwendungserlaß zu

---

[2] FG Rheinland-Pfalz EFG 1980,145 (146); Spanner in Hübschmann/Hepp/Spitaler § 52 AO Rn. 31; Frotscher in Schwarz § 52 Rn. 10.

[3] Vgl. BT-Drucks. 10/6298 S. 14.

§ 60 AO[4]. Die Anforderungen an die tatsächliche Geschäftsführung nennt § 63 AO. Danach muß die tatsächliche Geschäftsführung der Körperschaft auf die ausschließliche und unmittelbare Erfüllung der steuerbegünstigten Zwecke gerichtet sein und dem Inhalt der Satzung entsprechen.

§ 7 Die geschichtliche Entwicklung der Gemeinnützigkeit von Sportvereinen

Eine Reihe moderner Sportvereine führt als Kurzbezeichnung eine Kombination aus dem Kürzel MTV[1], dem Ortsnamen und einer Zahlenangabe. Gebräuchlich ist ferner eine entsprechende Kombination mit dem Kürzel TSV[2]. Diese Namensgebung weist in der Regel auf die Herkunft aus der Turnbewegung hin, die auf „Turnvater" Friedrich Ludwig Jahn (1778 – 1852) zurückgeht. Turnen und Sport bildeten lange einen Gegensatz, der heute weitgehend überwunden ist. Die Anhänger des Turnens betrachteten den Sport als eine auf Individualismus und Rekordsucht ausgerichtete Betätigung, die sich mit dem erzieherischen und gemeinschaftsbildenden Anliegen des Turnens nicht vereinbaren ließ[3].

Jahn eröffnete 1811 den ersten Turnplatz in der Berliner Hasenheide[4]. Seine Ideen führten zur Gründung von Turnvereinen und zum Bau weiterer Turnplätze[5]. Jedoch war das öffentliche Turnen in Preußen von 1819 – 1842 verboten[6]. Ende der 40er Jahre des 19. Jahrhunderts war zwar eine nennenswerte Zahl an Turnvereinen erreicht, doch erlebte die Turnbewegung in der Zeit unmittelbar nach der Revolution von 1848/49 einen Einbruch, als sich viele gerade erst gegründete Turnvereine wieder auflösten[7]. Dies hatte seinen Grund nicht zuletzt darin, daß die Obrigkeit selbst Turnfahrten als politische und daher verdächtige Veranstaltungen ansah[8].

---

[4] Anlage 1, BStBl I 1987,664 (678).

[1] Männer-Turn-Verein.

[2] Turn- und Sportverein.

[3] Brockhausenzyklopädie, Band 17, Stichwort Sport, S. 761.

[4] Brockhausenzyklopädie, Band 19, Stichwort Turnen/Geschichte, S. 146.

[5] In der Hansestadt Lübeck wurde der erste Turnplatz aufgrund einer Empfehlung (1815) des damaligen Bürgermeisters Dr. Overbeck vor der „Gesellschaft zur Beförderung gemeinnütziger Tätigkeit" eingerichtet, vgl. die Informationsschrift der Hansestadt Lübeck „Sport + Spiel" , Einleitung „Sport seit 160 Jahren".

[6] Brockhausenzyklopädie, Band 19, Stichwort Turnen/Geschichte, S. 146.

[7] Vgl. Der Große Brockhaus, Band 11, Stichwort Turnen, S. 701.

[8] Vgl. Kampffmeyer/Altmann S. 24/25.

A. Der Begriff der Gemeinnützigkeit in den Rechtsvorschriften einzelner deutscher Staaten

Parallel dazu war der Begriff der Gemeinnützigkeit ebenfalls noch in der Entwicklung begriffen. Zwar spricht schon das preußische ALR von 1794 in § 4 II 6 von gemeinnützigen Absichten und in § 25 II 6[9] von Gesellschaften, die sich zu einem gemeinnützigen Zwecke verbunden haben. Die heutige Ausprägung des Begriffs vollzog sich indes im Steuerrecht[10].

I. Ab 1848[11] wurden in einzelnen deutschen Staaten Einkommensteuergesetze erlassen. Die Vereine waren nicht in allen Staaten der Einkommensteuer unterworfen. Das badische EStG von 1884[12] beispielsweise stellte durch eine enumerative Aufzählung klar, daß Vereine nach diesem Gesetz nicht besteuert werden[13]. Auch in Preußen[14] war die Rechtslage vergleichbar.

Dagegen wurde die Prinzipienfrage[15] der Besteuerung juristischer Personen nach dem jeweiligen EStG in anderen Staaten des Deutschen Reiches abweichend beantwortet. So waren in Bayern[16], Sachsen[17], Hamburg[18] und Württemberg[19] Vereine grundsätzlich einkommensteuerpflichtig. In den Fassungen ab 1900 sahen die Gesetze Steuerbefreiungen für Vereine vor, die gemeinnützige Zwecke verfolgen[20].

II. Weder in den Einkommensteuergesetzen noch in den dazu ergangenen Instruktionen[21] wurde eine Definition der gemeinnützigen Zwecke gegeben, die über sehr allgemein gehaltene Aussagen hinausging. Dieser Befund gilt auch für die Kommentarliteratur[22]. Im Vordergrund standen aber Wohltätigkeitsanstalten und katholische Orden[23]. Lediglich Bayern stellte in Art. 8

---

[9] II. Theil, VI. Titel, § 4 bzw. 25; Text abgedruckt bei Hattenhauer ALR, S. 426/427.

[10] Vgl. dazu die Darstellung bei Kraft S. 315 (316 – 322).

[11] Z. B. in Bayern EStG v. 4.6.1848, bay. GVBl 153; in Baden EStG v. 28.7.1848, bad. RgBl 279; in Preußen EStG v. 1.5.1851, pr. GS 193.

[12] EStG v. 20.6.1884, bad. GVBl 321; einschlägig ist Art. 5 B.

[13] Zimmermann Art. 5 Anm. 40 zur Rechtslage von 1907; der Gesetzestext wurde an den entscheidenden Stellen nicht geändert.

[14] EStG v. 24.6.1891, pr. GS 175; siehe § 1 Nr. 4 und 5.

[15] Vgl. Göz Art. 2 Anm. 1.

[16] Bay. EStG v. 4.6.1848, bay. GVBl 153; EStG v. 19.5.1881, bay. GVBl 441; EStG v. 9.6.1899, bay. GVBl, Beilage zum Landtagsabschied S. 227 (nach S. 330 des Bandes); EStG v. 14.8.1910, bay. GVBl 493 mit gegenüber 1881/1899 verändertem Wortlaut (dort Art. 1 I Nr. 4).

[17] EStG v. 24.7.1900, sächs. GVBl 562; (dort § 4).

[18] EStG v. 9.1.1914, ham. GS I 4; (dort § 1 I Nr. 6).

[19] EStG v. 8.8.1903, württ. RgBl 261; (dort Art. 2 I Nr. 3 und 2 II).

[20] So sächs. EStG § 6 Nr. 10; ham. EStG § 2 I Nr. 2.

[21] Instruktionen zum sächs. EStG v. 24.7.1900, sächs. GVBl 781.

[22] Pauly § 2 Anm. 3; ausführlicher Wachler/Hoffmann § 6 Anm. 12 b – e, 13 b.

[23] Vgl. preuß. Haus der Abgeordneten 1905/06, Drucks. 259, S. 11 der internen Zählung.

Nr. 11 seines EStG von 1910 ausdrücklich klar, daß Sportzwecke nicht begünstigt sind[24].

B. Die gesetzliche Verankerung der Gemeinnützigkeit von Sportvereinen im Steuerrecht des Deutschen Reiches

I. Im Jahre 1906 verabschiedete der Reichstag als eines der ersten großen Reichssteuergesetze das Erbschaftsteuergesetz[25]. Darin war für gemeinnützige Vereinigungen in § 12 I Nr. 2 und 3 ein ermäßigter Steuersatz vorgesehen, der während der Beratungen sehr umstritten war[26]. In den Jahren 1908 und 1909 erkannte die Finanzverwaltung Turnvereine im Rahmen der Erbschaftsteuer als gemeinnützig an[27], was in der Kommentarliteratur Zustimmung fand[28].

II. Dennoch ergaben sich in der Folgezeit Unsicherheiten, für die auch das bayerische EStG ursächlich gewesen sein kann. Das Umsatzsteuergesetz von 1918[29], das aus dem Reichsgesetz über einen Warenumsatzstempel von 1916[30] hervorgegangen war, enthielt mit § 3 Nr. 2 eine Vorschrift, die gemeinnützigen Unternehmen Steuerbefreiung gewährte, soweit die Umsätze nicht auf Tätigkeiten beruhten, die auf Gewinnerzielung gerichtet waren. Der Begriff der Gemeinnützigkeit wurde nicht näher bestimmt. In der Begründung zum Entwurf eines UStG war lediglich die Gemeinnützigkeit der Krankenpflege beispielhaft herausgestellt worden[31]. Der Sport fand keine Erwähnung.

III. Nach dem Krieg begann die Verfassunggebende Deutsche Nationalversammlung, durch umfassende Reichssteuergesetze die Grundlagen zur Deckung des Finanzbedarfs des Reiches zu schaffen. Ein erster Schritt war das Gesetz über das Reichsnotopfer[32], das in § 5 I Nr. 10 eine Befreiungsvorschrift für gemeinnützige Personenvereinigungen enthielt. Diesmal wurde beantragt, den Begriff der Gemeinnützigkeit beispielhaft zu erläutern[33]. Der

---

[24] EStG v. 14.8.1910, bay. GVBl 493.

[25] ErbschStG v. 3.6.1906, RGBl 654.

[26] Vgl. Sten. Ber. 1905/06, Anlagenband V, Aktenstücke Nr. 384 und 404.

[27] Verfügung v. 14.2.1908 (Nr. 790) und v. 16.2.1909 (Nr. 687); zit. nach Zimmermann/Ludewig § 22 Anm. 75 (S. 342).

[28] Wunsch § 12 Anm. 15 unter Hinweis auf die Gesichtspunkte körperliche Pflege und Stärkung der Gesundheit.

[29] UStG v. 26.7.1918, RGBl 779.

[30] Gesetz v. 26.6.1916, RGBl 639.

[31] Sten. Ber. Band 324 (Anlagenband), Drucks. Nr. 1461, S. 32; die Beschränkung könnte kriegsbedingt sein.

[32] Gesetz v. 31.12.1919, RGBl 2189.

[33] Sten. Ber. Band 340 (Anlagenband), Aktenstück Nr. 1611, S. 1571 Antrag zu § 5; vgl. aber die Aufzählung im Entwurf des Gesetzes, Sten. Ber. Band 337 (Anlagenband), Aktenstück Nr. 677, S. 463 und 470: soziale, gemeinwirtschaftliche, kulturelle und wissenschaftliche Zwecke.

Antrag wurde jedoch zurückgenommen, „nachdem der Unterstaatssekretär Moesle als Vertreter der Regierung unter Zustimmung des Ausschusses erklärt hatte, daß als gemeinnützig auch soziale, wissenschaftliche, künstlerische Zwecke sowie Unterrichtszwecke und Zwecke der körperlichen Ausbildung zu verstehen seien"[34].

Diese Aussage führte nicht zu der gewünschten Klarheit. Der Reichsfinanzminister gab deshalb auf Anfrage die Erklärung ab, daß unter die Befreiungsvorschrift auch Turn-, Gesang-, Ruder- und alle ähnlichen anderen Vereine fallen[35].

IV. Kurze Zeit später, anläßlich der Beratungen des KStG[36], erwähnte der Abgeordnete Dr. Rießer Sportzwecke als gemeinnützige Zwecke im Sinne der Befreiungsvorschrift § 2 Nr. 4 KStG[37]. Diese Angabe wurde von einem Regierungsvertreter bestätigt[38]. Jedoch hielt der Gesetzgeber eine gesetzliche Definition nicht für angebracht, ein Standpunkt, der schon in der Begründung zum Entwurf eines KStG[39] zum Ausdruck kam.

Auch in anderen wichtigen Steuergesetzen[40] wurde der Begriff der Gemeinnützigkeit vorausgesetzt[41]. Lediglich in § 10 der Ausführungsbestimmungen zum UStG[42] wurde eine allgemein gehaltene Erläuterung des Begriffs aufgenommen. Danach waren gemeinnützige Zwecke solche, die die Interessen der Allgemeinheit fördern und nicht nur bestimmten Personen oder einem engeren Personenkreis dienen.

V. Trotz der weitgehenden Einigkeit in den gesetzgebenden Gremien ergaben sich in der Praxis Auslegungsprobleme. Deshalb mußte der Reichsfinanzhof in den Jahren 1920/21 wiederholt über die Gemeinnützigkeit von Vereinigungen befinden[43]. Am 15.7.1921 erklärte er unter dem Aktenzeichen I B 288/21 einen Turnverein für ausschließlich gemeinnützig[44].

VI. Bereits im Frühjahr 1922 erließ der Reichsfinanzminister Ausführungsbestimmungen zum KStG[45] und zum UStG[46], in denen erstmals

---

34 Sten. Ber. Band 340 (Anlagenband), Aktenstück Nr. 1611, S. 1571, rechte Spalte.

35 Sten. Ber. Band 340 (Anlagenband), Aktenstück Nr. 1611, S. 1579 (zu § 5).

36 KStG v. 30.3.1920, RGBl 393.

37 Sten. Ber. Band 332, 153. Sitzung v. 10.3.1920, S. 4856 D und 4857 A.

38 Sten. Ber. Band 332, 153. Sitzung v. 10.3.1920, S. 4857 A.

39 Sten. Ber. Band 341 (Anlagenband), Aktenstück Nr. 1976, S. 27 f unter Berufung auf Sten. Ber. Band 338 (Anlagenband), Aktenstück Nr. 774, S. 659.

40 So im UStG v. 31.12.1919, RGBl 2157, (dort § 3 Nr. 3, diese Vorschrift wurde durch Gesetz v. 8.4.1922, RGBl 373, geändert); EStG v. 29.3.1920, RGBl 359, (dort § 13 I Nr. 7, diese Vorschrift wurde erst nach einer Debatte in der Nationalversammlung eingefügt, vgl. Sten. Ber. Band 332, 153. Sitzung v. 10.3.1920, S. 4842 A – C).

41 Vgl. Evers § 2 Anm. 47 (S. 129).

42 Ausführungsbestimmungen v. 12.6.1920, Zentralblatt 1920,937.

43 Z. B. RFHE 6,240; 6,274; 6,322; 6,324; 6,325; 6,328; 6,332.

44 Nicht veröffentlicht, zit. nach Evers § 2 Anm. 53 (S. 135), der von einem Einzelfall spricht.

gemeinnützige Zwecke beispielhaft aufgezählt wurden. Für beide Gesetze wurde die körperliche Ertüchtigung des Volkes durch Leibesübungen (Turnen, Spiel, Sport)[47] nunmehr ausdrücklich genannt. In Anwendung dieser Vorschriften wurde in der Literatur jedoch nicht jeder Sport als förderungswürdig betrachtet. Insbesondere Motorsport, Segeln, Golf, Tennis und Polo sollten wegen ihrer geringen Verbreitung ausgenommen sein[48].

Die Ausführungsbestimmungen zum KStG und zum UStG wurden 1926 durch Durchführungsbestimmungen[49] abgelöst. Auch diese Bestimmungen nannten die körperliche Ertüchtigung des Volkes durch Leibesübungen (Turnen, Spiel, Sport) als gemeinnützigen Zweck.

VII. Mit dem Steueranpassungsgesetz 1934[50] wurde die Gemeinnützigkeit für alle Steuergesetze einheitlich geregelt. Die für den Sport einschlägigen Vorschriften in den Durchführungsbestimmungen wurden mit leicht verändertem Wortlaut in § 17 III Nr. 1 StAnpG übernommen.

Damit war die gesetzliche Verankerung der Gemeinnützigkeit von Sportvereinen im wesentlichen abgeschlossen. Die nachfolgenden Gesetzesänderungen und Verordnungen berührten überwiegend den Umfang der Steuervergünstigungen, ohne von der einmal getroffenen Grundsatzentscheidung abzugehen.

C. Die Ausgestaltung des Gemeinnützigkeitsrechts der Sportvereine

I. Zur Durchführung der §§ 17 – 19 StAnpG erging 1941 die Gemeinnützigkeitsverordnung[51]. Gemäß § 10 Nr. 2 GemVO durften die Einnahmen, die bei sportlichen Veranstaltungen erzielt werden, die gesamten Unkosten des Vereins höchstens decken oder nur geringfügig überschreiten.

II. In der Nachkriegszeit entstanden hinsichtlich der Fortgeltung dieser Verordnung Rechtsunsicherheiten[52], die 1953 durch Einfügung eines § 19 a StAnpG[53] und den Erlaß der Gemeinnützigkeitsverordnung von 1953[54]

---

[45] Ausführungsbestimmungen zum KStG v. 22.4.1922, RStBl 152.

[46] Ausführungsbestimmungen zum UStG v. 6.5.1922, Zentralblatt 1922,152.

[47] So der Wortlaut in den Ausführungsbestimmungen zum KStG (§ 3) und zum UStG (§ 10 a).

[48] Vgl. Zimmermann/Ludewig § 22 Anm. 74, 3.

[49] Durchführungsbestimmungen zum KStG v. 17.5.1926, RGBl I 244 (§§ 9 und 11 Nr. 1); Durchführungsbestimmungen zum UStG v. 25.6.1926, RGBl I 323 (§§ 29, 30).

[50] StAnpG v. 16.10.1934, RGBl I 925.

[51] GemVO v. 16.12.1941, RStBl 937.

[52] Vgl. Boettcher/Leibrecht S. 14 f.

[53] Gesetz v. 11.7.1953, BGBl I 511 (513).

[54] GemV v. 24.12.1953, BGBl I 1592.

beseitigt wurden. In § 9 I Nr. 10 GemV wurde die Regelung des § 10 Nr. 2 GemVO übernommen.

III. 1969 wurden Änderungen der GemV beschlossen[55], die es den Sportvereinen ermöglichten, nennenswerte Überschüsse aus sportlichen Veranstaltungen zu erzielen. Diese durften 50 v.H. der Einnahmen, höchstens 5 000 DM im Jahr, nicht überschreiten.

IV. Das StAnpG und die GemV wurden 1977 durch die §§ 51 ff AO[56] abgelöst. Im Gemeinnützigkeitsrecht der Sportvereine ergaben sich dadurch geringfügige Änderungen.

1. Bei der Aufzählung der gemeinnützigen Zwecke in § 52 II AO sollten sprachliche Veränderungen vorgenommen werden. Im Gesetzentwurf fand sich deshalb in Anpassung an den gewandelten Sprachgebrauch die Formulierung „körperliche Ertüchtigung durch Sport einschließlich Motorsport“[57]. Der Finanzausschuß ersetzte diese Umschreibung aufgrund der gewandelten gesellschaftlichen Bedeutung des Sports durch „Förderung des Sports“[58]. Der Vorschlag des Finanzausschusses ist Gesetz geworden.

2. In § 68 Nr. 7 b AO a. F., der die Zweckbetriebseigenschaft von sportlichen Veranstaltungen regelte, wurde die Überschußgrenze auf 12 000 DM im Durchschnitt der letzten drei Jahre festgelegt.

V. 1980 hat der Gesetzgeber § 52 II Nr. 2 S. 2 AO eingefügt[59]. Diese Norm ordnet an, daß Schach Sport sei. Gleichzeitig ist der heutige § 58 Nr. 9 AO primär aus dem Grunde eingefügt worden, Flugsportvereinen zu ermöglichen, eine Modellflugabteilung zu unterhalten.

VI. Im Laufe der Zeit sind viele Sportvereine dazu übergegangen, Sportler zu bezahlen. Diesen Vereinen drohte der Verlust der Gemeinnützigkeit, weil sie nach Auffassung der Finanzverwaltung ihre Mittel in unzulässiger Weise verwendeten. Deshalb ist die AO zum 1.1.1986 geändert worden[60]. Der neue § 67 a AO ermöglicht es den Sportvereinen nunmehr, Sportler zu bezahlen, ohne die Gemeinnützigkeit zu verlieren. Dadurch soll erreicht werden, daß die Sportvereine sowohl Träger des Breitensports als auch des Spitzensports bleiben.

In den Gesetzesmaterialien wird zur Begründung für die heutige Gesetzesfassung ausgeführt, es werde als unabdingbare Voraussetzung für die Ausdehnung der Gemeinnützigkeit angesehen, daß die Veranstaltungen, bei

---

[55] Steueränderungsgesetz v. 18.8.1969 , BGBl I 1211 (1219).
[56] AO'77 v. 16.3.1976, BGBl I 613.
[57] BT-Drucks. 6/1982, S. 25, Begründung S. 116.
[58] BT-Drucks. 7/4292, S. 20.
[59] Gesetz v. 25.5.1980, BGBl I 731.
[60] Gesetz v. 19.12.1985, BGBl I 2436.

denen bezahlte Sportler eingesetzt werden, als steuerpflichtige wirtschaftliche Geschäftsbetriebe behandelt werden. Dadurch solle verhindert werden, daß Beiträge und Spenden für Zwecke des bezahlten Sports eingesetzt werden[61].

Der Gesetzgeber wollte mit dieser Änderung der AO nur das vordringliche Problem lösen, den betroffenen Vereinen die Gemeinnützigkeit vorläufig zu erhalten. Einer umfassenden Neuregelung sollte mit Rücksicht auf das seinerzeit noch ausstehende Gutachten der Sachverständigenkommission zur Überarbeitung des Gemeinnützigkeitsrechts nicht vorgegriffen werden[62].

§ 8 Das Verhältnis der Absätze 1 und 2 des § 52 AO

§ 52 II AO bestimmt, daß die Förderung der in dieser Norm genannten Zwecke unter den Voraussetzungen des Absatzes 1 als Förderung der Allgemeinheit anzuerkennen ist. Seinem Wortlaut nach verweist § 52 II AO auf Absatz 1 Satz 1 – 3. Der Verweis auf die Sätze 2 und 3, die nähere Bestimmungen über den Begriff der Allgemeinheit enthalten, ist ohne weiteres verständlich. In welchem Umfange dagegen auf Satz 1 Bezug genommen wird, ist der Norm nicht eindeutig zu entnehmen. Fraglich ist insbesondere, ob das Vorliegen eines Beispieles aus dem Katalog des § 52 II AO die Prüfung des Merkmals „Förderung der Allgemeinheit auf materiellem, geistigem oder sittlichem Gebiet" erübrigt.

Eine detaillierte Auseinandersetzung mit dieser Fragestellung ist nur vereinzelt zu finden. Der Sache nach geht es um eine Korrekturmöglichkeit für den Fall, daß Bedenken gegen die Förderungswürdigkeit einer Vereinigung bestehen, die einen Zweck aus dem Katalog des § 52 II AO verfolgt. Im Extremfall könnte sich dadurch sogar eine Definition der Beispiele erübrigen, wenn der Prüfungsmaßstab ohnehin § 52 I 1 AO ist[1].

A. Meinungsstand

I. In Rechtsprechung und Literatur wird die Förderung eines Zwecks aus dem Katalog des § 52 II AO oftmals ohne weitere Überprüfung am Maßstab des § 52 I 1 AO als gemeinnützig angesehen[2].

II. Zum weitgehend wortgleichen § 17 III StAnpG wurde vertreten, daß bei den Beispielen eine Förderung der Allgemeinheit anzuerkennen sei, es

---

[61] BT-Drucks. 10/4513 S. 14.

[62] Vgl. BT-Drucks. 10/4513 S. 14.

[1] Dies demonstriert das FG Nürnberg EFG 1986,621 recht deutlich.

[2] FG Niedersachsen EFG 1986,256 (Zauberei als Kunst); Scholtz in Koch § 52 Rn. 21, 22.

sei denn, es lägen besondere Umstände vor, die es ausnahmsweise ausschließen, daß die Tätigkeit dem allgemeinen Besten diene[3].

III. Nach Tipke/Kruse[4], an deren Auffassung die Finanzgerichte Berlin[5] und Nürnberg[6] angeknüpft haben, ist § 52 II AO eine Auslegungshilfe[7]. Zwar liege in der Regel ein begünstigter Zweck vor, wenn ein Beispiel erfüllt sei. Sein Vorliegen erübrige es aber nicht, sämtliche Voraussetzungen des § 52 I 1 AO zu prüfen[8].

IV. Der BFH versteht § 52 II AO bzw. seinen Vorläufer § 17 III StAnpG als ausdrückliche gesetzliche Regelung, nach der die Förderung der dort genannten Zwecke eine Förderung der Allgemeinheit bedeutet[9]. Dennoch prüfte er bei einem Verein gegen eine Schnellbahntrasse, der der Satzung nach dem Natur- und Umweltschutz diente, ob das Merkmal „Förderung der Allgemeinheit" erfüllt ist[10]. Bei diesem Verein bestanden Zweifel an seiner Förderungswürdigkeit. Demnach scheint der BFH in Ausnahmefällen nicht nur auf das Vorliegen eines Beispiels abzustellen.

B. Stellungnahme

Die unterschiedliche Interpretation des § 52 AO beruht auf der Unsicherheit darüber, welche Funktion der Verweis in § 52 II AO hat.

I. Historische Gesichtspunkte

Die Formulierung „unter den Voraussetzungen des Absatzes" ist erstmals 1934 verwendet worden. Nach den Ausführungs- und Durchführungsbestimmungen der Jahre 1922 und 1926 zum KStG[11] und zum UStG[12] war dagegen „in der Regel" eine Förderung der Allgemeinheit anzuerkennen.

§ 52 II AO hat seinen Vorläufer in § 17 III StAnpG. Diese Norm verwies auf die Gemeinwohlklausel des § 17 II StAnpG. Dieser Verweis wäre ins Leere gegangen, wenn die Voraussetzungen der Legaldefinition nicht zu prüfen gewesen wären.

---

[3] Riewald in Becker/Riewald/Koch § 17 StAnpG Anm. 3 c (1).

[4] Tipke/Kruse § 52 AO Rn. 6; im Ergebnis ebenso Arndt/Immel BB 1153 (1154); Lang StuW 1987,221 (244).

[5] EFG 1986,419.

[6] EFG 1986,621.

[7] Ähnlich Felix/Streck DStZ-A 1984,79: dem Wortlaut nach Erläuterungsfunktion.

[8] So ausdrücklich Tipke/Kruse § 52 AO Rn. 17.

[9] BFH BStBl II 1979,482 (484 sub 2.); 1979,488 (489 und 490); 1982,336 (337).

[10] BFH BStBl II 1979,482 (484 f).

[11] RStBl 1922,152 und RGBl I 1926,244.

[12] Zentralblatt 1922,189 und RGBl I 1926,323.

§ 52 I 1 AO enthält zwar mehr Voraussetzungen als § 17 II StAnpG. In § 52 I AO sind jedoch heute auch die Merkmale zusammengefaßt, die in anderen Absätzen des § 17 StAnpG geregelt waren. Deshalb ist davon auszugehen, daß sich aufgrund der Neufassung der gemeinnützigkeitsrechtlichen Vorschriften hinsichtlich des Prüfungsumfanges nichts ändern sollte. Folglich kommt eine Überprüfung am Maßstab des § 52 I 1 AO in Betracht. Fraglich ist jedoch, wann und in welchem Umfange dies geschehen soll.

II. Sinn und Zweck der Vorschrift

In der Vergangenheit hat es immer wieder Gesetzesinitiativen gegeben, um Zwecke, deren Gemeinnützigkeit umstritten war, in den Katalog des § 52 II AO aufzunehmen. Zur Begründung ist jeweils ausgeführt worden, mit der gesetzlichen Regelung solle die bestehende Rechtsunsicherheit zugunsten der betroffenen Vereine beseitigt werden[13].

Als Auslegungshilfe könnte § 52 II AO das Ziel der Gesetzesinitiatoren jedoch nicht sicherstellen. Aufgrund der dann erforderlichen Prüfung am Maßstab des § 52 I 1 AO ist nicht gewährleistet, daß Vereine, die einen in § 52 II AO genannten Zweck verfolgen, auch tatsächlich als gemeinnützig anerkannt werden. Vor diesem Hintergrund ist auch § 52 II Nr. 2 S. 2 AO systemwidrig, da die Fiktion eines Beispiels die tatsächliche Anerkennung nicht sicherstellen könnte.

Aus den Begründungen zu den erwähnten Gesetzesinitiativen kann geschlossen werden, daß Sinn und Zweck des § 52 II AO die Schaffung von Rechtssicherheit ist. Der Gesetzgeber hat daher bei den Beispielen eine antezipierte Bewertung vorgenommen und die Gemeinnützigkeit dieser Zwecke bejaht. Diese Entscheidung hat der Rechtsanwender zu beachten.

Der Gesetzgeber konnte jedoch nicht alle Konstellationen im voraus bedenken. Zudem hat er im Beispielskatalog des § 52 II AO Begriffe verwendet, die zum Teil sehr weit gefaßt sind. Bei der Definition dieser Begriffe muß deshalb auf die Kriterien zurückgegriffen werden, die den Gesetzgeber zur Aufnahme des jeweiligen Zwecks in den Katalog bewogen haben. Durch Definitionen läßt sich indes nicht ganz ausschließen, daß ein Begriff trotzdem auch nicht gemeinnützige Betätigungen umfaßt. Für diese Ausnahmefälle eröffnet der Verweis auf § 52 I 1 AO die Möglichkeit, korrigierend einzugreifen.

C. Mögliche Ausnahmefälle

Fraglich ist, wann eine solche Ausnahme vorliegt.

---

[13] BT-Drucks. 8/3898 S. 2; 10/1368 S. 4; 11/390 S. 4; diesen Gesichtspunkt führen auch Schad/Eversberg DB 1980,1234 an.

I. Zielkonflikte

In der Rechtsprechung findet sich die Meinung, daß die Gemeinnützigkeit zu verneinen sei, wenn die Tätigkeit der Körperschaft ins Gewicht fallende Züge von Gemeinschädlichkeit aufweise[14]. Ein solcher Fall soll insbesondere vorliegen, wenn sich hinsichtlich einzelner Beispiele ein Zielkonflikt ergibt. Eine solche Kollisionslage wird zwischen Sport und Umweltschutz angenommen. Dabei sei dem Umweltschutz ein höherer Stellenwert einzuräumen. Folglich wird beispielsweise die Gemeinnützigkeit des Motorsports unter Hinweis auf die Lärmentwicklung und andere negative Auswirkungen abgelehnt[15].

Ob die Gemeinnützigkeit auch dann noch verneint werden würde, wenn die Formulierung „Sport einschließlich des Motorsports" aus dem Regierungsentwurf[16] Gesetz geworden wäre, ist fraglich. Angesichts der Weite des Begriffs Sport kann jedenfalls nicht behauptet werden, die Einbeziehung des Motorsports habe im Gesetz keinen hinreichenden Ausdruck gefunden[17]. Zudem wurde gerade für den Sport darauf hingewiesen, daß über die Umweltverträglichkeit ausschließlich im Rahmen des Polizei- und Umweltrechts zu entscheiden sei[18]. Dieser Gesichtspunkt wird zwar gesehen, aber als Fehleinschätzung des Gesetzgebers behandelt[19].

Wann ins Gewicht fallende Züge von Gemeinschädlichkeit vorliegen sollen, vermögen die Vertreter der eingangs genannten Rechtsauffassung nicht mit Sicherheit anzugeben. Zumal die positiven und negativen Auswirkungen der Tätigkeit abgewogen werden sollen[20], entscheidet letztlich jeder einzelne Rechtsanwender nach seinen eigenen Wertvorstellungen.

In die Abwägung eingebracht werden könnten zahlreiche Gesichtspunkte. Zu denken ist an den alpinen Skisport, der die Vegetation zerstört, an Läufer und Skilangläufer, die das Wild beunruhigen oder an die Folgen des Wassersports an der Küste und auf den Binnengewässern. Verursacher sind hier zwar meist nicht Vereine, doch dürfen Wechselwirkungen nicht unbeachtet bleiben. Angesichts der aktuellen Rechtsstreitigkeiten[21] im Zusammenhang mit Sportlärm muß ebenfalls erwogen werden, ob die Gemeinnützigkeit zu versagen ist, wenn Sportvereine Sportanlagen benutzen, die nicht

---

[14] FG Nürnberg EFG 1986,621.

[15] FG Nürnberg EFG 1986,621 (622); Tipke/Kruse § 52 AO Rn. 17; Arndt/Immel BB 1987,1153 (1155); Lang StuW 1987,221 (250); ders. DStZ-A 1988,18 (29 f); eine Entscheidung des BFH, dem die Frage vorliegt (Az: I R 97/86), steht noch aus.

[16] BT-Drucks. 6/1982 S. 25.

[17] So aber Lang StuW 1987,221 (246); ders. DStZ-A 1988,18 (30).

[18] BT-Drucks. 7/4292 S. 20.

[19] Tipke/Kruse § 52 AO Rn. 17.

[20] Arndt/Immel BB 1987,1153 (1155).

[21] BGH NJW 1983,751; OVG Hamburg NJW 1986,2333; OLG München NJW-RR 1986,1142.

im Einklang mit dem Bauordnungs-, Bauplanungs- oder Nachbarrecht stehen. Ähnliche Probleme gibt es mit dem Besucherverkehr bei sportlichen Veranstaltungen.

Ausweislich der Gesetzesmaterialien hat sich der Gesetzgeber dafür entschieden, die Umweltverträglichkeit nicht im Gemeinnützigkeitsrecht zu berücksichtigen. Folglich hat er alle Zwecke aus dem Katalog des § 52 II AO gleichberechtigt nebeneinander gestellt. Zugleich hat der Gesetzgeber klargestellt, daß er bei allen in § 52 II AO genannten Zwecken vom Überwiegen der positiven Auswirkungen ausgeht. Eventuelle negative Auswirkungen müssen deshalb in Kauf genommen werden. Nur so kann dem Gesichtspunkt der Rechtssicherheit Rechnung getragen werden. Zudem ist auch für eine gleichmäßige Besteuerung gesorgt, weil anderenfalls die örtlichen Gegebenheiten über die Gemeinnützigkeit entscheiden könnten.

Mit dem Gesichtspunkt des Umweltschutzes kann folglich keine Ausnahme von § 52 II AO begründet werden.

II. Todesfälle und Sportverletzungen

Motorsport, Reiten, Fechten, Boxen und Marathonlauf sind aufgrund von Todesfällen in die Schlagzeilen geraten. Von daher könnte man argumentieren, eine Betätigung, die zu Todesfällen führt, könne nicht gemeinnützig sein[22]. Diese Argumentation könnte zudem auf Sportverletzungen übertragbar sein.

1. Todesfälle im Sport sind trotz aller Schlagzeilen relativ selten. Alle Sportfachverbände versuchen, die noch bestehenden Risiken durch Sicherheitsbestimmungen so weit es irgend geht zu minimieren. Ein lückenloser Schutz von Leben und Gesundheit ist aber nicht möglich.

Zudem ist fraglich, nach welchen Kriterien Todesfälle im Sport bewertet werden müßten. Das Leben eines Menschen ist das höchste aller Rechtsgüter. Deshalb müßte bereits ein Toter zur Versagung der Steuervergünstigungen führen. Man könnte sogar überlegen, ob nicht der tödliche Herzinfarkt eines Zuschauers in die Abwägung einfließen müßte.

Bei einer Versagung der Gemeinnützigkeit aufgrund von Todesfällen bliebe unberücksichtigt, daß grundsätzlich jede Tätigkeit mit einem gesundheitlichen Risiko behaftet ist. Zudem darf eine seltene Ausnahme nicht verallgemeinert werden. Hinzu kommt, daß der Gesetzgeber die Gemeinnützigkeit des Motorsports ausdrücklich im Gesetz verankern wollte, obwohl in dieser Sportart Tote zu beklagen waren. Deshalb ist der Gesichtspunkt der Gefährlichkeit bereits in die Abwägung einbezogen worden. Die seltenen

---

[22] So FG Nürnberg EFG 1986,621 (622).

Todesfälle vermögen daher nicht, die Gemeinnützigkeit einer Sportart in Frage zu stellen.

2. Im Sport kommt es häufig zu Verletzungen. Auch in solchen Fällen verwirklicht sich ein Risiko, daß jeder Tätigkeit immanent ist. Die Risiken des Sports waren dem Gesetzgeber bekannt. Deshalb gilt auch für Sportverletzungen, daß sie die Gemeinnützigkeit einer Sportart nicht in Frage zu stellen vermögen.

III. Zuschauerverhalten

Im Zusammenhang mit Veranstaltungen in der Fußballbundesliga vertreten Tipke/Kruse[23] die These, die Gemeinnützigkeit könne aufgrund des Zuschauerverhaltens versagt werden. Wo starke Polizeikräfte für Ordnung sorgen müßten, könne nicht von einer Förderung der Allgemeinheit gesprochen werden.

Polizeikräfte werden auch bei anderen Sportveranstaltungen eingesetzt. Tipke/Kruse müßten deshalb zu dem Ergebnis kommen, daß überall dort, wo Polizeipräsenz erforderlich ist, der Veranstalter nicht gemeinnützig sein kann.

Einen Grund für die Zurechnung des Zuschauerverhaltens nennen Tipke/Kruse nicht. Insoweit könnte nur der Einlaß von Zuschauern in die Sportstätte maßgeblich sein. Die Vereine bemühen sich nach Kräften, durch den Einsatz von Ordnern für einen reibungslosen Ablauf der Veranstaltung zu sorgen. Eine umfassende Vorsorge ist aber aufgrund der Verhältnisse bei Großveranstaltungen nicht möglich. Ersichtlich alkoholisierte Fans und bekannte Randalierer lassen sich zwar ausgrenzen, situationsbedingte spontane Ausschreitungen können indes nicht völlig unterbunden werden.

Zudem stellt sich die Abgrenzungsfrage, ab wann von Vorkommnissen mit hinreichendem Gewicht gesprochen werden kann. Eventuell könnte schon ausreichen, daß Feuerwerkskörper abgebrannt werden. In jedem Falle wäre das Gemeinnützigkeitsrecht mit der zusätzlichen Unsicherheit belastet, ob das Zuschauerverhalten zu Beanstandungen Anlaß gibt. Dieser Umstand wiegt besonders schwer, weil das Verhalten weniger Menschen die Arbeit eines Vereins in Mißkredit bringen könnte.

Auch wäre die Frage zu stellen, für welchen Zeitraum ein Vorfall beachtlich ist. Dann aber würde die Gemeinnützigkeit nicht nur von Zufälligkeiten abhängen, sondern das Steuerrecht wäre zum Sanktionsinstrument für sicherheitsempfindliche Veranstaltungen umfunktioniert und stünde Großveranstaltungen gemeinnütziger Körperschaften insgesamt im Wege. Dies gilt um so mehr, als Tipke/Kruse bereits den vorbeugenden Polizeieinsatz

---

[23] Tipke/Kruse § 52 AO Rn. 17 aE.

für unvereinbar mit den Voraussetzungen des § 52 AO zu halten scheinen[24] und selbst Vorkommnisse nach Spielende heranziehen, auf die ein Verein keinen Einfluß mehr hat. Die Verantwortlichkeit des Veranstalters soll demnach weiter gehen, als eine polizeiliche Inanspruchnahme möglich ist.

Eine Zurechnung des Zuschauerverhaltens muß daher ausscheiden. Dies ist auch deshalb geboten, weil sonst von außen bewußt Einfluß auf die Gemeinnützigkeit einer Körperschaft genommen werden könnte.

IV. Gesetzesverstöße

Bei Gesetzesverstößen könnte sich die Notwendigkeit ergeben, die Wertungen des § 52 II AO zu korrigieren. Ob bei menschenverachtenden oder gesetzeswidrigen Tätigkeiten eine Förderung eines in § 52 II AO genannten Zwecks in Betracht kommen kann, ist jedoch zweifelhaft.

Fraglich ist, was das Gesetz unter „Förderung" eines Zwecks versteht. Seinem sprachlichen Gehalt nach ist dem Begriff ein Hinwirken zum Positiven immanent[25]. Eine Körperschaft kann sich dabei grundsätzlich jeder geeigneten Handlungsform bedienen. Ein Rechtsbegriff muß jedoch so bestimmt werden, daß die Einheit der Rechtsordnung gewahrt bleibt. Mit dieser Prämisse ist es unvereinbar, wenn der Gesetzgeber einerseits ein Verhalten verbietet, andererseits aber das gleiche Verhalten durch Steuervergünstigungen unterstützt. Folglich kann eine „Förderung" nur solche Tätigkeiten umfassen, die im Einklang mit der Rechtsordnung stehen.

Dem BFH[26] ist deshalb im Ergebnis darin zuzustimmen, daß er einer Bürgerinitiative abgesprochen hat, die Allgemeinheit zu fördern, weil sie zu gesetzeswidrigem Verhalten aufgerufen hatte[27]. Es hätte jedoch klarer herausgestellt werden können, daß bei einem solchen Verhalten keine Förderung des Satzungszwecks Umweltschutz, den diese Bürgerinitiative verfolgte, vorliegen konnte.

Gemäß Art. 20 III GG ist der Gesetzgeber an die verfassungsmäßige Ordnung gebunden. Deshalb ist es ihm verwehrt, solche Tätigkeiten zu unterstützen, die den Wertungen des Grundgesetzes zuwiderlaufen. Daher ist allen Beispielen des § 52 II AO eine verfassungskonforme Bedeutung immanent. Menschenverachtende Tätigkeiten wie Gladiatorenspiele oder Zwergewerfen können somit kein Sport sein[28], weil der Gesetzgeber anderenfalls die Wertungen der Art. 1 I, 2 II 1 GG unterlaufen würde.

---

[24] Tipke/Kruse § 52 AO Rn. 17 aE.

[25] Vgl. BFH BStBl II 1979,482 (484).

[26] BFH BStBl II 1985,106 (107); bereits angedeutet in BFH BStBl II 1979,482 (487).

[27] Zustimmend auch Tipke/Kruse § 52 AO Rn. 2.

[28] So aber wohl FG Nürnberg EFG 1986,621.

Bei gesetzeswidrigen oder menschenverachtenden Tätigkeiten fehlt es daher bereits an einer Förderung eines in § 52 II AO genannten Zwecks. Folglich besteht insoweit keine Notwendigkeit, die Wertungen des § 52 II AO zu korrigieren.

§ 9 Der steuerrechtliche Sportbegriff

Gemäß § 52 II Nr. 2 AO gehört die Förderung des Sports zu den begünstigten Zwecken. Eine gesetzliche Definition des Begriffs fehlt. Nach den Vorstellungen des Gesetzgebers[1] soll jedoch die körperliche Ertüchtigung ein Wesensmerkmal des Sports sein.

A. Die sprachliche Definition des Begriffs „Sport"

In der Brockhausenzyklopädie wird Sport als die Sammelbezeichnung für die an spielerischer Selbstentfaltung und am Leistungsstreben ausgerichteten Formen menschlicher Betätigung definiert, die der körperlichen und geistigen Beweglichkeit dienen. Sport umfaßt insbesondere Tätigkeiten auf dem Gebiete der Leibesübungen. Diese Tätigkeiten werden zumeist um ihrer selbst willen ausgeübt. Die Zielsetzungen des Sports umfassen unter anderem die Freizeiterfüllung und das zweckfreie Leistungsstreben[2].

B. Die steuerrechtliche Problematik des Sportbegriffs

Sport ist eine Möglichkeit der Freizeitgestaltung[3]. Auch andere gemeinnützige Zwecke, speziell die Förderung der Kultur und der Heimatpflege, können in diesem Bereich anzusiedeln sein[4].

Ansonsten wird die Freizeitgestaltung steuerlich nicht gefördert[5]. Jedoch räumte die Bundesregierung einen Grenzbereich zwischen Sport und Freizeitgestaltung ein[6]. Der Auslegung des Sportbegriffs kommt deshalb die Aufgabe zu, die Abgrenzung gegenüber der nicht begünstigten Freizeitgestaltung, insbesondere gegenüber Erholung[7] und Geselligkeit[8], sicherzustellen.

---

1 BT-Drucks. 7/4292 S. 20.

2 Brockhausenzyklopädie, Band 17, Stichwort Sport, S. 761.

3 Darauf weist Troll S. 474 hin; vgl. auch Märkle S. 121; Sport und Steuern S. 7.

4 So Gesangvereine, Scholtz in Koch § 52 Rn. 22 (ABC); Spielmannzüge, Tipke/Kruse § 52 AO Rn. 22 (ABC); Heimatvereine, BFH BStBl II 1986,92.

5 BFH BStBl II 1982,148 (149); Tipke/Kruse § 52 AO Rn. 18; Scholtz in Koch § 52 Rn. 22 (ABC); Klein/Orlopp § 52 Anm. 5 (Beispielsfall 17, S. 142); Rader S. 72; Troll S. 474.

6 5. Sportbericht, BT-Drucks. 9/1945 S. 56.

7 Dazu Anwendungserlaß zu § 52 AO Anm. 4, BStBl I 1987,664 (671).

I. Als Rechtsbegriff soll Sport gemeinnützige Ziele beschreiben. In der Umgangssprache werden viele Tätigkeiten als Sport bezeichnet. Häufig geschieht dies durch Wortkombinationen. Motorsport, Denksport, Hundesport, Funksport und Sportfischen bilden nur eine Auswahl. Bei solchen Bezeichnungen ist fraglich, ob nicht Wunschvorstellungen der Auslöser für die Wortwahl waren[9]. Deshalb braucht nicht alles Sport im Sinne des Gesetzes zu sein, was sich so nennt[10].

II. Vertreter des Deutschen Sportbundes haben vor dem Finanzausschuß die Auffassung vertreten, Schach und Modellflug seien Sport[11]. Ob dem für den Modellflug gefolgt werden kann, ist zweifelhaft. Zuzustimmen ist jedoch der Einschätzung, daß Schach Sport sei.

Dem Gesetz liegen andere Vorstellungen zugrunde. § 52 II Nr. 2 S. 2 AO fingiert, daß Schach Sport sei. Modellflug hat der Gesetzgeber nicht als Sport angesehen. Er hat jedoch den heutigen § 58 Nr. 9 AO eingefügt. Diese Norm ermöglicht unter anderem, daß ein Sportverein eine Modellflugabteilung unterhalten kann, ohne die Gemeinnützigkeit zu verlieren[12].

Die Regelung des § 52 II Nr. 2 S. 2 AO beruht auf dem Umstand, daß Denksport kein Sport im Sinne des Gesetzes sein soll[13]. Schach ist zwar Sport, aber gleichzeitig Denksport. Deshalb dient die Norm der Klarstellung, daß der Gesetzgeber von den Denksportarten nur Schach als gemeinnützig anerkennen will.

C. Der Sportbegriff der AO

Im Steuerrecht ist ein umfassender Sportbegriff bislang nicht entwickelt worden[14]. Die Gerichte haben nur einzelne Abgrenzungsmerkmale herausgearbeitet[15]. In den Gesetzesmaterialien findet sich neben einem Hinweis für den Motorsport lediglich der Verweis auf den auslegungsbedürftigen Begriff der körperlichen Ertüchtigung[16].

Von daher kommt in der Praxis den Urteilen des RFH, des BFH und denen der Finanzgerichte sowie den veröffentlichten Entscheidungen der Finanzverwaltung besondere Bedeutung zu. Aus diesen Materialien läßt sich eine im Detail nicht unumstrittene[17] Kasuistik[18] bilden.

---

8 Scholtz in Koch § 52 Rn. 22 (ABC); siehe aber § 58 Nr. 8 AO.

9 Vgl. Tipke/Kruse § 52 AO Rn. 17.

10 Sport und Steuern S. 7; Hauber S. 19.

11 BT-Drucks. 10/6298 S. 6.

12 BT-Drucks. 8/3898 S. 8.

13 BT-Drucks. 7/4292 S. 20.

14 Am weitesten geht bislang OFH RFHE 54,386 (387).

15 Z. B. BFH BStBl II 1979,495 (496); FG Berlin EFG 1982,372 und 1986,419 f; dies wird auch bei Klein/Orlopp § 52 Anm. 5 (Beispielsfälle 17) deutlich.

16 BT-Drucks. 7/4292 S. 20.

Eine Kasuistik ist jedoch keine umfassende Begriffsbestimmung. Deshalb muß geklärt werden, durch welche Merkmale der Sportbegriff der AO bestimmt wird.

I. Amateursport

Es besteht weitgehende Einigkeit darüber, daß das Amateurprinzip dem Gemeinnützigkeitsrecht der Sportvereine zugrundeliegt[19]. Ob daraus folgt, daß Sport im Sinne des § 52 II Nr. 2 AO nur der Amateursport ist, ist fraglich.

1. Die AO verwendet das Wort Amateur nicht. Seit dem 1.1.1986 gibt es in § 67 a AO die Umschreibung, wer bezahlter Sportler ist. Der von § 67 a AO abgelöste § 68 Nr. 7 b AO a. F. unterschied zwischen sportlichen Veranstaltungen und Fußballveranstaltungen eines Vereins unter Einsatz seiner Lizenzspieler nach dem Bundesligastatut des Deutschen Fußballbundes e. V. Weitergehende Unterscheidungen gab es nicht.

2. Im allgemeinen Sprachgebrauch umfaßt Sport sowohl den Amateur- als auch den Berufssport. Sportsendungen befassen sich gleichermaßen mit Veranstaltungen für Profis und Amateure. Eine Ausgrenzung des Berufssports aus dem Sportbegriff der AO ist deshalb vom Sprachgebrauch her nicht möglich.

3. Eine Begrenzung auf den Amateursport könnte nur auf einer anderen Grundlage erfolgen. Insofern kommen nur systematische Erwägungen in Betracht. Nach dem Einführungserlaß zu § 52 AO ist in der Ausübung von Berufssport keine Förderung gemeinnütziger Zwecke zu sehen, da dadurch in erster Linie eigenwirtschaftliche Interessen verfolgt würden. Dies lasse sich mit dem Erfordernis der Selbstlosigkeit nicht in Einklang bringen[20].

Wenn Berufssport deshalb nicht gemeinnützig sein sollte, könnte der Sportbegriff in § 52 II Nr. 2 AO von vornherein enger gefaßt werden. Dem steht jedoch entgegen, daß gemeinnützige Zwecke im Sinne des § 52 AO die selbstlose Förderung der Allgemeinheit voraussetzen. Das Gesetz trennt daher zwischen der Selbstlosigkeit und den Beispielen, bei denen eine Förderung der Allgemeinheit anzuerkennen ist. Eine Eingrenzung des Sportbegriffs aus systematischen Erwägungen liefe deshalb darauf hinaus, die Selbstlosigkeit in die Beispiele hineinzuinterpretieren. Ein Grund dafür ist indes nicht ersichtlich.

---

17 Kritik bei Tipke/Kruse § 52 AO Rn. 17; Troll S. 474.

18 Ein Überblick findet sich bei Reichert/Dannecker/Kühr Rn. 2423 (S. 837 ff).

19 Vgl. 5. Sportbericht, BT-Drucks. 9/1945 S. 56; Einführungserlaß zu § 52 AO Anm. 3, BStBl I 1976,576 (584); Hauber S. 19; Märkle S. 121; a. A. wohl Trzaskalik StuW 1986,219 (223).

20 Einführungserlaß zu § 52 AO Anm. 3, BStBl I 1976,576 (584).

II. Historische Gesichtspunkte

Der begünstigte Zweck ist ab 1977 von „körperliche Ertüchtigung durch Leibesübungen“ in „Förderung des Sports“ umbenannt worden[21]. Dennoch gingen der Gesetzgeber[22] und ihm folgend Rechtsprechung[23] und Literatur[24] davon aus, daß die körperliche Ertüchtigung wesentliches Element des Sports ist. Die sogenannten Denksportarten, Schach eingeschlossen, sollten daher nicht begünstigt sein[25].

In den Gesetzesmaterialien heißt es auch, daß der Motorsport in allen seinen Erscheinungsformen künftig gefördert werde[26]. Eine ausdrückliche Verankerung im Gesetz wurde infolge der veränderten gesellschaftlichen Bedeutung des Sports nicht für erforderlich gehalten[27]. Diese Aussage ist deshalb von Bedeutung, weil der BFH in seiner Motorflugentscheidung[28] zuvor gerade betont hatte, daß es beim Motorflugsport an einer körperlichen Ertüchtigung durch Leibesübungen fehle. In Rechtsprechung und Literatur wird deshalb gefragt, wie es zu einem Nebeneinander von Motorsport und körperlicher Ertüchtigung kommen könne[29].

Was unter körperlicher Ertüchtigung zu verstehen ist, hat der Gesetzgeber nicht definiert. Insoweit kann die Betonung dieses Merkmals im wesentlichen als Verweis auf die Ergebnisse der Rechtsprechung verstanden werden.

1. Der BFH führte mehrfach aus, jedes der drei Beispiele für Leibesübungen (Turnen, Spiel, Sport) erfahre durch das Merkmal der körperlichen Ertüchtigung eine Einschränkung[30]. Es müsse eine körperliche Ertüchtigung vorliegen, jedenfalls aber müßten Merkmale gegeben sein, die es rechtfertigten, eine Tätigkeit der körperlichen Ertüchtigung durch Leibesübungen gleichzusetzen[31]. Durch die Möglichkeit einer Gleichsetzung hat sich die Rechtsprechung einen Spielraum für eigene Wertungen eröffnet. Wann eine körperliche Ertüchtigung vorliegt, geht aus diesen Ausführungen des BFH nicht hervor.

---

[21] Zur Gesetzgebungsgeschichte siehe BT-Drucks. 6/1982 S. 25, Begründung S. 116; BT-Drucks. 7/4292 S. 20.

[22] BT-Drucks. 7/4292 S. 20.

[23] Z. B. FG Rheinland-Pfalz EFG 1980,145 (146); FG Berlin EFG 1986,419.

[24] Klein/Orlopp § 52 Anm. 5 (Beispielsfall 17); Hauber S. 19; Märkle S. 123; v. Wallis DStZ-A 1979,339 (341).

[25] BT-Drucks. 7/4292 S. 20; siehe jetzt aber zum Schach § 52 II Nr.2 S. 2 AO.

[26] BT-Drucks. 7/4292 S. 20.

[27] BT-Drucks. 7/4292 S. 20.

[28] BFH BStBl II 1970,67; a. A. zum alten Recht ohne Begründung BFH BStBl II 1986,88 (89).

[29] FG Nürnberg EFG 1986,621; Felix/Streck ABC Sportverein Anm. 3 (S. 562).

[30] BFH BStBl II 1970,67 (68).

[31] BFH BStBl II 1970,67 (68); 1979,495 (496); FG Bremen EFG 1976,410.

2. In einer Entscheidung zum Motorradsport hielt das FG Bremen[32] das notwendige Konditionstraining nicht für ausreichend, um die Voraussetzungen des § 17 III StAnpG bejahen zu können. Eine bloß mittelbare körperliche Ertüchtigung genügte dem Gericht nicht, weil der geförderte Zweck Motorsport selbst keine körperliche Ertüchtigung durch Leibesübungen sei. Angesichts des Gesetzeswortlautes und der weiteren Voraussetzung des Gemeinnützigkeitsrechts, daß der begünstigte Zweck unmittelbar gefördert werden muß, ist das Ergebnis des FG Bremen vertretbar.

3. Das genannte Urteil gibt einen Anhaltspunkt dafür, wie die vermeintlichen Unstimmigkeiten[33] in den Gesetzesmaterialien auszuräumen sind. Die heutige Voraussetzung des § 52 II Nr. 2 AO lautet „Förderung des Sports". Das Wort „durch" ist im Gesetzestext nicht mehr erhalten. Bei einer Förderung des Motorleistungssports ist sichergestellt, daß die dazu erforderliche körperliche Fitneß gepflegt wird. Auch dem Merkmal der Unmittelbarkeit ist Genüge getan, weil der begünstigte Zweck Sport unmittelbar gefördert wird.

Die Gesetzesmaterialien müssen zudem im Sinnzusammenhang gelesen werden. In erster Linie wurde das Merkmal der körperlichen Ertüchtigung betont, um die Denksportarten nicht in den Sportbegriff einzubeziehen. Daraus könnten sich Konsequenzen für das Verständnis des vom Gesetzgeber geforderten Merkmals der körperlichen Ertüchtigung ergeben.

III. Historisch-systematische Gesichtspunkte

Sport umfaßt nach dem allgemeinen Sprachgebrauch auch die Förderung der geistigen Beweglichkeit[34]. Danach ist Schach Sport. Dennoch hat der Gesetzgeber 1980 in § 52 II Nr. 2 S. 2 AO lediglich fingiert, daß Schach Sport sei. Diese Fiktion war erforderlich, weil Schach zu den Denksportarten gehört, die steuerlich nicht begünstigt werden sollten. Die Norm stellt daher klar, daß mit Ausnahme von Schach die Denksportarten weiterhin nicht gemeinnützig sein sollen.

Für das Verständnis des vom Gesetzgeber vorausgesetzten Merkmals der körperlichen Ertüchtigung läßt sich daraus ableiten, daß streng zwischen physischer und psychischer Ertüchtigung getrennt werden soll. Diese Unterscheidung deckt sich mit der auch im allgemeinen Sprachgebrauch üblichen Trennung von körperlicher und geistiger Arbeit.

Schach ist ein Spiel, das logisches Denken voraussetzt. Hat ein Spieler seinen nächsten Zug bestimmt, braucht er ihn nicht in Person auszufüh-

---

[32] EFG 1976,410.

[33] Vgl. FG Nürnberg EFG 1986,621.

[34] Brockhausenzyklopädie, Band 17, Stichwort Sport, S. 761.

ren[35]. Selbst wenn er die Figur persönlich führt, wie es üblich ist, ist die Armbewegung der geistigen Leistung untergeordnet. Dieser körperliche Einsatz ist derart gering, daß er vernachlässigt werden kann.

Aus § 52 II Nr. 2 S. 2 AO folgt daher, daß nach dem Gesetz bloße geistige Anstrengungen nicht genügen, um eine Tätigkeit unter den Sportbegriff der AO subsumieren zu können[36]. Vielmehr ist eine Anspannung physischer Kräfte erforderlich. Psychische und physische Anstrengungen können jedoch auch nebeneinander vorliegen. Insofern folgt aus der Norm, daß das Übergewicht bei den physischen Anstrengungen liegen muß.

IV. Teleologische Gesichtspunkte

Diese Interpretation des Gesetzes könnte durch teleologische Gesichtspunkte zusätzlich untermauert werden. Außerdem könnten sich weitere Merkmale des Sportbegriffs herausarbeiten lassen.

Der Begriff „Sport“ in § 52 II Nr. 2 AO beschreibt einen gemeinnützigen Zweck. Diesem Gesichtspunkt muß bei der Begriffsbestimmung Rechnung getragen werden. Kein begünstigter Zweck darf so weit verstanden werden, daß jeglicher Bezug zum Gemeinnützigkeitsrecht fehlt. Sport kann demnach nur eine Betätigung sein, die sich mit dem Zweck der steuerlichen Sportförderung vereinbaren läßt.

In den Gesetzesmaterialien zur AO'77 finden sich keine Angaben darüber, weshalb die Sportförderung in § 52 II Nr. 2 AO verankert worden ist. Es ist daher zu klären, welche Gründe den Gesetzgeber bewogen haben, den Sport steuerlich zu fördern.

1. Gesundheitspolitische Aspekte

Bereits 1915 wurde in einer Kommentierung zum Erbschaftsteuergesetz auf die körperliche Pflege und die Stärkung der Gesundheit durch Leibesübungen hingewiesen[37]. Der OFH führte 1949 aus, ein wesentlicher Grund für die steuerliche Sportförderung sei in einem gesundheitspolitischen Anliegen zu suchen[38]. Auch der BFH hat diesen Gesichtspunkt herausgestellt[39]. Der Sport wird demnach aufgrund seiner positiven gesundheitlichen Auswirkungen steuerlich gefördert.

---

[35] Vgl. FG Rheinland-Pfalz EFG 1980,145 (146), wo dieser Gesichtspunkt für den Modellflugsport angeführt wird.

[36] Unzutreffend daher FG Berlin EFG 1982,372, das auch auf geistige Anstrengungen abstellt.

[37] Wunsch § 12 Anm. 15.

[38] OFH RFHE 54,386 (387).

[39] BFH BStBl II 1970,67 (68); 1982,148 (149).

Im juristischen Schrifttum gibt es aus medizinischer Sicht vereinzelte kritische Äußerungen zum gesundheitlichen Nutzen des Sports[40]. Danach sollen neuere Studien nicht bestätigt haben, daß Bewegungsarmut als Risikofaktor für Herz-/Kreislauferkrankungen einzustufen ist. In diesem Zusammenhang wird sogar die Frage aufgeworfen, ob nicht Sportverbände mit einer vordergründig einleuchtenden Begründung lediglich eine ideologische Rechtfertigung ihrer Förderung gesucht haben[41].

Diese Äußerungen stehen im Widerspruch zu anderen neueren Studien, die Ralph S. Paffenberger an 13.000 Personen an der Stanford University, California, durchgeführt hat. Seine Ergebnisse lassen sich dahingehend vereinfachen, daß Sport das Leben verlängert. Auf der gleichen Linie liegen die Ergebnisse von Hans A. Bloss, die er in seinem Buch „Bewegung gegen Herzinfarkt" zusammengefaßt hat[42].

Unter gesundheitspolitischen Aspekten wird deutlich, weshalb der Gesetzgeber die körperliche Ertüchtigung als wesentliches Element des Sports ansieht. Der besondere gesundheitliche Nutzen des Sports wird in der Beanspruchung des Herz-Kreislaufsystems durch körperliche Anstrengungen gesehen. Unter gesundheitspolitischen Gesichtspunkten genügt eine Betätigung demnach nur den gesetzlichen Anforderungen des Sportbegriffs, wenn eine intensivere körperliche Belastung vorliegt. Alle Disziplinen, die die Ausdauer fördern, erfüllen diese Voraussetzung.

2. *Publikumswirksamkeit*

Trzaskalik nennt den Unterhaltungswert des Sports als weiteren Grund für seine steuerliche Förderung[43]. Zu diesem Schluß kommt er, weil sportliche Veranstaltungen steuerlich gefördert werden. Zudem vertritt er die These, jedem Sportler dürften ohne Gefährdung der Gemeinnützigkeit über eine Aufwandsentschädigung hinausgehende Zuwendungen erbracht werden, sofern die Zuwendung seinem Marktwert entspricht. Folglich hält er die in § 67 a AO getroffene Unterscheidung zwischen Veranstaltungen mit bezahlten Sportlern und reinen Amateurveranstaltungen für verfehlt[44].

Die von Trzaskalik vertretene Ansicht begegnet indes methodischen Bedenken. Es ist zwar richtig, daß der Leistungssport auf ein reges Zuschauerinteresse stößt. Wenn aber von der steuerlichen Begünstigung sportlicher Veranstaltungen, bei denen Eintrittsgelder erhoben werden, auf den Grund der Sportförderung in der AO geschlossen wird, liegt dem ein

---

[40] Menge S. 1 f.
[41] Menge S. 1.
[42] Vgl. Quick Nr. 47 v. 13.11.1986, S. 68 ff.
[43] Trzaskalik StuW 1986,219 (221 f).
[44] Vgl. Trzaskalik StuW 1986,219 (222 Fn. 30).

Schluß von den Folgen auf die Voraussetzungen zugrunde. Mit der gleichen Begründung könnte beispielsweise für die Gemeinnützigkeit des Deutschen Jugendherbergswerkes die Schaffung preisgünstiger Übernachtungsmöglichkeiten genannt werden, obwohl dafür andere Gründe ausschlaggebend sind.

Der Grund für die Zweckbetriebseigenschaft bestimmter wirtschaftlicher Betätigungen liegt vielmehr darin, daß sie zur Verwirklichung des begünstigten Zwecks erforderlich sind. Der Gesetzgeber fördert diese Tätigkeiten nicht, weil Einnahmen erzielt werden, sondern weil sie zu den notwendigen Aktivitäten der gemeinnützigen Körperschaft gehören. Daher kann aus besonderen Eigenschaften der wirtschaftlichen Betätigung nicht auf den Grund für die Förderung des begünstigten Zwecks geschlossen werden.

Wollte man die steuerliche Sportförderung mit dem von Trzaskalik genannten Grund rechtfertigen, wäre sofort die Frage aufgeworfen, weshalb nicht alle Veranstaltungen auf dem Unterhaltungssektor steuerlich begünstigt werden. Unterhaltend kann vieles sein, so daß auch Veranstaltungen, die in den Bereich der Freizeitgestaltung fallen, gemeinnützig sein müßten. Gerade der Freizeitbereich soll jedoch nach den Wertungen des Gesetzgebers steuerlich nicht begünstigt werden. Der Unterhaltungswert ist demnach ein ungeeignetes Anknüpfungskriterium für eine steuerliche Förderung. Folglich kommt es nicht auf den Effekt, sondern auf den Anlaß an.

Der Unterhaltungswert des Sports ist daher kein relevanter Förderungsgrund. Die Auseinandersetzung mit den Thesen, die Trzaskalik im Zusammenhang mit der Bezahlung von Sportlern aufgestellt hat, kann daher an thematisch passender Stelle im Rahmen der Selbstlosigkeit erfolgen.

3. *Repräsentationsfunktion*

Mit den gesundheitspolitischen Gründen läßt sich die volle gesellschaftliche Bedeutung des Sports noch nicht erfassen. Gerade in den Staaten des Ostblocks dient der Sport dazu, die Überlegenheit des sozialistischen Gesellschaftssystems durch zahlreiche hervorragende Plazierungen unter Beweis zu stellen. Auch die Bundesregierung[45] betrachtet den Hochleistungssport als Wettkampf der Nationen und Kontinente und schreibt ihm Funktionen nationaler Identifikation und Repräsentation zu[46]. Da der Gesetzgeber der gewandelten gesellschaftlichen Bedeutung des Sports Rechnung tragen wollte, kann hierin ein Förderungsgrund gesehen werden.

---

[45] So im 3. Sportbericht, BT-Drucks. 7/4604 S. 6; angedeutet auch im 5. und 6. Sportbericht, BT-Drucks. 9/1945 S. 15 bzw. 10/6241 S. 19.

[46] Ähnlich Burmeister NJW 1983,2617 (2619) : Instrument nationaler Repräsentation; desgl. v. Münch GG-K Art. 70 Rn. 22 Hochleistungssport.

Der Gesichtspunkt der nationalen Repräsentation berührt primär nur den Spitzensport. Jedoch läßt sich der Leistungssport insgesamt unter diesem Aspekt erfassen. Eine angemessene Vertretung des deutschen Sports bei internationalen Veranstaltungen im In- und Ausland ist nur möglich, wenn die jeweils leistungsfähigsten Athleten antreten. Zudem müssen geeignete Nachwuchskräfte gefunden und gefördert werden. Wettkämpfe dienen diesem Ziel, so daß der gesamte Wettkampfbetrieb und das darauf gerichtete Training als Vorfeld des internationalen Vergleichs anzusehen sind.

Welche Konsequenzen aus diesem Förderungsgrund für den Sportbegriff der AO zu ziehen sind, soll in anderem Zusammenhang geklärt werden.

4. *Gesellschaftspolitische Gesichtspunkte*

Der OFH nannte 1949 als weiteren Grund für die steuerliche Begünstigung des Sports die Förderung des Sinns für Kameradschaftlichkeit[47]. Der erzieherische Wert des Sports wird auch von der Bundesregierung betont[48] und findet in der Kommentarliteratur Erwähnung[49]. In diesem Zusammenhang ist darauf hinzuweisen, daß Sport die soziale Integration von Menschen fördern kann. Diese positiven Auswirkungen sind ebenfalls als Förderungsgrund anzusehen. Auch die Jugendarbeit im Bereich des Sports[50] kann herangezogen werden, um die Gemeinnützigkeit zu begründen.

Eine andere Frage ist, ob sich aus den genannten Gesichtspunkten Anhaltspunkte zur Eingrenzung des Sportbegriffs gewinnen lassen. Die Kameradschaftlichkeit kann auch durch rein private Freizeitgestaltung im Freundes- und Bekanntenkreis gefördert werden. Gleiches trifft für einige Gesellschaftsspiele hinsichtlich ihrer erzieherischen Wirkung zu. Ferner richtet sich das Angebot der Vereine nicht nur an Jugendliche. Von daher fehlt diesen Gesichtspunkten die hinreichende Trennschärfe. Somit läßt sich diesen Gesichtspunkten nichts entnehmen, was als Abgrenzungsmerkmal dienen könnte.

5. *Abgrenzung gegenüber nicht begünstigten Zwecken*

Wie bereits angesprochen, besteht eine Aufgabe des Sportbegriffs darin, die Abgrenzung zu den nicht begünstigten Tätigkeiten aus dem Bereich der Freizeitgestaltung zu gewährleisten. Dies ist deshalb problematisch, weil die Grenze zu den nicht geförderten Aktivitäten unscharf ist[51]. Zudem stellt

---

[47] OFH RFHE 54,386 (387).
[48] BT-Drucks. 10/1169 S. 2.
[49] Tipke/Kruse § 52 AO Rn. 17 : sittlich-sozialpädagogische Wirkungen.
[50] Ein Hinweis auf Jugendpolitik findet sich in BT-Drucks. 10/1169 S. 3.

sich Sport selbst als Freizeitgestaltung dar[52]. Hinzu kommt, daß in der Vergangenheit immer wieder neue Sportarten entstanden oder populär geworden sind[53]. Insofern muß der Sportbegriff zeitlos ausgestaltet werden.

a) Abgrenzung zur Erholung

aa) Der BFH führte in einem Urteil zur Gemeinnützigkeit eines FKK-Vereins aus, was bei der Abgrenzung zur Erholung zu beachten ist. Er bezeichnete das Baden als Freizeitform des Schwimmens und erkannte den FKK-Verein nicht als gemeinnützig an, weil die Förderung der Erholung grundsätzlich nicht begünstigt sei[54]. Eine Ausnahme sei nur bei Angeboten für spezielle Personenkreise und der Erholung auf sportlicher Grundlage zu machen[55]. Eine solche Ausnahme sah der BFH bei dem FKK-Verein nicht als erfüllt an.

Es ist jedoch unklar, was unter Erholung auf sportlicher Grundlage zu verstehen ist. Weder im StAnpG noch in der AO wird dieser Begriff benutzt. Von den gesetzlichen Voraussetzungen her müßte es sich um eine Umschreibung für körperliche Ertüchtigung bzw. Sport handeln. Bloße Entspannung durch Bewegung kann nicht gemeint gewesen sein, weil es sonst der Ausgrenzung des Badens nicht bedurft hätte. Denkbar ist deshalb nur, daß der Ausgleichssport angesprochen werden sollte. Dann aber führt die Wortwahl des BFH nur zu unnötiger Verwirrung, weil der Grund für die Abgrenzung nicht ersichtlich ist.

Hintergrund dieser Abgrenzung ist, daß Sport einen gemeinnützigen Zweck umschreibt. Es wäre eine Überdehnung von Sinn und Zweck der Vorschrift des § 52 II Nr. 2 AO, alles, was sich Sport nennt, als Sport im Sinne des Gesetzes anzusehen. Vielmehr muß die geförderte Tätigkeit Gemeinwohlbezug haben. Daran fehlt es bei überwiegend privatnützigen Betätigungen. Die Erholung und die Gestaltung der Freizeit haben regelmäßig privatnützigen Charakter, so daß der erforderliche Gemeinwohlbezug nicht vorliegt.

bb) Die Problematik des Sportbegriffs besteht darin, anhand praktikabler Kriterien eine eindeutige Grenzziehung zu gewährleisten. Schon vom Wortsinn her muß eine Tätigkeit vorliegen, die nicht nur von interessierten Kreisen als Sport angesehen wird. Außerdem muß eine Beziehung zu mindestens

---

[51] Vgl. das Eingeständnis der Bundesregierung im 5. Sportbericht, BT-Drucks. 9/1945 S. 56.

[52] BT-Drucks. 10/1169 S. 2; Troll S. 474.

[53] Z. B. Triathlon und Windsurfen.

[54] BFH BStBl II 1982,148 (149).

[55] BFH BStBl II 1973,251; 1982,148 (149); Anwendungserlaß zu § 52 AO Anm. 4, BStBl I 1987,664 (671); gleichlautend bereits Einführungserlaß zu § 52 AO Anm. 4, BStBl I 1976,576 (584).

einem der Förderungsgründe bestehen, die für die steuerliche Begünstigung des Sports ausschlaggebend gewesen sind.

Das FG Berlin[56] hat die Meinung vertreten, Sport erfordere eine über den alltäglichen Rahmen hinausgehende körperliche und/oder geistige Anstrengung. Soweit eine geistige Anstrengung für sich allein als ausreichend angesehen wird, kann dem aus systematischen Gründen nicht gefolgt werden[57]. Im übrigen ist in dieser Überlegung ein zutreffender Kern enthalten. Unter gesundheitspolitischen Gesichtspunkten ist das Merkmal der körperlichen Ertüchtigung für den Sportbegriff zu fordern[58]. Eine körperliche Ertüchtigung ist jedoch nur mit Anstrengungen möglich, die über den alltäglichen Rahmen hinausgehen.

cc) Abgrenzungsschwierigkeiten gibt es insbesondere bei Disziplinen, in denen die besondere Art der Fortbewegung eine Rolle spielt. Zu nennen sind insbesondere Segeln, Fliegen und Motorsport. Die bloße Teilnahme am Straßenverkehr, sei es mit einem Kraftfahrzeug oder einem Fahrrad, ist schon vom Sprachgebrauch her kein Sport[59]. Aber auch für andere Arten der Fortbewegung ist fraglich, ob es sich um Sport im Sinne des Gesetzes handelt. Die bloße Exklusivität einer Betätigung führt dabei noch nicht zur Sporteigenschaft.

Gerade im Wassersport ist zu beobachten, daß Eigner von Schiffen fast die gesamte Freizeit an Bord verbringen. Das Boot wird dann wie ein Wohnwagen oder eine Gartenlaube für die private Freizeitgestaltung genutzt. Es ist nicht zu begründen, weshalb schon das bloße Benutzen eines Segelbootes per se Sport sein soll. Gleiches gilt für die sogenannten Sportpiloten, die im englischen Sprachraum Privatpiloten genannt werden, wenn sie am Wochenende einen Abstecher per Flugzeug machen.

Auf der anderen Seite gehört Segeln zu den olympischen Sportarten. Auch Flugsport ist keine von vornherein unzutreffende Bezeichnung. Den eben genannten Beispielen ist jedoch gemeinsam, daß die Trennlinie zur Freizeitgestaltung innerhalb der Disziplin fließend ist. Einer reinen Freizeitbeschäftigung fehlt indes der erforderliche Gemeinwohlbezug, so daß eine Einordnung als Sport im Sinne des Gesetzes ausscheiden muß.

dd) Für eine eindeutige Grenzziehung könnte in solchen Fällen der Gesichtspunkt der nationalen Repräsentation sorgen. Segeln beispielsweise ist in jedem Falle als Regattasegeln Sport. Insofern kommt dem Wettkampfgedanken eine entscheidende Rolle zu. Bei der bloßen Freizeitgestaltung dagegen ist der Wettkampfgedanke praktisch ohne Bedeutung. Die Veran-

---

[56] EFG 1982,372.

[57] S. o. § 9 C III.

[58] S. o. § 9 IV 1.

[59] Vgl. Peter Rn. 174 für den Kraftverkehr.

staltung sportlicher Wettkämpfe dient der Überprüfung des derzeitigen Leistungsstandes der teilnehmenden Sportler und führt zur Ermittlung besonders begabter Athleten. Deshalb hat jede dieser Veranstaltungen auch die Aufgabe, Talente zu sichten, die künftig in Auswahlmannschaften starten könnten. Damit ist der Bezug zu dem Gesichtspunkt der nationalen Repräsentation hergestellt. Ein solcher Bezug besteht nur, wenn Wettkampfveranstaltungen durchgeführt werden. Dieser Umstand vermag für die Vereine, um die es im Gemeinnützigkeitsrecht geht, eine eindeutige Grenzziehung in Zweifelsfällen zu bewirken.

Diese Abgrenzung erfolgt ausschließlich im Hinblick auf die bloße Freizeitgestaltung. Die Veranstaltung von Wettkämpfen ist deshalb für sich allein kein Anzeichen dafür, daß Sport betrieben wird[60]. Andererseits sind Wettkampfveranstaltungen keine notwendige Bedingung für das Vorliegen von Sport. Insofern reicht vielmehr die körperliche Ertüchtigung aus. Auf der anderen Seite können die Anforderungen an das Merkmal der körperlichen Ertüchtigung geringer sein, wenn zusätzlich dem Gesichtspunkt der nationalen Repräsentation Rechnung getragen wird. Dies kommt bei allen Disziplinen zum Tragen, in denen die körperlichen Anstrengungen relativ gering sind.

ee) Der Umstand, daß die körperliche Ertüchtigung das wesentliche Element des Sports ist, wirkt sich auch für den Freizeitsport aus. Unter Freizeitsport versteht man den nicht in Vereinen organisierten Sport. Freizeitsport wird von etwa 30 Millionen Menschen in der Bundesrepublik betrieben[61]. Die Sportvereine versuchen, auch diese Personen an sich zu binden[62]. Freizeitsport ist keine bloße Freizeitbeschäftigung, sofern die Aktivitäten mit hinreichenden körperlichen Anstrengungen einher gehen. Vielmehr ist Freizeitsport dann Sport im Sinne des Gesetzes.

In dem eingangs erwähnten Urteil des BFH zur Gemeinnützigkeit eines FKK-Vereins[63] wurde das Baden zu Recht als bloße Freizeitbeschäftigung eingeordnet. Beim Baden steht die Entspannung am und im Wasser im Vordergrund, eine körperliche Ertüchtigung ist damit nicht bezweckt.

b) Abgrenzung zum Hobby

Die Abgrenzung zum Hobby ist insbesondere beim sogenannten Modellflugsport akut geworden. Hierbei kann die Anfertigung des Modells nicht als Sport angesehen werden, da das Ziel der Tätigkeit ein handwerklicher Erfolg ist[64]. Anderenfalls wäre jeder Handwerker Sportler.

---

[60] Tipke/Kruse § 52 AO Rn. 17.

[61] Vgl. BT-Drucks. 10/1169 S. 2.

[62] Aktion „Im Verein ist Sport am schönsten".

[63] BFH BStBl II 1982,148 ff.

Der Betrieb des Modells ist weitestgehend auf das Bedienen des Steuerungselementes beschränkt. Die dazu erforderlichen körperlichen Anstrengungen fallen kaum ins Gewicht. Zudem ist das Modell ein technisches Spielzeug, das der individuellen Freizeitgestaltung dient. Insofern kann von Sport nicht die Rede sein.

Vor diesem Hintergrund ist zu begrüßen, daß der Gesetzgeber den Modellflug nicht zum Sport erklärt hat. Statt dessen hat er den heutigen § 58 Nr. 9 AO eingeführt, der Sportvereinen die Unterhaltung von Abteilungen ermöglicht, in denen dem Sport nahestehende Tätigkeiten gefördert werden, die im Vergleich zur Förderung des Sports von untergeordneter Bedeutung und nicht als wirtschaftliche Geschäftsbetriebe anzusehen sind. Diese speziell im Hinblick auf den Modellflug geschaffene Vorschrift[65] ist so allgemein gehalten, daß sie auch auf andere dem Sport nahestehende Betätigungen anwendbar ist. Streng genommen ist diese Vorschrift als unnötiges Zugeständnis einzustufen. Sie vermag jedoch Härten zu mildern, die sich aufgrund der Nähe von begünstigten und nicht begünstigten Tätigkeiten ergeben.

c) Abgrenzung zur Geselligkeit

aa) § 58 Nr. 8 AO bestimmt, daß gesellige Zusammenkünfte im Vergleich zu den steuerbegünstigten Tätigkeiten von untergeordneter Bedeutung sein müssen, um die Gemeinnützigkeit nicht zu gefährden. Daraus folgt, daß der Gesetzgeber gesellige Zusammenkünfte grundsätzlich nicht als förderungswürdig ansieht. Er duldet sie nur insoweit, als sie für das Vereinsleben unerläßlich sind. Die Begründung für diese Regelung ist darin zu sehen, daß die Geselligkeit dem Privatvergnügen dient, ohne einen Bezug zum Gemeinwohl aufzuweisen.

bb) Zu den Aktivitäten, die häufig in geselliger Runde stattfinden, zählen insbesondere das Tanzen und das Kegeln. Körperliche Anstrengungen sind in solchen Fällen nicht zu leugnen. Diese Tatsache führt indes nicht dazu, daß per se Sport vorliegt. Dann nämlich müßte jede körperliche Anstrengung Sport sein.

Tanzveranstaltungen dienen schon von je her der rein privaten gesellschaftlichen Kontaktpflege. Als gesellschaftliche Ereignisse haben sie mit Sport nichts zu tun. Andererseits gibt es auch das in Wettkampfform ausgeübte Turniertanzen. Auch das Kegeln wird zum Teil wettkampfmäßig betrieben. In solchen Fällen tritt das gesellige Moment in den Hintergrund.

Ein Bezug zum Gesichtspunkt der nationalen Repräsentation ist durch die wettkampfmäßige Ausführung hergestellt. Auch hinreichende körperliche

[64] Vgl. FG Rheinland-Pfalz EFG 1980,145 (146).
[65] BT-Drucks. 8/3898 S. 8.

Anstrengungen sind gegeben. Von daher spricht nichts dagegen, von Sport zu reden. Die Abgrenzung zur Geselligkeit läßt sich daher wie bei der Abgrenzung zur Erholung durch den Wettkampfgedanken sicherstellen. Auch insofern gilt, daß es sich nicht um ein notwendiges Merkmal des Sports handelt.

d) Mitgliedschaft im DSB

In Grenzfällen wird der Mitgliedschaft im Deutschen Sportbund (DSB) verbreitet Indizwirkung für das Vorliegen einer Sportart beigemessen[66]. Die Vorstellungen des DSB und des Gesetzgebers darüber, was Sport ist, gehen indes auseinander[67]. Überdies kann bei jungen Sportarten eine Aufnahme noch nicht erfolgt sein. Das äußere Anzeichen der Mitgliedschaft im DSB ist daher nur begrenzt aussagekräftig[68]. Die Entscheidung muß deshalb anhand der bereits aufgezeigten Kriterien erfolgen.

V. Bestimmung des steuerrechtlichen Sportbegriffs

Zusammenfassend läßt sich festhalten, daß Sport im Sinne der AO nur vorliegt, wenn die zu beurteilende Betätigung nicht nur von interessierten Kreisen als Sport bezeichnet wird. Ansonsten hat regelmäßig eine zweistufige Prüfung zu erfolgen.

1. Das Hauptmerkmal des Sports ist die körperliche Ertüchtigung. Dieses Merkmal ist im Hinblick auf die gesundheitspolitischen Zielsetzungen des Gesetzgebers auszulegen. Erforderlich ist daher eine körperliche Anstrengung, die über die alltäglichen Anforderungen hinausgeht.

Liegt diese Voraussetzung vor, kommt es auf den Wettkampfgedanken dem Grunde nach nicht mehr an. Jedoch braucht in den Fällen, in denen Wettkämpfe veranstaltet werden, die körperliche Anstrengung nicht die ansonsten erforderliche Intensität aufzuweisen.

2. In jedem Falle aber darf bei der zu beurteilenden Tätigkeit weder die Geselligkeit noch die Freizeitgestaltung im Vordergrund stehen[69]. Es dürfen auch keine handwerklichen oder dem vergleichbare Erfolge angestrebt werden. In Zweifelsfällen vermag der Wettkampfgedanke die Abgrenzung zu nicht begünstigten Betätigungen sicherzustellen.

---

[66] Vgl. BFH BStBl II 1979,495 (496); Felix/Streck ABC Sportverein, Anm. 10 (S. 564).

[67] Vgl. BT-Drucks. 10/6268 S. 6; s. o. § 9 B II.

[68] Weitergehend Tipke/Kruse § 52 AO Rn. 17, die die Mitgliedschaft im DSB für bedeutungslos halten.

[69] Vgl. FG Rheinland-Pfalz EFG 1980,145 (146); ähnlich Hessisches FG EFG 1969,39.

VI. Anwendungsbeispiele

Als Beleg für die Gemeinnützigkeit bestimmter Sportarten werden verbreitet Entscheidungen des RFH, des BFH und der Finanzgerichte zitiert[70]. Diese Entscheidungen sind zu einem Großteil zu § 17 III StAnpG ergangen. Angesichts der Gesetzesänderungen der Vergangenheit ist fraglich, wieweit die Entscheidungsgründe heute noch tragfähig sind.

1. Schießen

Der RFH befaßte sich Anfang der 30er Jahre mit der Gemeinnützigkeit des Schießsports. Wie in der Vorinstanz[71] wurde eine körperliche Ertüchtigung bejaht, weil das Auge geschärft, die Nerven gestählt und damit die körperliche Gewandtheit und Tüchtigkeit gefördert werde[72].

Diese Begründung für die Gemeinnützigkeit des Schießsports wirkt gequält. Schießen ist zwar allgemein als Sportart anerkannt[73], doch sind die rein körperlichen Anstrengungen bei der Abgabe eines Schusses eher als gering zu bezeichnen. Deshalb scheint der RFH der Sache nach bereits die Stärkung des Konzentrationsvermögens als körperliche Ertüchtigung angesehen zu haben. Dann aber liegt es nahe, auch Reaktionsübungen an Flipperautomaten als körperliche Ertüchtigung anzusehen.

Aufgrund der aufgezeigten Konsequenzen muß die Begründung des RFH als so nicht tragfähig bezeichnet werden. Im Ergebnis ist der Entscheidung jedoch zuzustimmen. Den Begründungsschwierigkeiten des RFH kann man entgehen, wenn man die hier entwickelten Voraussetzungen des Sportbegriffs beachtet. Trotz der relativ geringen körperlichen Anstrengungen bei der Abgabe eines Schusses reicht es für das Vorliegen einer Sportart aus, daß das Schießen wettkampfmäßig betrieben wird. Dies gilt um so mehr, als nur das wettkampfmäßige Schießen ein ergänzendes Konditionstraining erfordert.

Nach dem hier zugrunde gelegten Sportbegriff ist zudem sichergestellt, daß nicht jeder Schütze Sportler ist. Dies gilt speziell für Soldaten und Polizisten, die im Rahmen ihrer Ausbildung Schießübungen veranstalten müssen.

---

[70] Vgl. die Kasuistik bei Reichert/Dannecker/Kühr Rn. 2423.

[71] Vorbehörde muß ausweislich der Urteilsgründe ein Druckfehler sein.

[72] RFH RStBl 1932,105.

[73] Vgl. BAG AP Nr. 18 zu § 1 LohnFG.

2. *Segeln*

a) Auch mit der Gemeinnützigkeit des Segelns beschäftigte sich der RFH in den Jahren um 1930[74]. In seiner ausführlichsten Entscheidung, die 1931 ergangen ist, stützte er sich darauf, daß die Erhaltung und Förderung des Segelsports gerade für eine Großstadt, in der der Jugend gesunde Luft und körperliche Bewegung fehle, im öffentlichen Interesse liege[75]. Das Merkmal der körperlichen Ertüchtigung wurde ohne Begründung bejaht.

Auch in dieser Entscheidung unterließ es der RFH geschickt, sich mit dem Merkmal der körperlichen Ertüchtigung näher zu befassen. Die Schwierigkeit beim Segeln besteht darin, daß die körperlichen Anstrengungen je nach Windstärke und Zweck der Fahrt höchst unterschiedlich sind. Eine pauschale Bejahung der Gemeinnützigkeit des Segelns geht auf diese Besonderheit nicht ein.

b) Segeln wird zwar als Sportart anerkannt, doch betrifft dies das Regattasegeln in allen seinen Erscheinungsformen. Insofern vermag der Wettkampfgedanke etwaige Zweifel zu beseitigen, die sich auf das Merkmal der körperlichen Ertüchtigung beziehen könnten.

Daneben ist heute der sogenannte Wassersport weit verbreitet. In diesem Bereich werden die Segelboote, die zudem von unterschiedlichster Größe sein können, dazu benutzt, um sich zwanglos auf dem Wasser zu bewegen. Ein Wochenendausflug per Segelboot läßt sich jedoch schwerlich als Sport bezeichnen[76]. In diesen Fällen fehlt jeglicher Bezug zum Gemeinwohl. Vielmehr liegt insofern eine nicht begünstigte Freizeitbeschäftigung vor.

c) Segelsportvereine können deshalb nur gemeinnützig sein, soweit sie das Regattasegeln fördern. Anders als in anderen Sportarten kann das Freizeitsegeln nicht als begünstigter Freizeitsport im Sinne des Gesetzes behandelt werden.

Die betroffenen Vereine verlieren jedoch nicht in jedem Falle ihre Gemeinnützigkeit, weil sie unter Verstoß gegen das Merkmal der Ausschließlichkeit auch nicht begünstigte Zwecke fördern. Vielmehr ist dieser Verstoß so lange unschädlich, wie die Voraussetzungen des § 58 Nr. 9 AO gewahrt sind. Demnach darf das Freizeitsegeln im Vergleich zum Regattasegeln nur untergeordnete Bedeutung haben.

---

[74] RFH RStBl 1930,53; 1931,553; StuW 1933 Nr. 180.

[75] RFH RStBl 1931,553 (554).

[76] Auf gleicher Linie auch Anwendungserlaß zu § 52 AO Anm. 4, BStBl I 1987,664 (671), wo der Bootsverleih als nicht begünstigt angesprochen wird.

3. Motorflugsport

Der BFH verneinte 1969 die Gemeinnützigkeit des Motorflugsports, weil aufgrund der nur geringfügig erhöhten Anforderungen an die körperliche Leistungsfähigkeit das Merkmal der körperlichen Ertüchtigung nicht erfüllt sei[77]. Dieser Begründung ist in vollem Umfange zuzustimmen, da ein über den alltäglichen Anforderungen stehender Einsatz angesichts des Berufsbildes Berufspilot fehlt. Auch ein Vergleich mit dem Autofahren bringt kaum nennenswerte Unterschiede zu Tage.

Aus diesem Grunde ist unverständlich, weshalb der BFH in einer neueren Entscheidung[78], die noch zum alten Recht ergangen ist, die Gemeinnützigkeit eines Flugsportvereins in Widerspruch zu seiner Entscheidung von 1969 angenommen hat. Es kann nur vermutet werden, daß sich der BFH versehentlich an der Rechtslage nach der AO '77 orientiert hat.

Nach dem Willen des Gesetzgebers ist seit 1977 auch der Motorflugsport gemeinnützig[79]. Nach dem oben Gesagten ist jedoch nicht jeder Privatpilot Sportler. Vielmehr ist der Motorflugsport nur als wettkampfmäßig betriebener Kunstflug gemeinnützig, weil nur insoweit ein Bezug zu einem der Gründe für die steuerliche Sportförderung besteht.

4. Motorrennsport

Zu § 17 III StAnpG entschied das FG Bremen unter Hinweis auf die Motorflugsportentscheidung des BFH, daß Motorradsport nicht gemeinnützig sei[80]. Selbst das erforderliche Konditionstraining reichte nach Ansicht des FG Bremen nicht aus, um eine körperliche Ertüchtigung durch Motorradsport annehmen zu können. Wie bereits ausgeführt[81], erging diese Entscheidung zu Recht, weil die körperliche Ertüchtigung nur mittelbar gefördert wurde. Nach altem Recht war erforderlich, daß der Verein die körperliche Ertüchtigung unmittelbar verwirklichte.

Seit dem Inkrafttreten der AO '77 ist auch der Motorsport gemeinnützig[82]. Ein Widerspruch zur alten Rechtslage besteht nicht, weil nunmehr der Sport und nicht die körperliche Ertüchtigung unmittelbar gefördert werden muß.

Motorsport darf indes nicht mit einer Teilnahme am allgemeinen Straßenverkehr verwechselt werden. Insofern ergeben sich Abgrenzungsprobleme

---

[77] BFH BStBl II 1970,67 (68).
[78] BFH BStBl II 1986,88 (89).
[79] BT-Drucks. 7/4292 S. 20.
[80] FG Bremen EFG 1976,410.
[81] S. o. § 9 C II 2.
[82] BT-Drucks. 7/4292 S. 20; Widmann JbFSt 1976/77,385 (388); a. A. FG Nürnberg EFG 1986,621.

zu geselligen Veranstaltungen, die ebenfalls als Motorsport bezeichnet werden[83]. Eine eindeutige Trennlinie läßt sich jedoch mit Hilfe des Wettkampfgedankens ziehen. Nur der Motorrennsport weist einen hinreichenden Bezug zu den Gründen für die steuerliche Sportförderung auf. Rennsport wird regelmäßig auf Strecken veranstaltet, die für den allgemeinen Straßenverkehr gesperrt sind. Von daher spricht die Teilnahme am allgemeinen Straßenverkehr regelmäßig gegen die Sporteigenschaft.

5. *Amateurfunksport*

Troll[84] legt nahe, auch den Amateurfunksport in den Kreis der steuerlich zu fördernden Disziplinen aufzunehmen. Angesichts der minimalen körperlichen Anstrengungen kann von körperlicher Ertüchtigung nicht die Rede sein. Zudem dient das Funken der Kommunikation. Aus den genannten Gründen liegt keine Sportart vor[85].

6. *Tanzsport*

Noch unter Geltung des § 17 III StAnpG hat die Finanzverwaltung den Tanzsport als gemeinnützig anerkannt[86]. Beim Tanzen ist jedoch zu beachten, daß oftmals die Geselligkeit im Vordergrund steht. Die Erscheinungsformen des Gesellschaftstanzes sind deshalb kein Sport[87].

Beim Turniertanzen tritt die Geselligkeit in den Hintergrund. Insoweit liegen alle Voraussetzungen des Sportbegriffs vor. Ist die Tanzabteilung eines Sportvereins dagegen nicht auf das Turniertanzen ausgerichtet, wird man in der Regel davon ausgehen müssen, daß der Gesellschaftstanz gepflegt werden soll.

Neuere Erscheinungen der Bewegung zur Musik wie Jazzdance stehen der Gymnastik näher als dem Tanz. Diese Disziplinen dienen der körperlichen Ertüchtigung, ohne daß das gesellige Moment eine Rolle spielt. Daher ist die Gemeinnützigkeit zu bejahen.

7. *Billard*

Billard ist ein Geschicklichkeitsspiel, das oftmals in geselliger Runde gespielt wird. Es erfordert nur geringe körperliche Anstrengungen. Hin-

---

[83] Vgl. FG Nürnberg EFG 1986,621, das sich um eine Abgrenzung nicht bemüht hat.

[84] Troll S. 474.

[85] Im Ergebnis übereinstimmend Märkle S. 121.

[86] FinMin NRW v. 8.12.1972, DB 1973,30.

[87] Hessisches FG EFG 1969,39.

sichtlich seiner wettkampfmäßig ausgeübten Varianten ist Billard jedoch als Sportart anerkannt. Nur insoweit ist Billard daher als gemeinnützig anzusehen[88].

8. Kegeln

Kegeln erfordert Anstrengungen, die über den alltäglichen Anforderungen liegen. Jedoch steht auch beim Kegeln oftmals die Geselligkeit im Vordergrund. Von daher muß sorgfältig geprüft werden, aus welchem Anlaß gekegelt wird. Die Gemeinnützigkeit kann deshalb mit Sicherheit nur bejaht werden, wenn das Kegeln streng wettkampfmäßig ausgeübt wird[89].

Für Bowling gelten die Ausführungen zum Kegeln entsprechend.

9. Golf

Golf wird allgemein als Sport angesehen und dementsprechend als gemeinnützig behandelt[90]. Angesicht der erforderlichen körperlichen Anstrengungen kann dem zugestimmt werden.

Golf ist jedoch auch heute noch eine exklusive Sportart, die hohe Kosten verursacht. Zudem spiegelt sich in der Mitgliedschaft in einem Golfclub zumeist eine herausgehobene gesellschaftliche Stellung wider. Ein Golfclub bietet sich deshalb als exklusiver Treffpunkt bei gesellschaftlichen Anlässen an. Von daher muß bei den Golfclubs sorgfältig darauf geachtet werden, daß die Pflege der Geselligkeit nicht in den Vordergrund tritt.

10. Minigolf

Minigolf ist ein beliebtes Spiel, das der Freizeitgestaltung dient und deutlich geringere körperliche Anstrengungen als Golf erfordert. Daher ist Minigolf nur in wettkampfmäßiger Form als gemeinnützig anzusehen[91].

11. Tischfußball

Das FG Berlin[92] verneinte 1981 die Voraussetzungen der Gemeinnützigkeit bei einem Verein, der seine Mitglieder durch das Tischfußballspiel

---

[88] Felix/Streck ABC Sportverein Anm. 10 (S. 564); Scholtz in Koch § 52 Rn. 22 sub Sport; a. A. Tipke/Kruse § 52 AO Rn. 17, die den Förderungsgrund der nationalen Repräsentation außer Acht lassen.

[89] Die Gemeinnützigkeit des Kegelns bejahen Reichert/Dannecker/Kühr Rn. 2423 sub (11).

[90] BFH BStBl II 1979,488 (490); Peter Rn. 174.

[91] Vgl. Troll S. 473, der die Gemeinnützigkeit ohne Einschränkung zu bejahen scheint; a. A. Tipke/Kruse § 52 AO Rn. 17, die eine körperliche Ertüchtigung durch Minigolf verneinen.

„Tipp-Kick" sportlich und gesellschaftlich in ihrer Freizeit unterstützen wollte. Damals wurde das Merkmal der Ausschließlichkeit als nicht erfüllt angesehen. In den Gründen hieß es jedoch sinngemäß, es sei nicht ausgeschlossen, daß Tischfußball Sport sei. Vereinzelt ist die Sporteigenschaft unter Berufung auf diese Entscheidung bejaht worden[93].

Tipp-Kick ist ein Gesellschaftsspiel, das nur einen äußerst geringen körperlichen Einsatz verlangt. Zudem ist eine Anlehnung an Würfelspiele erkennbar, weil als Spielball ein Polyeder dient, dessen Flächen je zur Hälfte z. B. schwarz und weiß gefärbt sind. Welcher Spieler den Ball führen darf, entscheidet sich danach, welche Farbe fällt. Unter diesen Voraussetzungen kann von einer körperlichen Ertüchtigung nicht gesprochen werden. Dies ändert sich auch dann nicht, wenn Tipp-Kick wettkampfmäßig gespielt wird.

Aus diesem Grunde ist einer neueren Entscheidung des FG Berlin[94] zuzustimmen, in der die Sporteigenschaft von Tischfußball mit dem Argument verneint worden ist, es fehle an der körperlichen Ertüchtigung.

12. Sport mit Tieren

Ob Sport mit Tieren betrieben werden kann, wird unterschiedlich beurteilt. Reitsport wird überwiegend als Sport im Sinne des Gesetzes angesehen[95]. Nur vereinzelt wird behauptet, es handle sich um ein „Freizeitvergnügen auf Kosten von Tieren"[96]. Die Gemeinnützigkeit des Hundesports dagegen wird überwiegend verneint[97]. Pferderennsport wiederum soll zwar nicht aufgrund der Förderung des Sports, aber wegen Förderung der Pferdezucht gemeinnützig sein[98].

In seiner Hundesportentscheidung, die noch zum alten Recht erging, verneinte der BFH die Gemeinnützigkeit, weil die Ausbildung der Hunde im Vordergrund stehe. Alle Bewegungsabläufe seien diesem Zweck untergeordnet. Es mangele an einer planvollen, auf die körperliche Ertüchtigung von Menschen gerichteten Leistung oder Bewegung. Hinzu komme, daß nur Menschen Sport treiben könnten, das Abrichten von Tieren hingegen – für sich betrachtet – nicht als Sport angesehen werden könne[99]. Auf die Hundezucht ging der BFH nicht ein.

---

[92] EFG 1982,372.

[93] Troll S. 473.

[94] EFG 1986,419.

[95] Troll S. 473; Scholtz in Koch § 52 Rn. 22 Sport; implizit auch BFH BStBl II 1969,43 (44).

[96] Tipke/Kruse § 52 AO Rn. 17.

[97] BFH BStBl II 1979,495; zustimmend Scholtz in Koch § 52 Rn. 22 sub Sport; a. A. FG Bremen EFG 1976,522 (523).

[98] FG Hannover EFG 1982,320; Märkle S. 121.

Führt man den Ansatz des BFH konsequent fort, könnte auch die Gemeinnützigkeit des Dressurreitens in Frage gestellt sein. Auch insoweit ist eine Ausbildung des Pferdes erforderlich. Bei der olympischen Disziplin Dressurreiten steht die Sporteigenschaft aber außerhalb jeder Diskussion. Gleiches gilt für den übrigen Pferdesport.

Dennoch ist dem BFH beizupflichten, wenn er betont, beim sogenannten Hundesport sei das Ziel der Betätigung die Ausbildung des Tieres. Der Hund soll lernen, seinem Herrn zu gehorchen. Insofern fehlt es an der Verkehrsgeltung, daß derartige Aktivitäten Sport seien. Darin liegt der Unterschied zum Reiten, das allgemein als Sport bezeichnet wird.

Pferdesport ist deshalb als Sport im Sinne des Gesetzes anzusehen. Einer Begründung der Gemeinnützigkeit mit dem Argument, es werde die Pferdezucht gefördert, bedarf es daher grundsätzlich nicht. Diese Begründung ist vielmehr gewählt worden, um angesichts der Preisgelder speziell im Pferderennsport Problemen mit dem Gebot der Selbstlosigkeit aus dem Weg zu gehen[100]. Ein Abstellen auf einen anderen Zweck vermag indes nicht, ein eigennütziges in ein uneigennütziges Verhalten umzuwandeln.

Hundesport dagegen ist kein Sport im Sinne des Gesetzes. Dennoch kann ein Hundeverein gemäß § 52 I AO gemeinnützig sein, wenn er es sich zur Aufgabe macht, Rettungshunde auszubilden.

13. Schach

Schach gilt gemäß § 52 II Nr. 2 S. 2 AO als Sport. Der Grund für diese Regelung besteht darin, daß Schach eine Sportart ist, die der geistigen und nicht der körperlichen Ertüchtigung dient. Durch die Fiktion wird lediglich klargestellt, daß Schach ansonsten nicht den Anforderungen der AO an eine Sportart genügt.

In jüngster Zeit wird die Verfassungsmäßigkeit des § 52 II Nr. 2 S. 2 AO in Frage gestellt[101]. Danach soll es ein Verstoß gegen Art. 3 I GG sein, daß andere Denksportarten wie Bridge, Go und Skat nicht begünstigt werden.

Der Behauptung, der Gleichheitssatz sei verletzt, liegt die Annahme zugrunde, alle sogenannten Denksportarten seien vergleichbar. Diese Annahme mag hinsichtlich der erforderlichen geistigen Anstrengungen noch zutreffen. Im Unterschied zu Schach hat sich jedoch bei den anderen sogenannten Denksportarten noch nicht die Verkehrsgeltung herausgebildet, daß es sich um Sportarten handle.

---

99 BFH BStBl II 1979,495 (496).

100 Vgl. FG Hannover EFG 1982,320.

101 Schwarz-Frotscher § 52 Rn. 12 aE; Lang StuW 1987,221 (250).

Im Skat werden zwar inzwischen auch Weltmeisterschaften ausgetragen. Es ist jedoch zu beachten, daß bei den Kartenspielen der Zufall eine nicht unbedeutende Rolle spielt. Der Zufall läßt sich zwar auch im Sport nicht völlig ausschalten. Anders als im Sport besteht bei Kartenspielen indes die Gewißheit, daß die Verteilung der Karten den Ausgang des Spiels beeinflußt.

Aufgrund der genannten Unterschiede werden Skat, Bridge und Go zu Recht nicht als gemeinnützig behandelt.

14. Sonstiges

Die vorstehend angesprochenen Disziplinen bilden nur eine Auswahl aus der Vielzahl der Sportarten. Olympische Sportarten wie Leichtathletik, Schwimmen, Rudern, Kunstturnen, Judo, Ringen, Radrennfahren, Fußball, Handball, Volleyball, Hockey, Eishockey, Skilanglauf, Eisschnellauf und Rennrodeln sind gemeinnützig. Gleiches gilt für Tennis. Die Aufzählung erhebt keinen Anspruch auf Vollständigkeit.

In den Erläuterungen zu § 52 II Nr. 2 AO wird immer wieder die Gemeinnützigkeit der Freikörperkultur angesprochen[102], die den BFH mehrfach beschäftigt hat[103]. Auch Yoga findet Erwähnung[104]. In beiden Fällen handelt es sich indes um Ausdrucksformen einer Lebenseinstellung. Sport liegt nicht vor.

Die FKK-Vereine werden nur deshalb in dem genannten Zusammenhang angesprochen, weil neben der Freikörperkultur zumeist auch der Sport gefördert wird[105]. Es geht also gar nicht um den Sportbegriff, sondern um die Frage, ob die Pflege der Freikörperkultur als eigenständiger Zweck gemeinnützig ist. Demnach besteht das Problem darin, ob FKK-Vereine den Anforderungen der Ausschließlichkeit genügen. Diese Frage kann aber in einer Untersuchung über die Gemeinnützigkeit von Sportvereinen ausgespart werden.

§ 10 Eingrenzung der Allgemeinheit

Sportvereine fördern regelmäßig die Allgemeinheit. Ausnahmen können sich jedoch aus § 52 I 2 AO ergeben. Danach ist es mit der Gemeinnützigkeit nicht vereinbar, wenn nur ein fest abgeschlossener oder eng begrenzter und

---

[102] Reichert/Dannecker/Kühr Rn. 2423 sub (5); Troll S. 474; v. Wallis/Steinhardt Rn. 39.

[103] BFH BStBl III 1964,83; BStBl II 1972,197; 1982,148.

[104] Troll S. 474.

[105] Deutlich FinMin NRW v. 23.5.1980, DB 1980,1571.

deshalb dauerhaft nur kleiner Personenkreis in den Genuß der Leistungen der Körperschaft kommt.

A. Allgemeines

Das Gesetz enthält somit negativ formulierte Mindestanforderungen, die jeder Sportverein erfüllen muß. Angaben darüber, was das Gesetz unter „Allgemeinheit" versteht, fehlen. Eine Gleichsetzung mit der Gesamtbevölkerung der Bundesrepublik Deutschland ist schon aus tatsächlichen Gründen nicht möglich, weil es anderenfalls gemeinnützige Körperschaften nicht geben kann[1]. Deshalb reicht bereits ein Ausschnitt aus der Gesamtbevölkerung aus, um die Allgemeinheit zu kennzeichnen[2]. Die Schwierigkeit besteht darin, anhand der ausfüllungsbedürftigen Merkmale des § 52 I 2 AO zu definieren, wie klein dieser Ausschnitt werden darf.

Lang[3] geht davon aus, daß die meisten Sportvereine den Anforderungen des § 52 I 2 AO nicht genügen. Die Allgemeinheit werde nur gefördert, wenn jedermann die Sportanlagen des Vereins benutzen könne. Sportvereine stellen ihre Einrichtungen regelmäßig nur den Mitgliedern zur Verfügung. Deshalb dienten Sportvereine nur einem fest abgeschlossenen Personenkreis.

Anders als bei öffentlichen Sportstätten[4] beschränkt Lang seine Betrachtung bei Sportvereinen auf den derzeitigen Benutzerkreis. Er verkennt, daß die Anlagen eines Sportvereins jedem zur Verfügung stehen, der die Mitgliedschaft erwirbt. Wenn jeder Mitglied werden kann, stehen die Anlagen der Allgemeinheit genauso zur Verfügung wie solche, die gegen Entgelt von jedermann benutzt werden können.

Es kommt deshalb für die Frage nach der Förderung der Allgemeinheit darauf an, wie der Personenkreis bestimmt ist, der Mitglied werden kann. Die Aufnahmebedingungen sind in der Satzung festgelegt. Kann jedermann Mitglied werden, erfüllt der Verein die Anforderungen des § 52 I 2 AO[5]. Enthält die Satzung dagegen Bedingungen, die als Zugangssperre wirken können, kann dies gemeinnützigkeitsschädlich sein.

B. Zugangssperren

Im Sport werfen Zugangssperren in mehrerlei Hinsicht Probleme auf. Zum einen könnten kleine Mitgliederzahlen der steuerlichen Begünstigung entgegenstehen. Zum anderen stellt sich die Frage, ob eine Betriebssport-

---

[1] BFH BStBl II 1979,482 (484); v. Wallis DStZ-A 1979,339 (340).
[2] Felix FR 1961,236; Rader S. 3.
[3] Lang StuW 1987,221(233, 250).
[4] Vgl. Lang StuW 1987,221 (250).
[5] Vgl. FG Bremen EFG 1976,522 (523).

gruppe gemeinnützig sein kann. Problematisch ist ferner, wie sich die Höhe der Aufnahmegebühren und Vereinsbeiträge auswirkt.

I. Begrenzte Mitgliederzahlen

Sportvereine haben regelmäßig einen regional begrenzten Einzugsbereich. Insbesondere in ländlichen Gebieten kann der Kreis der Mitglieder zahlenmäßig recht klein sein. Fraglich ist, ob aufgrund dieser Tatsache die Förderung der Allgemeinheit verneint werden muß.

Beide Ausschlußgründe des § 52 I 2 AO setzen Beschränkungen voraus, die in der Satzung verankert sind. Schädlich ist auch eine restriktive Aufnahmepraxis, da insoweit § 63 I AO entgegensteht. Kann aufgrund der Satzung und der Aufnahmepraxis des Vereins jedermann Mitglied werden, fehlt es an willkürlichen Beschränkungen. Auch ein aufgrund der regionalen Lage kleiner Mitgliederkreis repräsentiert dann einen Ausschnitt aus der Allgemeinheit. Folglich kann die Gemeinnützigkeit nicht unter Hinweis auf § 52 I 2 AO versagt werden[6].

Etwas anderes könnte für Aufnahmebeschränkungen gelten, die verhängt werden, weil die Kapazität der Sportanlagen des Vereins erschöpft ist. Der Nutzung jeder Sportanlage sind natürliche Grenzen gesetzt, über die sich niemand hinwegsetzen kann.

Sportvereine können ihre Sportanlagen den Mitgliedern nur im Rahmen der Kapazität zur Verfügung stellen. Gegebenenfalls müssen knappe Ressourcen gerecht verteilt werden. Sofern alle Möglichkeiten ausgeschöpft sind, stellt der Mitgliederkreis einen Ausschnitt aus der Allgemeinheit dar. Deshalb ist es nicht zu beanstanden, wenn aus Kapazitätsgründen Aufnahmebeschränkungen verhängt werden[7].

Eine solche Aufnahmebeschränkung beruht nur dann auf natürlichen Gegebenheiten, wenn die Kapazitäten tatsächlich ausgeschöpft sind. Anderenfalls liegt eine willkürliche Beschränkung vor. Fördert der Verein bereits die Allgemeinheit, braucht er vorhandene Erweiterungsmöglichkeiten seiner Anlagen nicht wahrzunehmen, um seine Gemeinnützigkeit zu erhalten.

II. Betriebssportgruppen

Betriebssportgruppen sind Vereine, die auf betrieblicher Ebene organisiert sind. Die Mitgliedschaft können in der Regel Betriebsangehörige und

---

[6] FG Bremen EFG 1976,522 (523).

[7] BFH BStBl II 1979,488 (490); vgl. auch Neufang/Schaeberle/Karg S. 38.

aus Altersgründen ausgeschiedene Mitarbeiter erwerben. Ehegatten und Kindern steht der Zugang zumeist ebenfalls offen[8].

Das Gesetz nennt die Zugehörigkeit zur Belegschaft eines Unternehmens als Beispiel für einen fest abgeschlossenen Personenkreis. Danach können Betriebssportgruppen, die nur den Mitarbeitern eines Betriebes offenstehen, nicht gemeinnützig sein. Ob dies auch bei hohen Mitgliederzahlen gilt, ist fraglich[9].

Schon der RFH hatte zu entscheiden, ob die Belegschaft eines Großunternehmens, die in ihrer Zusammensetzung wechselt, ein fest abgeschlossener Personenkreis ist[10]. Im Einklang mit früheren Entscheidungen[11] bejahte der RFH diese Frage. In der Literatur stieß das Urteil vereinzelt auf Ablehnung[12].

Der Gedanke an eine vom Gesetz abweichende Beurteilung beruht letztlich auf der hohen Zahl der möglichen Mitglieder[13] und der Fluktuation innerhalb der Belegschaft. Veränderungen in der Zusammensetzung fest abgeschlossener Personenkreise sind aufgrund der Vergänglichkeit des Menschen vorgezeichnet. Deshalb kann der Gesichtspunkt der Fluktuation nicht zu einer abweichenden Bewertung führen.

Die Wertung des Gesetzgebers, die Zugehörigkeit zur Belegschaft sei ein Beispiel für einen fest abgeschlossenen Personenkreis, ist bindend. Der Begriff des Unternehmens umfaßt sowohl kleine als auch große Betriebe und kann nicht eingegrenzt werden. Insoweit kommt es auf die Zahl der erfaßten Personen nicht an[14].

Etwas anderes könnte sich ergeben, wenn neben der Belegschaft auch deren Angehörige Mitglied werden können. Der Kreis der beitrittsberechtigten Personen ist dann aber trotzdem im weitesten Sinne durch die Betriebszugehörigkeit definiert. Zwar zeigt ein Vergleich mit dem anderen Beispiel, der Zugehörigkeit zu einer Familie, welche Größenunterschiede bestehen können. Ein Wertungswiderspruch ergibt sich aber nur für den Fall, daß eine Begrenzung nach räumlichen und beruflichen Merkmalen einer Beschränkung auf Betriebsangehörige gleichkommt.

Die deshalb gebotene restriktive Auslegung des Beispiels der Betriebszugehörigkeit führt jedoch nur zu einem anderen Ergebnis, wenn sich ein solcher Widerspruch zeigt. Ansonsten liegt ein fest abgeschlossener Personen-

---

[8] Weisemann Rn. 415 f.

[9] Kritisch Märkle S. 110.

[10] RFH RStBl 1941,275.

[11] RFHE 25,14 (16); RFH RStBl 1940,190.

[12] Gübbels GmbHRdsch 1950,184 (185); zu einer weniger restriktiven Praxis tendiert auch Felix FR 1961,236 (237).

[13] Märkle S. 110.

[14] Scholtz in Koch § 52 Rn. 15.

kreis vor. Betriebssportgruppen können daher nur gemeinnützig sein, wenn der überwiegende Teil der Bevölkerung einer Region Mitglied werden kann.

III. Finanzielle Zugangssperren

Die Mitgliederzahl eines Vereins kann dauernd nur klein sein, wenn der Zugang infolge hoher Mitgliedsbeiträge lediglich einem begrenzten Personenkreis möglich ist. Grenzt sich auf diese Art und Weise ein exklusiver Personenkreis ab, der unter sich bleiben möchte, kann nicht mehr von einem Ausschnitt aus der Allgemeinheit gesprochen werden. Folglich ist es gemeinnützigkeitsschädlich, finanzielle Zugangssperren zu errichten[15]. Wann eine finanzielle Zugangssperre vorliegt, ist fraglich.

1. Auffassung der Finanzverwaltung

Für die Veranlagungszeiträume 1971 bis 1978 wurde nach Auffassung der Finanzverwaltung noch keine finanzielle Zugangssperre errichtet, wenn der durchschnittliche Jahresbeitrag und die Aufnahmegebühr je Mitglied jeweils 650 DM nicht überstiegen[16]. Ende 1980 wurden diese Beträge rückwirkend ab 1979 auf durchschnittlich 1 000 DM Jahresbeitrag und 1 500 DM Aufnahmegebühr je Mitglied erhöht[17]. Diese Zahlen gelten bis heute fort[18]. Zur Begründung ist nur auf die Kosten bestimmter Sportarten verwiesen worden[19].

Die Finanzverwaltung hat die Höchstbeträge aus Gründen der Verwaltungsvereinfachung festgesetzt. Eine Rechtsgrundlage, die dieses Vorgehen ausdrücklich gestattet, ist nicht ersichtlich. Aus § 52 I 2 AO folgt jedoch, daß finanzielle Zugangssperren der Gemeinnützigkeit entgegenstehen. Die Beträge geben deshalb an, wann die finanzielle Belastung so hoch ist, daß sie nur noch von wenigen getragen werden kann. Nach welchen Kriterien die Finanzverwaltung gerade zu den heutigen Werten gekommen ist, geht aus den Anweisungen jedoch nicht hervor.

---

[15] Scholtz in Koch § 52 Rn. 16/1; Peter Rn. 157; Rader S. 3; a. A. Gothe DB 1979,474 (475), der meint, mit der Einführung der AO'77 sei diese Einschränkung entfallen, da der Sport in allem seinen Erscheinungsformen gefördert werden sollte. Gothe übersieht indes den Verweis auf § 52 I 2 AO, der seine Auffassung widerlegt.

[16] FinMin NRW v. 16.2.1972, FR 1972,117 f (zum Golfsport); damals wurden die bis dahin angenommenen Grenzen von je 500 DM abgelöst.

[17] Schreiben des BdF v. 11.12.1980, BStBl I 786.

[18] Vgl. Scholtz § 52 Rn. 16/1.

[19] FinMin NRW v. 16.2.1972, FR 1972,117 (118).

2. *Auffassung der Rechtsprechung*

Der BFH mußte sich bislang zweimal mit finanziellen Zugangssperren befassen.

a) Im Jahre 1978 entschied er über die Gemeinnützigkeit eines Golfvereins, der im Veranlagungszeitraum 1975 von neuen Mitgliedern „Eintrittsspenden" von bis zu 3 500 DM erhoben hatte. In diesem Verfahren war allerdings umstritten, ob die „Spende" als Eintrittsgeld oder als freiwillige Leistung einzuordnen war. Der Verein hatte selbst eingeräumt, es habe eine moralische Verpflichtung bestanden, entsprechende Zahlungen zu erbringen[20]. Der BFH entschied, es habe sich um Spenden gehandelt[21]. Deshalb hätte der BFH auf das Problem der finanziellen Zugangssperre nicht einzugehen brauchen. Dennoch legte er unabhängig von der vorangegangenen Einordnung seine Überlegungen zur Höhe der möglichen Belastung dar. Für den BFH war der Betrag von 3 500 DM im Jahre 1975 nicht derart hoch, daß von ihm eine Sperrwirkung ausging[22].

Ausschlaggebend für ihn war die allgemein günstige wirtschaftliche Lage, die es weiten Bevölkerungskreisen ermögliche, bei einer entsprechenden Opferbereitschaft und unter Inkaufnahme gewisser Einschränkungen Golf spielen zu können. Der BFH verband diese Äußerungen mit dem Hinweis, daß die Satzung des Vereins Erleichterungen vorsah. Ergänzend wurden dem die gerichtsbekannt hohen Jahresaufwendungen für Autos, Reisen, Hobbies und andere Zwecke zur Seite gestellt[23].

b) Diese Argumentation wiederholte sich, als 1982 wiederum für den Veranlagungszeitraum 1975 über eine echte Aufnahmegebühr von 2 000 DM zu entscheiden war, die ein Segelverein erhob[24]. Auch in diesem Fall enthielt die Satzung Sonderregelungen u. a. für Jugendliche.

3. *Beurteilung der Auffassungen*

Die Auffassungen von Rechtsprechung und Finanzverwaltung weichen zum Teil erheblich voneinander ab[25]. Die Differenzen betreffen bislang nur die Aufnahmegebühren, die zusätzlich zum Beitrag beim Vereinsbeitritt als verlorener Zuschuß zu entrichten sind. Von daher kommt gerade den Aufnahmegebühren besondere Bedeutung zu, wenn es um die Frage geht, ob

---

[20] BFH BStBl II 1979,488 (489).
[21] BFH BStBl II 1979,488 (490).
[22] BFH BStBl II 1979,488 (491).
[23] BFH BStBl II 1979,488 (491).
[24] BFH BStBl II 1982,336 (337 f).
[25] BFH BStBl II 1979,488 (490 f) einerseits und Schreiben des BdF v. 11.12.1980, BStBl I 786 andererseits.

finanzielle Zugangssperren errichtet werden. Aus diesem Grunde empfiehlt sich eine getrennte Betrachtung der verschiedenen Zahlungsverpflichtungen eines Mitglieds.

a) Aufnahmegebühren

aa) In dem Urteil des BFH aus dem Jahre 1978 heißt es, auch ohne satzungsmäßig vorgesehene Erleichterungen sei ein genügend großer Anteil der Bevölkerung in der Lage, Beträge von bis zu 3500 DM für den Sport aufzubringen[26]. Es überrascht, wie günstig der BFH die wirtschaftliche Lage weiter Bevölkerungskreise einschätzt. Zwar verfügt ein beachtlicher Prozentsatz[27] aller Privathaushalte über ein monatliches Nettoeinkommen von mindestens 2500 DM. Solche Zahlen besagen aber noch nicht, daß entsprechend viele Personen in der Lage sind, Aufnahmegebühren von 2000 DM und mehr zu zahlen. Insoweit kommt es vielmehr darauf an, wieviel Geld monatlich frei zur Verfügung steht.

bb) Anhand der beispielhaft aufgeführten Aufwendungen für Autos etc. ist ersichtlich, daß der BFH die notwendigen Ausgaben für Miete, Nahrungsmittel und Kleidung bei seiner Betrachtung berücksichtigt hat. Wenn er jedoch Opferbereitschaft und Einschränkungen der Lebensführung erwartet, um Golf spielen zu können, legt er lebensfremde Erwartungen zugrunde.

Die finanziellen Belastungen infolge der Mitgliedschaft in einem Verein müssen um die Folgekosten für Ausrüstung, Trainerstunden und Fahrten zur Sportstätte aufgestockt werden. Auch darf nicht unberücksichtigt bleiben, daß Sport anderen Wünschen in der Rangfolge nachgeht. Deshalb geht die Überlegung üblicherweise dahin, ob man sich eine Sportart unter Beibehaltung des bisherigen Lebensstandards leisten kann.

Aus diesem Grunde ist der Hinweis auf andere Ausgaben höchst zweifelhaft. Dem BFH ist zwar zuzugeben, daß die von ihm aufgeführten Ausgaben darauf hindeuten, daß die Mittel bei weiten Bevölkerungskreisen vorhanden wären. Diese Überlegung setzt jedoch Umschichtungen bei den Ausgaben voraus. Sie geht daher nicht vom Ist-Zustand aus. Weshalb theoretische Möglichkeiten den Ausschlag geben sollen, wird nicht ersichtlich. In der 2. Alternative des § 52 I 2 AO wird zwar darauf abgestellt, ob der Personenkreis dauernd nur klein sein kann. Es ist jedoch eine realistische Betrachtungsweise zu fordern.

cc) Die Aufwendungen für ein Auto sind in vielen Fällen auch berufsbedingt. Der Gesetzgeber trägt dem dadurch Rechnung, daß in § 9 I Nr. 4 EStG

---

[26] BFH BStBl II 1979,488 (491).

[27] Vgl. Statistisches Jahrbuch 1981, S. 65 für April 1980 (ca. 30%); Statistisches Jahrbuch 1985, S. 67 für April 1982 (ca. 35 %).

ein Werbungskostenabzug in bestimmtem Umfange vorgesehen ist. Ein PKW, der oftmals auch als Statussymbol angesehen wird, verleiht seinem Besitzer eine gewisse Unabhängigkeit und Mobilität. Wenn der BFH erwartet, man werde die Ausgaben einschränken oder gar auf das Auto verzichten, verkennt er den Stellenwert des Privatwagens. Die Frage Sport oder Auto entscheidet sich deshalb regelmäßig zugunsten des Autos.

Ähnliches gilt für eine Urlaubsreise, die für weite Bevölkerungskreise ebenfalls einen recht hohen Stellenwert hat. Hier gibt es aber die Besonderheit, daß eventuell nur eine Verschiebung von Urlaubsplänen erforderlich ist. Ob jedoch die Mitgliedschaft in einem Sportverein eine Urlaubsreise aufwiegen kann, ist kaum zu beantworten.

Näher liegt schon der Hinweis auf die hohen Ausgaben für Hobbies und andere Freizeitbeschäftigungen. Indes gibt es wie im Sport billige und teure Hobbies. Zudem darf nicht übersehen werden, daß viele Anschaffungen bleibenden Wert haben, während Aufnahmegebühren verlorene Zuschüsse sind.

dd) Die aufgeführten Ausgaben dienten dem BFH nur dazu, sie in Relation zu den streitigen Beträgen zu setzen. Dennoch bleibt angesichts der erwarteten Opferbereitschaft der Eindruck bestehen, als wollte der BFH daraus die Rechtfertigung für seine Ergebnisse gewinnen. Dies gilt um so mehr, als die allgemein gute wirtschaftliche Lage weiter Bevölkerungskreise für seine Entscheidung erheblich war[28]. Die Möglichkeiten, die angesprochenen Mittel umzuschichten, sind indes begrenzt. Die Einschätzung, daß weite Bevölkerungskreise über 3500 DM zuzüglich Folgekosten frei verfügen können, ist zu optimistisch. Die Zahlen des BFH müssen deshalb nach unten korrigiert werden[29].

ee) Dementsprechend greift die Finanzverwaltung auf niedrigere Beträge zurück, die derzeit mit 1500 DM durchschnittlich je Mitglied festgesetzt sind[30]. Dieser Betrag schließt Erleichterungen für Jugendliche und weitere Familienmitglieder bereits ein. Deshalb kann die Belastung für einen Beitrittswilligen tatsächlich höher sein. Die Finanzverwaltung geht somit davon aus, daß einer hinreichend großen Anzahl von Personen jährlich 1500 DM frei zur Verfügung stehen.

Angesichts solcher Zahlen wird nicht deutlich, ob die Hemmschwelle, die von der festgelegten Summe ausgeht, hinreichend bedacht worden ist. Hohe Aufnahmegebühren können bewirken, daß der Vereinsbeitritt nur für die Angehörigen gehobener sozialer Schichten erstrebenswert ist. Insofern darf das allgemeine Vereinsklima nicht unterschätzt werden. Hinzu kommt, daß

---

[28] Vgl. BFH BStBl II 1979,488 (491).
[29] Im Ergebnis Scholtz in Koch § 52 Rn. 16/1.
[30] Schreiben des BdF v. 11.12.1980, BStBl I 786.

die Inanspruchnahme von Erleichterungen einen Antrag voraussetzt, mit dem einer privaten Stelle wichtige Tatsachen über die persönlichen Verhältnisse mitgeteilt werden müssen[31]. Von daher ist der von der Finanzverwaltung akzeptierte Höchstbetrag auch noch zu hoch.

b) Vereinsbeiträge

Vereinsbeiträge werden ab Beginn der Mitgliedschaft erhoben. Die Zahlung erfolgt üblicherweise für ein Quartal. Zumal sich die Anfangsbelastung beim Vereinsbeitritt aus Aufnahmegebühr und Beitrag zusammensetzt, hängt die Entscheidung für oder gegen eine Mitgliedschaft auch von den laufenden Verpflichtungen ab. Allerdings ist die Folgebelastung durch die Beiträge nicht so stark zu spüren, da sie sich über das Jahr verteilt.

Die von der Finanzverwaltung angenommene Obergrenze von durchschnittlich 1000 DM jährlich je Mitglied entspricht einem monatlichen Betrag von knapp 84 DM oder 250 DM im Quartal. In diesen Wert sind die Vergünstigungen für Jugendliche und weitere Familienmitglieder bereits einbezogen. Berücksichtigt man zusätzlich die Kosten, die dadurch entstehen, daß man seine Sportart betreibt, liegt dem Mittelwert der Finanzverwaltung ein frei verfügbarer Betrag von mindestens 100 DM monatlich zugrunde.

Diese Summe ist angesichts der Einkommensverhältnisse in der Bundesrepublik Deutschland von einem nennenswerten Teil der Bevölkerung aufzubringen. Der Mittelwert der Finanzverwaltung ist daher insoweit nicht zu hoch angesetzt.

§ 11 Selbstlosigkeit

Den in § 52 I 1 AO verwendeten Begriff der Selbstlosigkeit hat der Gesetzgeber in § 55 AO näher umschrieben. Unter diesem Begriff werden mehrere Voraussetzungen zusammengefaßt.

Gemäß § 55 I HS 1 AO darf eine gemeinnützige Körperschaft nicht „in erster Linie“ eigenwirtschaftliche Zwecke verfolgen. Diese Vorschrift geht auf Rechtsgedanken zurück, die vorher in § 17 V HS 2 StAnpG enthalten waren.

In § 55 I Nr. 1 – 4 AO schreibt das Gesetz vor, wie die Mittel der Körperschaft zu verwenden sind. Diese Vorschriften sind aus § 4 II – IV GemV hervorgegangen, die das Merkmal der Ausschließlichkeit betrafen.

---

[31] Vgl. die Argumentation des Finanzamtes in der Sachverhaltsschilderung von BFH BStBl II 1982,336 (337).

A. Das Verbot, „in erster Linie" eigenwirtschaftliche Zwecke zu verfolgen

Es schadet der Körperschaft nur, wenn sie „in erster Linie" eigenwirtschaftliche Zwecke verfolgt. Diese Formulierung bringt das Spannungsverhältnis zu § 64 AO zum Ausdruck. § 64 AO regelt den Umfang der Steuervergünstigung für den Fall, daß die Körperschaft einen wirtschaftlichen Geschäftsbetrieb unterhält. Daraus ist zu folgern, daß ein solcher wirtschaftlicher Geschäftsbetrieb der Gemeinnützigkeit nicht entgegen steht. Der Wortlaut des § 55 I HS 1 AO wurde zwar bewußt im Hinblick auf § 64 AO gestaltet[1]. Dennoch ist fraglich, wie § 55 I HS 1 AO zu verstehen ist.

I. Eigenwirtschaftliche Zwecke

Als Legalbeispiele für die Verfolgung eigenwirtschaftlicher Zwecke nennt § 55 I HS 1 AO gewerbliche Zwecke und sonstige Erwerbszwecke. Es handelt sich nicht um eine erschöpfende Aufzählung, vielmehr können auch andere wirtschaftliche Vorteile in Betracht kommen. Ein solcher Vorteil kann beispielsweise darin bestehen, daß der Wert eines Grundstücks erhalten bleibt[2]. Ein ideeller Nutzen ist kein wirtschaftlicher Vorteil. Deshalb sind ideelle Vorteile im Rahmen der Selbstlosigkeit unbeachtlich[3].

II. Der betroffene Personenkreis

1. § 55 I HS 1 AO bestimmt, daß keine „eigenwirtschaftlichen" Interessen verfolgt werden dürfen. Dadurch wird gemeinnützigen Körperschaften eigennütziges Handeln untersagt. Eigennütziges Handeln liegt vor, wenn die Körperschaft selbst Vorteile aus ihrer wirtschaftlichen Tätigkeit zieht. Körperschaften dienen aber häufig als übergeordnete Organisationseinheit, um die Interessen ihrer Mitglieder zusammenzufassen und zentral wahrzunehmen. Aufgrund der engen Beziehung zwischen Körperschaft und Mitglied werden auch im zuletzt genannten Fall eigenwirtschaftliche Interessen verfolgt[4].

2. Bei einigen Autoren findet sich darüber hinaus noch der Begriff des Beteiligten[5], der auf den Regelungsgehalt des § 17 V StAnpG zurückgeht

---

[1] Scholtz FR 1976,181 (187).
[2] Vgl. BFH BStBl II 1979,482 (483, 487).
[3] Scholtz in Koch § 55 Rn. 6.
[4] Im Ergebnis einhellige Meinung, vgl. nur BFH BStBl II 1979,482 (483 LS); Tipke/Kruse § 55 AO Rn. 2; Spanner in Hübschmann/Hepp/Spitaler § 55 AO Rn. 2 a.
[5] Riewald in Becker/Riewald/Koch § 17 StAnpG Anm. 4 b (2), (3); Scholtz in Koch § 55 Rn. 3, 4; v. Wallis/Steinhardt Rn. 50.

und zumeist synonym für Mitglied verwendet wird[6]. Zum Teil bezeichnet er aber auch außenstehende Dritte, die Einfluß auf die Körperschaft haben[7].

Fraglich ist, ob die Wahrnehmung der wirtschaftlichen Interessen von Personen, die nicht zum Mitgliederkreis zählen, die Verfolgung eigenwirtschaftlicher Zwecke bedeutet. Der Wortbestandteil „eigen" setzt voraus, daß die wirtschaftlichen Interessen anderer Personen der Körperschaft zurechenbar sind. Hinzu kommt, daß die Förderung der Allgemeinheit auf materiellem Gebiet gemäß § 52 I 1 AO eine Form des gemeinnützigen Wirkens ist. Eine solche Förderung kann darin bestehen, benachteiligten Personengruppen durch Schaffung von Arbeitsplätzen zu helfen. Dies wird durch § 68 Nr. 3 AO bestätigt, der bestimmte Werkstätten für Behinderte als Zweckbetriebe einordnet. Zudem braucht eine gemeinnützige Körperschaft häufig Arbeitskräfte, um ihre satzungsmäßigen Aufgaben zu erfüllen. Folglich sind wirtschaftliche Vorteile Dritter dem Grunde nach mit dem Gebot uneigennützigen Handelns vereinbar.

Einer Körperschaft kann eine andere Personenvereinigung als Mitglied angehören. Die Mitglieder der anderen Personenvereinigung sind dann regelmäßig nicht Mitglieder der Körperschaft, der die andere Personenvereinigung angehört. Es bestehen jedoch mittelbare Beziehungen der Körperschaft zu den formal außenstehenden Personen. Da diese über die Personenvereinigung Einfluß auf die Tätigkeit der Körperschaft nehmen können, ist die Zurechenbarkeit gegeben. In solchen Fällen sind auch die Interessen der hinter dem Mitglied stehenden Personen zu beachten[8].

Weitergehende Ausnahmen, speziell bei geschäftlichen, familiären oder freundschaftlichen Beziehungen, werden vereinzelt erwogen[9]. In diesen Fällen fehlt es aber an einem Rechtsverhältnis, das verbindliche Weisungen ermöglicht. Eine Zurechnung aufgrund bloßer faktischer Möglichkeiten wäre zufällig und muß daher ausscheiden.

3. Dieses Ergebnis berechtigt indes noch nicht zu der Folgerung, die Förderung der Erwerbsinteressen unbeteiligter Dritter sei in jedem Falle zulässig. Vielmehr muß an anderer Stelle noch geprüft werden, wann eine Beschäftigung Dritter zulässig ist.

III. Das Merkmal „in erster Linie"

Wann eine Körperschaft „in erster Linie" eigenwirtschaftliche Zwecke verfolgt, wird unterschiedlich beantwortet. In Rechtsprechung und Litera-

6 Scholtz in Koch § 55 Rn. 3, 4.

7 Riewald in Becker/Riewald/Koch § 17 StAnpG Anm. 4 b (3).

8 Vgl. BFH BStBl III 1952,270; Tipke/Kruse § 55 AO Rn. 2.

9 Riewald in Becker/Riewald/Koch § 17 StAnpG Anm. 4 b (3).

tur hat sich eine Vielzahl von Definitionen herausgebildet, die Antwort auf die eingangs gestellte Frage geben sollen.

1. Meinungsstand

a) Unter Bezugnahme auf ältere Rechtsprechung[10] geht eine Definition in der Literatur dahin, daß die Selbstlosigkeit schon dann zu verneinen sei, wenn das Entstehen von eigenwirtschaftlichen Vorteilen für die Beteiligten oder wenigstens einen wesentlichen Teil von ihnen mitentscheidend und nicht von ganz untergeordneter Bedeutung gewesen sei[11].

b) Andere Autoren messen dem § 64 AO größere Bedeutung zu. Danach handelt eine Körperschaft noch nicht eigennützig, wenn sie aus der Verfolgung steuerbegünstigter Zwecke nebenbei auch gewisse, hinter dem uneigennützigen Zweck in der Bedeutung zurücktretende Vorteile zieht[12]. Damit dürften insbesondere Tätigkeiten angesprochen sein, mit denen sich die Körperschaft Mittel zur Erfüllung ihrer satzungsmäßigen Zwecke beschafft.

c) Nach einer anderen Umschreibung werden eigenwirtschaftliche Zwecke „in erster Linie" verfolgt, wenn sie als gleichrangiges oder sogar überwiegendes Ziel nach Satzung und/oder tatsächlicher Geschäftsführung neben die steuerbegünstigten Zwecke treten[13]. Gleichrangige Ziele sollen deshalb schädlich sein, weil die Körperschaft nur ausschließlich gemeinnützige Zwecke verfolgen dürfe. Mit dem Merkmal der Ausschließlichkeit sei es nicht vereinbar, wenn das Unterhalten eines wirtschaftlichen Geschäftsbetriebes zum Selbstzweck werde. Eine Tätigkeit werde aber bereits dann zum Selbstzweck, wenn sie gleichberechtigt neben die begünstigten Zwecke trete[14].

Nach der obigen Umschreibung ist erforderlich, daß sich eine wirtschaftliche Tätigkeit den satzungsmäßigen Zwecken eindeutig unterordnet. Anhaltspunkte dafür sollen die Art der Betätigung, ihr Umfang und ihre finanzielle Bedeutung für die Körperschaft sein[15].

d) Auch andere Autoren stellen bei ihrer Definition die Tätigkeit der Körperschaft in den Vordergrund. Nach Tipke/Kruse muß der begünstigte

---

[10] RFH RStBl 1932,391 (392); 1933,17 (18); 1933,76 (77); diese Entscheidungen werden selten direkt benannt und enthalten die im Text folgende Formel nur der Sache nach.

[11] Scholtz in Koch § 55 Rn. 4; v. Wallis/Steinhardt Rn. 50.

[12] Spanner in Hübschmann/Hepp/Spitaler § 55 AO Rn. 7; Kühn/Kutter/Hofmann § 55 AO Anm. 2.

[13] Schwarz/Frotscher § 55 Rn. 1; Lang StuW 1987,221 (235).

[14] Schwarz/Frotscher § 64 Rn. 5; Lang StuW 1987,221 (235).

[15] Schwarz/Frotscher § 64 Rn. 6; ähnlich Lang StuW 1987,221 (236 ff), der die §§ 65 Nr. 1 und 2 AO zur Abgrenzung heranziehen will (239).

Zweck ausschließlich oder doch in erster Linie verfolgt werden, so daß eine wirtschaftliche Tätigkeit allenfalls untergeordneter Nebenzweck sein darf[16].

e) Der BFH hat die notwendig mit der Förderung eines begünstigten Zwecks verbundenen Vorteile für die Mitglieder für unbeachtlich erklärt. Im übrigen hat er eine Schwerpunktbetrachtung angestellt. Danach soll selbstloses Handeln erst dann nicht mehr angenommen werden können, wenn die ihm eigene Opferwilligkeit zugunsten anderer wegfalle oder in den Hintergrund gedrängt werde[17].

2. *Stellungnahme*

Die verschiedenen Umschreibungen lassen jeweils einen unterschiedlichen Blickwinkel erkennen. Es wird mit unterschiedlicher Gewichtung auf die Körperschaft selbst oder ihre Mitglieder abgestellt. Auf diese Weise kommt immer nur ein Teilaspekt zum Tragen. Es bietet sich daher an, für jede Interessengruppe gesondert zu untersuchen, wann „in erster Linie" eigenwirtschaftliche Zwecke verfolgt werden.

a) Handeln zum Vorteil der Körperschaft

aa) In der Rechtsprechung des RFH wurde gegen den Widerstand des Reichsfinanzministers der Grundsatz entwickelt, daß sich eine gemeinnützige Körperschaft Mittel zur Erfüllung ihrer satzungsmäßigen Zwecke durch gewerbliche Tätigkeiten beschaffen darf[18]. Dieser Grundsatz kommt heute in § 64 AO zur Geltung, der sich auf Normen wie § 5 I Nr. 9 KStG bezieht. Die Formulierung „in erster Linie" knüpft an § 64 AO an[19]. Sie bestimmt zugleich Art und Umfang der einer gemeinnützigen Körperschaft erlaubten wirtschaftlichen Betätigung.

Dem Wortlaut des § 55 I HS 1 AO nach dürfen eigenwirtschaftliche Zwecke nicht „in erster Linie" verfolgt werden. Demnach scheint eine wirtschaftliche Tätigkeit solange unschädlich zu sein, wie sie höchstens gleichrangig neben steuerbegünstigten Zwecken ausgeübt wird.

Gemäß § 56 AO darf eine gemeinnützige Körperschaft indes nur ausschließlich steuerbegünstigte Zwecke verfolgen. Gleichrangige Zielsetzungen verstoßen gegen den Grundsatz der Ausschließlichkeit. Zudem dient

---

[16] Tipke/Kruse § 55 AO Rn. 2 in Anlehnung an § 39 Nr. 1 der österreichischen BAO.

[17] BFH BStBl II 1979,482 (487).

[18] Vgl. RFHE 25,103; in dieser Entscheidung wurden die in RFHE 22,204 aufgestellten Grundsätze bestätigt.

[19] Scholtz FR 1976,181 (187).

§ 55 I AO der steuerrechtlichen Wettbewerbsneutralität[20]. Deshalb ist die Formulierung „in erster Linie“ mißverständlich und muß enger verstanden werden.

Eine wirtschaftliche Betätigung der Körperschaft ist daher mit dem Gebot der Selbstlosigkeit nur vereinbar, wenn sie sich den steuerbegünstigten Zwecken unterordnet. In dieser Aussage decken sich alle Umschreibungen für das Merkmal „in erster Linie“, die auf die Körperschaft selbst Bezug nehmen.

bb) Dagegen ist fraglich, wann ein solches Über-/Unterordnungsverhältnis anzunehmen ist.

(1) Die Selbstlosigkeit setzt uneigennütziges Verhalten voraus. Deshalb kann von selbstlosem Handeln nicht gesprochen werden, wenn eine Körperschaft auf lange Sicht aus ihrer Gesamttätigkeit Überschüsse erzielt[21]. Unter diesen Umständen besteht kein Unterschied zu Gewerbetreibenden, die auf Gewinnerzielung bedacht sind, und bei denen das Fehlen der Selbstlosigkeit unstreitig ist.

Schädliche Überschüsse kann eine Körperschaft vermeiden, indem sie die Mittel für satzungsmäßige Zwecke verwendet. Insofern können auch Rücklagen im Sinne von § 58 Nr. 6 AO gebildet und zeitnah wieder aufgelöst werden. Hierbei ist im übrigen bereits die Mittelverwendung angesprochen, für die es in § 55 I Nr. 1 – 4 AO besondere Vorschriften gibt.

(2) Es bietet sich an, eine Abgrenzung nach objektiven Merkmalen vorzunehmen. Derartige Vorschläge gibt es auch für die Unterscheidung zwischen Idealvereinen und wirtschaftlichen Vereinen im Rahmen der §§ 21, 22 BGB. Im Zusammenhang mit diesen Normen sind ebenfalls Körperschaften betroffen, die neben einem idealen Zweck wirtschaftliche Ziele verfolgen.

Bei dieser Überlegung geht es nicht darum, die Lehre vom Nebenzweckprivileg[22], die nicht unumstritten ist[23], in das Steuerrecht zu übertragen. Dem steht schon entgegen, daß ihr Anwendungsbereich darauf beschränkt ist zu bestimmen, wann ein Verein als Idealverein durch Eintragung in das Vereinsregister die Rechtsfähigkeit erlangen kann. Auf die Rechtsfähigkeit kommt es im Gemeinnützigkeitsrecht indes nicht an.

Eine Übertragung muß auch daran scheitern, daß im Zivilrecht von einem Bedürfnis gesprochen wird[24], Personenvereinigungen als Idealvereine nach

---

[20] Tipke/Kruse § 55 AO Rn. 1, 2.

[21] FG Köln EFG 1986,144 (145); im Ergebnis auch Brandmüller BB 1978,542 (543); Lang StuW 1987,221 (236).

[22] BGHZ 15,315 (319 f); 85,84 (93); Jauernig § 21 Anm. 2 a.

[23] ablehnend z. B. Sack ZGR 1974,179 (194 f).

[24] Erman-H. Westermann § 21 Rn. 2 (S. 56 u).

§ 21 BGB anzuerkennen, die die Interessen ihrer Mitglieder fördern[25]. Bei derartigen Körperschaften ist gerade fraglich, ob das Merkmal der Selbstlosigkeit erfüllt ist.

Die Anlehnung an das Zivilrecht bietet sich nur deshalb an, weil es im Rahmen der Selbstlosigkeit ähnlicher Wertungen bedarf. Insofern könnten sich aus Überlegungen, die für die §§ 21, 22 BGB entwickelt worden sind, Anhaltspunkte für Abgrenzungskriterien im Rahmen des § 55 I HS 1 AO gewinnen lassen.

Eine Abgrenzung könnte beispielsweise anhand eines Vergleichs der Ausgaben[26] für steuerbegünstigte und wirtschaftliche Tätigkeiten vorgenommen werden. Ein anderer Ansatzpunkt könnte der prozentuale Anteil der Einnahmen aus wirtschaftlichen Geschäftsbetrieben an den Gesamteinnahmen der Körperschaft sein[27]. Ferner bietet es sich an, einen Höchstbetrag festzulegen und die Selbstlosigkeit zu verneinen, sobald die Umsätze der Körperschaft im Rahmen ihrer wirtschaftlichen Geschäftsbetriebe diesen Betrag übersteigen[28]. Eine letzte Möglichkeit besteht darin, nur absolut geringfügige wirtschaftliche Tätigkeiten zuzulassen[29].

Allen angesprochenen Ansatzpunkten mag ein richtiger Kern innewohnen, der in Einzelfällen zu zutreffenden Ergebnissen führt. Den objektiven Kriterien ist aber gemeinsam, daß sie äußerst starr sind und Besonderheiten kaum berücksichtigen können. Gegen die Beschränkung auf absolut geringfügige wirtschaftliche Tätigkeiten spricht insbesondere, daß die Größe der Körperschaft zu wenig Beachtung findet[30]. Gleiches gilt für eine absolute Obergrenze bei den Umsätzen in den wirtschaftlichen Geschäftsbetrieben. Der Vergleich der Einnahmen führt immer dann zu Härten, wenn die Unterschiede gering sind, so daß eine weitere Spende zu einer anderen Bewertung führen könnte. Zudem kann der Umfang einer Tätigkeit gering sein, obwohl damit hohe Einnahmen erzielt werden. Bei einem Vergleich der Ausgaben schließlich bleibt der ehrenamtliche Einsatz der Mitglieder unberücksichtigt.

Eine Abwägung nach objektiven Kriterien muß deshalb grundsätzlich ausscheiden.

(3) Als Abgrenzungskriterium könnte jedoch die Funktion einer wirtschaftlichen Tätigkeit im Gesamtgefüge der Zielsetzungen und Aktivitäten einer Körperschaft dienen. Dies bietet sich schon deshalb an, weil bei den

---

[25] Z. B. RGZ 83,231 (235): Kassenärztliche Vereinigung; RGZ 88,332 (334): Haus- und Grundbesitzerverein; RGZ 133,170 (177); OLG Stuttgart OLGZ 1970,416 (418).

[26] In Anlehnung an Knauth JZ 1978,339 (343).

[27] So Wegehenkel DB 1986,2514 (2515).

[28] In Anlehnung an Mummenhoff S. 137 ff.

[29] In Anlehnung an Heckelmann AcP 1979,1 (24).

[30] Vgl. Hemmerich S. 95.

wirtschaftlichen Tätigkeiten zwischen Zweckbetrieben, zweckergänzenden Aktivitäten und sonstigen Betätigungen unterschieden werden kann, die nur der Mittelbeschaffung dienen.

Zweckbetriebe sind schon ihrer Definition nach dazu bestimmt, den gemeinnützigen Zweck zu verwirklichen. Sie müssen zudem regelmäßig wettbewerbsneutral sein, so daß das Gebot der steuerlichen Wettbewerbsneutralität gewahrt ist. Zweckbetriebe ordnen sich daher immer unter[31], seien sie auch noch so umfangreich.

Zweckergänzende Tätigkeiten können der Verwirklichung des begünstigten Zwecks dienen, ohne Zweckbetrieb zu sein, gelegentlich der Zweckverwirklichung ausgeübt werden oder die begünstigte Tätigkeit der Körperschaft sinnvoll ergänzen. Infolge der engen Beziehung zwischen dem Vereinszweck und der wirtschaftlichen Tätigkeit kann in der Regel von einer Unterordnung ausgegangen werden.

Eine Unterordnung kann in den genannten Fällen nicht mehr angenommen werden, wenn die wirtschaftliche Betätigung ihrem äußeren Erscheinungsbild und ihrem Umfang nach ein derartiges Gewicht erhält, daß sie zum Selbstzweck wird[32]. Diese Gefahr besteht insbesondere, wenn in größerem Umfange Leistungen an Außenstehende erbracht werden. Die bloße Höhe der Einnahmen allein ist ein unzureichendes Indiz, weil die Erlöse bei gleichem Umfang der Tätigkeit unterschiedlich ausfallen können.

Daneben können auch wirtschaftliche Aktivitäten entfaltet werden, die nur dazu dienen, der Körperschaft Mittel für die Verfolgung ihrer begünstigten Zwecke zu beschaffen. Für solche Aktivitäten wird in der Literatur zum Teil angenommen, mangels einer über die Mittelbeschaffung hinausgehenden Beziehung zum Satzungszweck erlangten solche Tätigkeiten ein derartiges Eigengewicht, daß ein selbständiger Zweck anzunehmen sei[33].

Bei einem derartigen Verständnis des Merkmals „in erster Linie“ bleibt unberücksichtigt, daß das Ziel der Mittelbeschaffung bereits für eine Unterordnung unter den begünstigten Zweck sorgen kann. Auch wird die Funktion der Tätigkeit als Mittel zum Zweck[34] zu wenig beachtet. Richtig ist jedoch, daß die Unterordnung schwerer zu begründen ist, wenn zusätzliche Einnahmequellen geschaffen werden, die nicht schon aufgrund der Verwirklichung des begünstigten Zwecks vorhanden sind. Deshalb dürfen wirtschaftliche Tätigkeiten, die nur der Mittelbeschaffung dienen, ihrem Umfang nach nur von untergeordneter Bedeutung sein[35].

---

[31] Im Ergebnis Reichert/Dannecker/Kühr Rn. 2439.
[32] Im Ergebnis etwas enger Schwarz/Frotscher § 64 Rn. 5.
[33] Schwarz/Frotscher § 64 Rn. 5.
[34] Vgl. RFHE 25,103 (112).
[35] Lang StuW 1987,221 (239).

Wann sich eine wirtschaftliche Tätigkeit dem begünstigten Zweck unterordnet, ist daher anhand der Art der Betätigung zu entscheiden. Je näher sie der Zweckverwirklichung steht, desto weniger kommt es auf ihren Umfang an. Treffen mehrere Tätigkeiten unterschiedlicher Art aufeinander, entscheidet das Gesamtbild.

(4) Bei der Werbung im Sport werden regelmäßig infolge der Verwirklichung des begünstigten Zwecks bestehende Ressourcen genutzt[36]. Die Werbung erfolgt somit gelegentlich der Verfolgung begünstigter Zwecke und ordnet sich dem Sport daher regelmäßig unter. Die Gemeinnützigkeit ist erst dann gefährdet, wenn die Veranstaltungen immer wieder zu Werbezwecken unterbrochen werden, weil dann die Werbung zum Selbstzweck wird.

b) Handeln zum Vorteil der Mitglieder

Ein Verstoß gegen das Prinzip der Selbstlosigkeit liegt auch vor, wenn die Körperschaft „in erster Linie" eigenwirtschaftliche Interessen ihrer Mitglieder verfolgt. Auch insofern ist fraglich, unter welchen Voraussetzungen die Anforderungen des § 55 I HS 1 AO erfüllt sind.

aa) Speziell bei der Förderung des Sports, des Umweltschutzes, des Heimatgedankens und der Förderung von Kunst und Kultur läßt es sich kaum vermeiden, daß der einzelne aus seiner Mitgliedschaft einen Nutzen zieht. Insofern sind die Interessen der Mitglieder regelmäßig in irgendeiner Form mit dem Zweck der Körperschaft verbunden[37].

Aus diesem Grunde hat der BFH die quasi als Nebenprodukt der begünstigten Tätigkeit für die Mitglieder abfallenden Vorteile als unerheblich angesehen. Dem liegt der Gedanke zugrunde, daß kaum noch Körperschaften als gemeinnützig anerkannt werden könnten, wenn man die notwendig mit der Verfolgung begünstigter Zwecke verbundenen Vorteile für schädlich erachten würde. Der BFH kommt deshalb erst dann zur Versagung der Gemeinnützigkeit, wenn die dem selbstlosen Handeln eigene Opferwilligkeit zugunsten anderer wegfällt oder in den Hintergrund gedrängt wird und an deren Stelle in erster Linie Eigennutz tritt[38].

Angesichts der Wechselwirkungen zwischen dem Zweck der Körperschaft und den Folgen seiner Verwirklichung ist dem BFH dem Grunde nach zuzustimmen. Es bleibt jedoch offen, wann der Eigennutz in den Vordergrund tritt. Fraglich ist ferner, ob einzelne Personen materielle Vorteile ziehen dürfen, ohne die Gemeinnützigkeit der Körperschaft zu gefährden.

---

[36] Vgl. Hemmerich S. 107 f.
[37] Vgl. BFH BStBl II 1979,482 (487).
[38] BFH BStBl II 1979,482 (487).

bb) Am Merkmal der Selbstlosigkeit ist das Handeln der Körperschaft zu messen. Dies gilt auch dann, wenn es um Mitgliederinteressen geht. Von daher ist entscheidend, ob die Tätigkeit der Körperschaft darauf ausgerichtet ist, Vorteile für die Mitglieder zu erzielen. Auf die Willensrichtung einzelner Mitgliede kommt es dabei nicht an. Folglich schadet es der Körperschaft grundsätzlich nicht, wenn eine Person die Mitgliedschaft um materieller Vorteile willen erwirbt.

cc) Fraglich ist, wann die Tätigkeit einer Körperschaft den Mitgliedern zum Vorteil gereicht. Insofern könnte entscheidend sein, daß die Mehrzahl von ihnen einen materiellen Nutzen aus der Existenz der Körperschaft zieht[39].

Bei der Auslegung des § 55 I HS 1 AO muß berücksichtigt werden, daß das Merkmal „in erster Linie" wirtschaftliche Geschäftsbetriebe ermöglichen soll. Die Körperschaft soll dadurch in die Lage versetzt werden, sich zur Verwirklichung ihrer Zwecke zusätzliche Mittel zu beschaffen. Diese Zielsetzung schließt nicht ein, Vorteile für die Mitglieder zu erzielen.

Hinzu kommt, daß das Merkmal der Selbstlosigkeit stets im Zusammenhang mit dem Merkmal der Ausschließlichkeit betrachtet werden muß. Gemäß § 56 AO darf eine Körperschaft nur ihre satzungsmäßigen Zwecke verfolgen. Dies bedeutet auch, daß nur die Allgemeinheit gefördert werden darf. Die Förderung von Einzelinteressen läßt sich daher mit dem Gemeinnützigkeitsrecht nicht vereinbaren.

Im Rahmen des § 52 AO kann nicht bestimmt werden, aus welchem Grunde die Allgemeinheit gefördert wird. Vielmehr soll diese Unterscheidung nach der Systematik des Gesetzes durch das Merkmal der Selbstlosigkeit erfolgen. Dem Grunde nach wird dabei zwar auf Wertungen zurückgegriffen, die in § 56 AO anzusiedeln sind. Insofern hat der Gesetzgeber jedoch die Zuordnung zum Merkmal der Selbstlosigkeit angeordnet.

Aus den genannten Gründen reicht es für eine Verletzung des Gebotes der Selbstlosigkeit aus, wenn die Körperschaft neben ihren begünstigten Zwekken auch die eigenwirtschaftlichen Interessen nur eines Mitgliedes fördert. Die Autoren, die eigenwirtschaftliche Vorteile für mindestens die Mehrheit der Mitglieder fordern[40], legen daher einen unzutreffenden Maßstab zugrunde.

Eine schädliche Förderung von Erwerbsinteressen liegt nur dann nicht vor, wenn zur Verwirklichung begünstigter satzungsmäßiger Zwecke Mitglieder als Arbeitskräfte beschäftigt werden müssen. Gleiches gilt für eine Beschäftigung in einem wirtschaftlichen Geschäftsbetrieb der Körper-

---

[39] Vgl. Scholtz in Koch § 55 Rn. 4; v. Wallis/Steinhardt Rn. 50.
[40] Scholtz in Koch § 55 Rn. 4; v. Wallis/Steinhardt Rn. 50.

schaft. Insofern kommt wieder der Gesichtspunkt zum Tragen, daß eine Unterordnung unter den gemeinnützigen Zweck zu verzeichnen ist.

Diese Unterordnung fehlt, wenn die Mehrzahl der Mitglieder in einem Arbeitsverhältnis zur Körperschaft steht[41]. In einem solchen Fall dient die Körperschaft den Erwerbsinteressen der ihr angehörenden Personen. Der einzige Unterschied zu anderen auf Erwerb gerichteten Unternehmungen liegt dann darin, daß der Lebensunterhalt gesichert werden soll, indem ein an sich begünstigter Zweck verfolgt wird.

dd) Hinsichtlich der Förderung der Erwerbsinteressen von Sportlern durch Sportvereine haben die obigen Ausführungen zur Konsequenz, daß es darauf ankommt, ob der Satzungszweck eine Entlohnung von Sportlern gebietet. Diese Frage soll im Zusammenhang mit den Fragen der Mittelbindung erörtert werden.

B. Bindung der Mittel

In § 55 I Nr. 1-4 AO schreibt das Gesetz gemeinnützigen Körperschaften vor, wie sie ihre Mittel verwenden müssen. Für die Sportvereine sind § 55 I Nr. 1 und 3 AO am wichtigsten. Gemäß § 55 I Nr. 1 AO darf ein gemeinnütziger Sportverein seine Mittel nur für satzungsmäßige Zwecke verwenden. Ferner darf kein Mitglied Gewinnanteile oder in seiner Eigenschaft als Mitglied sonstige Zuwendungen aus Mitteln des Vereins erhalten. Gemäß § 55 I Nr. 3 AO darf der Verein keine Person durch Ausgaben, die seinem Zweck fremd sind, oder durch unverhältnismäßig hohe Vergütungen begünstigen.

Im Zusammenhang mit diesen Normen ergeben sich für Sportvereine eine Reihe von Problemen. Zum einen ist streitig, ob in diesen Vorschriften das Amateurprinzip verankert ist. Zum anderen ist problematisch, in welchem Umfange Aufwandsentschädigungen an Sportler gezahlt werden dürfen, ohne die Gemeinnützigkeit zu gefährden. Ferner ist fraglich, ob das Gemeinnützigkeitsrecht zuläßt, bei einem Vereinswechsel Ablösezahlungen zu erbringen.

I. Rechtliche Verankerung des Amateurprinzips

Es besteht weitgehende Einigkeit darüber, daß das Amateurprinzip dem Gemeinnützigkeitsrecht der Sportvereine zugrunde liegt[42]. In den Materialien zu § 67 a AO wird darauf hingewiesen, daß die gesetzliche Umschrei-

---

[41] Vgl. Bühring DStZ-A 1958,305 (306), der das Beispiel einer Theater-GmbH nennt, deren Gesellschafter Schauspieler sind und von der Gesellschaft beschäftigt werden sollen.

[42] Vgl. 5. Sportbericht, BT-Drucks. 9/1945 S. 56; Einführungserlaß zu § 52 AO Anm. 3, BStBl I 1976,576 (584); Hauber S. 19; Märkle S. 121.

bung für „bezahlter Sportler" den Abgrenzungsgrundsätzen des Sports für die Amateureigenschaft entsprechen solle[43]. Dennoch wird in jüngster Zeit vereinzelt bezweifelt, ob das Amateursportdogma haltbar ist[44].

1. Die rechtliche Herleitung des Amateurprinzips

Soweit ersichtlich, hatte erstmals der OFH im Jahre 1949 die Gelegenheit, in einem Gutachten zur rechtlichen Verankerung des Amateursportgedankens im Gemeinnützigkeitsrecht Stellung zu nehmen[45]. Damals ging es um die Frage, ob die Bezahlung von Fußballspielern nach den sportinternen Bestimmungen für Vertragsspieler die Gemeinnützigkeit entfallen läßt.

Der OFH vermochte die Zahlungen an die Sportler nicht als unverhältnismäßig hohe Vergütungen einzuordnen[46]. Aufgrund der besonderen Leistungen der Vertragsspieler sah der OFH die Zahlungen nicht als Gewinnanteile oder sonstige Zuwendungen an Mitglieder an[47]. Nach der Kernaussage des Gutachtens blieb die Gemeinnützigkeit erhalten, sofern der Sportverein das Vertragsspielerstatut einhielt[48]. Die in diesem Regelwerk festgelegten Höchstbeträge für Zuwendungen sah der OFH als unschädliche Aufwandsentschädigung an.

In der Folgezeit bestätigte der BFH die Maßgeblichkeit des jeweiligen Amateurstatuts für das Gemeinnützigkeitsrecht[49]. Deshalb werden auch heute noch Zahlungen an Amateursportler am Maßstab des § 55 I Nr. 3 AO gemessen[50].

OFH und BFH haben das Amateurprinzip demnach im heutigen § 55 I Nr. 3 AO verankert. Im Einführungserlaß zur AO hat der Bundesfinanzminister ergänzend Stellung genommen. Danach sei in der Ausübung von Berufssport keine Förderung gemeinnütziger Zwecke zu sehen, da dadurch in erster Linie eigenwirtschaftliche Interessen verfolgt würden, was sich mit dem Erfordernis der Selbstlosigkeit nicht in Einklang bringen lasse[51].

Trotz Förderung des Berufssports können Fußballbundesligavereine dennoch gemeinnützig bleiben. Insoweit schreibt Abschnitt 11 II KStR vor, daß die Lizenzspieler dem Verein nicht als Mitglieder angehören dürfen. Ob

---

[43] BT-Drucks. 10/4513 S. 14.
[44] Trzaskalik StuW 1986,219 (223).
[45] OFH RFHE 54,386 ff.
[46] OFH RFHE 54,386 (388 f).
[47] OFH RFHE 54,386 (389).
[48] OFH RFHE 54,386 (389).
[49] BFH BStBl III 1954,324 (327); BFH HFR 1966,179.
[50] Vgl. Scholtz in Koch § 55 Rn. 11; Schaeberle/Neufang Inf 1984,217 (218 mit Fn. 3).
[51] Einführungserlaß zu § 52 AO Anm. 3, BStBl I 1976,576 (584).

diese Regelung mit dem Gesetz vereinbar ist, ist indes fraglich[52] und soll in § 15 dieser Arbeit untersucht werden.

2. Kritik am Amateurprinzip im Steuerrecht

In jüngster Zeit hat Trzaskalik die Haltbarkeit des Amateursportdogmas verneint[53]. Für ihn beruht die steuerliche Förderung des Sports auf seinem Unterhaltungswert[54], der gerade dann besonders hoch sei, wenn sich bezahlte Sportler Wettkämpfe lieferten. Von daher hält er eine Differenzierung im Rahmen der Selbstlosigkeit nicht für haltbar[55].

3. Stellungnahme

Der Kritik ist zwar zuzugeben, daß es wenig überzeugend wirkt, daß sportinterne Regelungen über angemessene Vergütungen im Rahmen des § 55 I Nr. 3 AO maßgeblich sein sollen. Angesichts der Regelung des § 67 a AO, die zwischen bezahlten und nicht bezahlten Sportlern unterscheidet, kommt man nicht umhin, daß nach geltendem Recht die Höhe der Zuwendungen maßgeblich ist.

Trzaskalik spricht dem § 67 a AO jedoch die innere Schlüssigkeit ab. Er meint, aus dem Gemeinnützigkeitsrecht lasse sich das Verbot, Sportler zu bezahlen, nicht ableiten. Zur Begründung beruft er sich insbesondere auf die Möglichkeit, Künstler zu bezahlen[56].

Es ist fraglich, ob diese Ansicht mit § 55 I Nr. 1 und 3 AO vereinbar ist. Sicher ist zwar, daß die Maßgeblichkeit des Amateurstatuts nicht direkt aus diesen Bestimmungen abgeleitet werden kann. Es könnte jedoch ein dem sportinternen Amateurstatut entsprechendes gesetzliches Verbot der Bezahlung von Sportlern geben. Auf das Amateurstatut darf dann aus Vereinfachungsgründen aber nur verwiesen werden, wenn sich die Voraussetzungen des Amateurstatuts mit den gesetzlichen Anforderungen decken.

a) § 55 I Nr. 1 AO verbietet, an ein Mitglied Gewinnanteile auszuschütten oder ihm in seiner Eigenschaft als Mitglied sonstige Zuwendungen zukommen zu lassen. Dieser Vorschrift liegt das allgemeine Prinzip des Gemeinnützigkeitsrechts zugrunde, daß der begünstigte Zweck nicht entgeltlich gefördert werden darf[57]. Kein Mitglied darf deshalb dafür, daß es für die

---

[52] Vgl. Lang StuW 1987,221 (239 f).
[53] Trzaskalik StuW 1986,219 (223).
[54] Trzaskalik StuW 1986,219 (221).
[55] Trzaskalik StuW 1986,219 (223).
[56] Trzaskalik StuW 1986,219 (223).
[57] Schleder RWP SG 2.1 S. 121 (129); vgl. auch Scholtz in Koch § 55 Rn. 8; Steuertips für Vereine S. 11.

satzungsmäßigen Ziele eintritt, einen materiellen Vorteil in Form einer Entlohnung ziehen. Insofern konkretisiert § 55 I Nr. 1 AO das schon nach § 55 I HS 1 AO bestehende Verbot, eigenwirtschaftliche Interessen der Mitglieder zu fördern.

§ 55 I Nr. 1 AO steht einer Beschäftigung von Mitgliedern als Arbeitnehmer grundsätzlich nicht entgegen, da die Bezahlung für geleistete Dienste nicht in der Eigenschaft als Mitglied entgegengenommen wird[58]. Auch insoweit zieht das Gesetz mit § 55 I Nr. 3 AO Grenzen, indem es die Höhe des Entgeltes auf das angemessene Maß begrenzt. Beide Regelungen stehen nicht beziehungslos nebeneinander, sie ergänzen sich vielmehr[59]. Beide Vorschriften sollen das Gebot des uneigennützigen Handelns in bezug auf den begünstigten Zweck unterstreichen. Deshalb darf im Rahmen des § 55 I Nr. 3 AO eine angemessene Bezahlung nur für solche Tätigkeiten erfolgen, die nicht aufgrund der Mitgliedseigenschaft erwartet werden.

Die Mitgliedschaft in einem Sportverein wird zumeist erworben, um selbst Sport zu treiben. Folglich darf dafür, daß man selbst Sport treibt, grundsätzlich keine Entlohnung gefordert werden. Da der Zweck „Förderung des Sports" den Leistungssport einschließt, gilt für Leistungssportler prinzipiell nichts anderes.

Aus diesem Grunde kann Trzaskalik zumindest für die Vereinsmitglieder nicht beigepflichtet werden, daß eine Bezahlung der Sportler uneingeschränkt zulässig ist. Vielmehr ist es schon nach § 55 I HS 1 AO unzulässig, insoweit bestehende Erwerbsinteressen der Mitglieder zu fördern.

b) Auch soweit Sportler dem Verein nicht als Mitglied angehören, könnte eine Bezahlung mit dem Gebot der Selbstlosigkeit unvereinbar sein. Das Verbot, eigenwirtschaftliche Interessen der Mitglieder zu fördern, steht insoweit zwar nicht unmittelbar entgegen. Das Gesetz würde indes eine einfache Umgehungsmöglichkeit eröffnen, wenn der Verzicht auf die Mitgliedschaft[60] die Bezahlung ermöglicht.

Wie bereits im Zusammenhang mit den eigenwirtschaftlichen Interessen der Mitglieder ausgeführt, darf eine gemeinnützige Körperschaft nur begünstigte Zwecke fördern. Von daher muß sich auch die Beschäftigung von Personen mit der Voraussetzung der Ausschließlichkeit vereinbaren lassen. Das Arbeitsverhältnis darf deshalb nur der Verwirklichung satzungsmäßiger Ziele oder der Unterhaltung eines zulässigen wirtschaftlichen Geschäftsbetriebes dienen. Anderenfalls werden die für die Bezahlung erforderlichen Mittel zweckwidrig eingesetzt.

---

[58] Peter Rn. 181.

[59] Tipke/Kruse § 55 AO Rn. 4.

[60] So für die Fußballbundesliga Abschnitt 11 II KStR.

Eine Körperschaft, die die Erwerbsinteressen ihrer Mitglieder fördert, handelt nicht selbstlos. Auch soweit die Erwerbsinteressen Dritter befriedigt werden, gilt grundsätzlich, daß sich die bezweckten privaten Vorteile nicht mit dem Gebot vereinbaren lassen, ausschließlich die Allgemeinheit zu fördern. Dieses Gebot wird nur beachtet, wenn zugleich eine materielle Unterstützung besonders bedürftiger Personen erfolgt.

Einen Anhaltspunkt dafür, wann entgegen § 56 AO auch die Erwerbsinteressen Dritter gefördert werden, könnte § 55 I Nr. 1 AO liefern. Aus dieser Norm läßt sich ein Beschäftigungsverbot für Mitglieder ableiten, soweit es um Tätigkeiten geht, die von jedem Mitglied erwartet werden. Wenn aber Mitglieder nicht gegen Entgelt beschäftigt werden dürfen, muß dies auch für Außenstehende gelten, weil nach dem Satzungszweck kein Bedürfnis besteht, dann Außenstehende einzusetzen. Die Tätigkeit der Körperschaft müßte vielmehr darauf gerichtet sein, diese Personen als Mitglieder zu gewinnen.

Folglich ist die Beschäftigung Dritter dann unzulässig, wenn auch Mitglieder für die gleiche Tätigkeit nicht entlohnt werden dürfen. Jede insoweit erfolgende Bezahlung stellt eine zweckwidrige Mittelverwendung dar und ist mit der Selbstlosigkeit nicht zu vereinbaren.

Ein Sportverein darf daher auch keinen Sportler entlohnen, der ihm nicht als Mitglied angehört. Folglich geht Trzaskalik auch insoweit von unzutreffenden Voraussetzungen aus. § 67 a AO wiederholt deshalb nur, was sich bereits durch Auslegung aus § 55 I AO folgern läßt.

c) Trotz des Verbotes, Sportler gegen Entgelt zu beschäftigen, haben Rechtsprechung und Finanzverwaltung Aufwandsentschädigungen auch schon vor Einführung des § 67 a AO für mit der Selbstlosigkeit vereinbar gehalten[61]. Fraglich ist, wie diese Ausnahme mit den obigen Ausführungen in Einklang zu bringen ist.

Aufwandsentschädigungen sollen helfen, finanzielle Nachteile zu vermeiden. Im Ergebnis ist ein wirtschaftlicher Vorteil nicht bezweckt. Der Empfänger einer Aufwandsentschädigung soll vielmehr nur so gestellt werden, daß er gegenüber anderen Mitgliedern keine höheren Belastungen infolge seines Einsatzes für die begünstigten Zwecke zu tragen hat. Von daher dienen Aufwandsentschädigungen dazu, die satzungsmäßigen Zwecke zu verwirklichen. Von einer Begünstigung eigennützigen Verhaltens kann nicht die Rede sein.

Aufwandsentschädigungen werden an Spitzensportler gezahlt. Spitzensportler werden durch ihr intensives Training und häufige auswärtige Starts

---

[61] Vgl. OFH RFHE 54,386 (388); FinMin Niedersachsen v. 30.5.1975, FR 1975,352; OFD Düsseldorf v. 9.9.1976, DB 1976,2139.

stärker in Anspruch genommen als andere Mitglieder. Sie nehmen daher mehr Belastungen auf sich, als von anderen Mitgliedern eines Sportvereins erwartet werden kann. Zumal keine Pflicht zum Leistungssport besteht, rechtfertigt dieser Umstand, die durch den Leistungssport entstehenden Mehraufwendungen zu ersetzen.

Auch nach den Amateurbestimmungen ist und war es zulässig, Aufwandsentschädigungen zu leisten. Deshalb entsprechen die Amateurbestimmungen, so wie sie vor 1981 Gültigkeit hatten, dem Grunde nach den Grundsätzen, die im Gemeinnützigkeitsrecht für die Zuwendungen an Sportler gelten.

II. Aufwandsentschädigungen

Seit dem 1.1.1986 gibt es mit § 67 a AO eine Vorschrift, die ausdrücklich Aufwandsentschädigungen an Sportler erwähnt. Die Zulässigkeit solcher Leistungen ließ sich schon vorher aus den Vorschriften über die Mittelbindung ableiten. Empfänger derartiger Zahlungen waren und sind die Leistungsträger des Vereins. Ersetzt werden sollen damit Mehraufwendungen für Fahrten zum Training, Verpflegung und Sportbekleidung[62]. Auch ein etwaiger Verdienstausfall soll darunter fallen[63].

Rechtsprechung und Finanzverwaltung haben zunächst im Fußballsport[64], dann auch in anderen Disziplinen[65] auf einen Pauschbetrag zurückgegriffen. Bis zur Höhe dieses Betrages werden Zahlungen an Sportler ohne Nachweis als Aufwandsentschädigung anerkannt. Höhere Zuwendungen werden nur mit entsprechenden Nachweisen als Aufwandsentschädigung behandelt. Der Pauschbetrag wurde in der Vergangenheit mehrfach angehoben. Seit nunmehr gut 10 Jahren beträgt dieser Betrag durchschnittlich 700 DM im Monat[66]. Von Vertretern des Sports wird eine Anhebung auf 2000 DM gefordert[67]. Die SPD-Fraktion im Deutschen Bundestag hat eine Erhöhung auf 1500 DM monatlich empfohlen[68].

Sportler dürfen zwar nicht dafür bezahlt werden, daß sie Sport treiben. Wie bereits gezeigt, schließt dies jedoch nicht aus, den Athleten die Mehraufwendungen für den Leistungssport zu ersetzen. Aus Gründen der Verwaltungsvereinfachung ist prinzipiell nichts dagegen einzuwenden, einen

---

62 FG Rheinland-Pfalz EFG 1986,494.

63 OFH RFHE 54,386 (388); Peter Rn. 181; ablehnend Schleder RWP SG 2.1 S. 121 (126).

64 OFH RFHE 54,386 (388); FinMin Niedersachsen v. 30.5.1975, FR 1975,352.

65 OFD Köln v. 21.6.1976, FR 1976,407; OFD Düsseldorf v. 9.9.1976, DB 1976,2139; jetzt auch Anwendungserlaß zu § 67 a AO Anm. V 2, BStBl I 1987,664 (683).

66 Anwendungserlaß zu § 67 a AO Anm. V 2, BStBl I 1987,664 (683).

67 Vgl. BT-Drucks. 10/4513 S. 14.

68 Vgl. BT-Drucks. 10/6298 S. 9.

Pauschbetrag festzusetzen. Fraglich ist nur, ob sich der derzeitige Betrag in den Grenzen hält, die bei einem Pauschbetrag zu beachten sind.

Ein Pauschbetrag ist das verwaltungsinterne Ergebnis einer Gesetzesauslegung. Der Betrag muß daher so bemessen sein, daß sich in der überwiegenden Mehrzahl der Fälle kein anderes Ergebnis als bei einer Bewertung der tatsächlichen Zahlen ergibt. Deshalb muß sich auch der Pauschbetrag für den Aufwendungsersatz an den tatsächlichen Aufwendungen orientieren[69].

Bei der Bestimmung des Pauschbetrages hat sich die Finanzverwaltung recht großzügig gezeigt. Von daher besteht der Verdacht, daß auch Rechnungsposten einbezogen wurden, die mit Aufwendungsersatz nichts zu tun haben. Dies gilt speziell für einen etwaigen Verdienstausfall.

Für Vorstandsmitglieder gilt gemäß § 27 III BGB Auftragsrecht. Zu den gemäß § 670 BGB zu ersetzenden Aufwendungen gehört ein etwaiger Verdienstausfall nicht[70]. Dann kann für den Aufwendungsersatz anderer Vereinsmitglieder nichts anderes gelten. Die Einbeziehung von Verdienstausfall würde die Einheit der Rechtsordnung beseitigen. Zudem wäre eine Unterhaltssicherung durch solche Zuwendungen wirtschaftlich nichts anderes als eine Bezahlung des Sportlers. Verdienstausfall ist daher kein berücksichtigungsfähiger Posten bei der Bestimmung des Pauschbetrages.

Streng genommen sind auch nur echte Mehraufwendungen für Verpflegung, Unterbringung und Fahrtkosten ersatzfähig. Gleiches gilt für die Unkosten im Zusammenhang mit Wettkämpfen und Trainingslagern. Auch hinsichtlich der Wäschegelder darf nur der Mehraufwand im Vergleich zu anderen Sportlern ersetzt werden. Keinesfalls dürfen jedoch die Kosten einbezogen werden, die bereits unmittelbar vom Verein selbst getragen worden sind[71].

Ob die Finanzverwaltung die vorgenannten Einschränkungen beachtet hat, ist anhand der zugänglichen Materialien nur schwer zu beurteilen. Auffallend ist jedoch, daß seit 1949 die Pauschbeträge den Regelwerken der Fußballverbände entstammen[72]. Eine Erhöhung der sportinternen Höchstbeträge für die Zuwendungen an Amateurfußballer hatte stets zur Folge, daß die Finanzverwaltung diese Beträge wenig später übernahm[73]. Daher ist nicht ersichtlich, ob die Finanzverwaltung überprüft hat, daß es sich tatsächlich nur um Aufwendungsersatz handelte. Hinzu kommt, daß es eine nach Sportarten differenzierende Regelung nicht gibt, obwohl nicht not-

---

69 Vgl. Schleder RWP SG 2.1 S. 121 (126).

70 Palandt-Thomas § 670 Anm. 2 b; Jauernig-Vollkommer § 670 Anm. 2 a aa.

71 Vgl. Schleder RWP SG 2.1 S. 121 (126).

72 OFH RFHE 54,386 (388); BFH BStBl III 1954,324 (327); BFH HFR 1966,179; FinMin Niedersachsen v. 30.5.1975, FR 1975,352.

73 Vgl. FinMin Niedersachsen v. 30.5.1975, FR 1975,352.

wendig in allen Disziplinen gleich hohe Aufwendungen zu verzeichnen sind. Gerade der letztgenannte Gesichtspunkt sollte zum Nachdenken anregen, zumal es sportinterne Pauschbeträge gibt, die über den tatsächlich entstandenen Kosten liegen[74].

Vor diesem Hintergrund ist Schleder (Bundesfinanzministerium) zuzustimmen, daß der Betrag von durchschnittlich 700 DM im Monat derzeit die äußerste Grenze des Vertretbaren darstellt[75]. Welcher Betrag wirklich angemessen ist, kann aus eigener Sachkunde nicht bestimmt werden.

Zumal die meisten Spitzensportler Leistungen der Deutschen Sporthilfe erhalten, ist nicht ersichtlich, weshalb derzeit ein Handlungsbedarf geltend gemacht wird. Bereits heute können Aufwendungen, die 700 DM im Monat übersteigen, mit entsprechenden Nachweisen ohne steuerliche Nachteile ersetzt werden. Eine Erhöhung der Pauschale kommt nur in Betracht, wenn zur Zeit bei den Finanzämtern in der Mehrzahl der Fälle höhere Beträge nachgewiesen werden. Die bloße Entlastung einiger Vereine ist nicht ausreichend.

Angesichts der Forderung nach einer Erhöhung des Pauschbetrages auf 2 000 DM besteht der Verdacht, daß eine verschleierte Bezahlung ermöglicht werden soll[76]. Dies gilt um so mehr, als viele Vereine vor der Einführung des § 67 a AO aufgrund der Bezahlung ihrer Sportler den Voraussetzungen des Gemeinnützigkeitsrechts nicht mehr genügten. Es ist jedoch nicht die Aufgabe der Finanzverwaltung, durch einen Pauschbetrag gesetzliche Bestimmungen außer Kraft zu setzen.

III. Ablösezahlungen

Speziell im Fußball, aber auch in anderen Sportarten ist es üblich, daß bei einem Vereinswechsel der bisherige Verein vom neuen Verein des Sportlers einen Geldbetrag als Ablösezahlung verlangt. Hinsichtlich der Ablösezahlungen hat sich die Finanzverwaltung erst 1981 zur Anerkennung eines Pauschalbetrages entschließen können. Infolge der ablehnenden Haltung des Bundesfinanzministers wurde die Regelung jedoch bis 1983 nicht praktiziert[77]. Danach werden Zahlungen anläßlich des Vereinswechsels bis zu 5 000 DM nachweisfrei als Ersatz der Aufwendungen für die sportliche Ausbildung anerkannt[78]. Höhere Zahlungen dürfen ohne Gefährdung der Gemeinnützigkeit nur mit entsprechenden Nachweisen erbracht werden.

---

[74] Vgl. FG Rheinland-Pfalz EFG 1986,494.

[75] Schleder RWP SG 2.1 S. 121 (126).

[76] Tipke/Kruse § 67 a AO Rn. 3.

[77] Zur Geschichte Schleder DB 1983,2387 f unter Hinweis auf die redaktionelle Mitteilung DB 1983,1901.

[78] Anwendungserlaß zu § 67 a AO Anm. VI 1, BStBl I 1987,664 (684).

Die rechtliche Zulässigkeit von Ablösevereinbarungen ist sowohl im Amateurbereich[79] als auch im Bereich des bezahlten Sports[80] umstritten. Ungeachtet dieser Streitfrage könnte die Frage nach der gemeinnützigkeitsrechtlichen Zulässigkeit von Ablösezahlungen davon unabhängig allein anhand der Vorschriften der AO beantwortet werden.

1. Im Gemeinnützigkeitsrecht besteht weitgehende Einigkeit darüber, daß Ablösezahlungen mit den Vorschriften über die Mittelbindung nicht vereinbar sind[81]. Lediglich vereinzelt wird vertreten, Ablösezahlungen seien mit dem Zweck „Förderung des Sports" vereinbar, weil es um die Stärkung der sportlichen Leistungsfähigkeit gehe[82].

Die Vertreter dieser Meinung gehen darüber hinweg, daß bereits der Vereinswechsel ausreicht, um das erstrebte Ziel zu erreichen. Die Transferentschädigung dient vielmehr primär dazu, daß die Startberechtigung für den neuen Verein zu einem früheren Zeitpunkt erteilt wird[83]. Insofern geben vorrangig wirtschaftliche Gesichtspunkte den Anlaß für die Zahlung[84].

Hinzu kommt, daß die Erwartung, es werde eine sportliche Verstärkung eintreten, spekulativ ist. Derartige Hoffnungen haben sich in der Vergangenheit nicht selten als Trugschluß erwiesen, weil sich der Athlet verletzte oder die in ihn gesetzten Erwartungen nicht erfüllte.

Außerdem trägt regelmäßig der Verein die Ausbildungskosten, dem der Sportler gerade angehört. Dies wird besonders deutlich, wenn ein Athlet den Verein während seiner sportlichen Laufbahn nicht wechselt. Weshalb ein Verein im Falle eines Vereinswechsels eine Entschädigung dafür bekommen muß, daß er seine satzungsmäßigen Aufgaben in bezug auf den Sportler erfüllt hat, ist nicht ersichtlich. Das Vereinsrecht geht vielmehr davon aus, daß bei einem Vereinswechsel Ausgleichspflichten zwischen dem neuen und dem alten Verein nicht bestehen.

---

79 Für die Zulässigkeit OLG Karlsruhe NJW 1978,324; ablehnend Reuter NJW 1983,649 (656); Westerkamp S. 170.

80 Ablehnend, weil das berufliche Fortkommen gestört werden könnte, LAG Berlin NJW 1979,2582; Füllgraf S. 92; Westerkamp S. 145 ff; einschränkend Reuter NJW 1983,649 (654 f), der Transferentschädigungen mit unserer Rechtsordnung für vereinbar hält, soweit die Berufsausübung im Einzelfall nicht vereitelt wird (655); ein Modell zulässiger Transferentschädigungen bietet auch Buchner RdA 1982,1 (13); für die Zulässigkeit wohl BGH NJW 1976,565 (566).

81 FinMin Niedersachsen v. 21.12.1983, FR 1984,42; Klein/Orlopp § 55 Anm. 3; Schleder DB 1983,2387; Peter Rn. 180.

82 Jost in Dötsch/Eversberg/Jost/Witt § 5 Rn. 55; vgl. auch Trzaskalik StuW 1986,219 (228).

83 OLG Karlsruhe NJW 1978,324; Reuter NJW 1983,649 (655).

84 Deutlich OLG Karlsruhe NJW1978,324 : entscheidend sei, ob die Freigabe eines Amateurspielers bei wirtschaftlich vernünftiger Erwägung die Zahlung einer Ablösesumme wert sein kann.

2. Zur Begründung der zivilrechtlichen Zulässigkeit von Ablösezahlungen wird auf die Ausbildungsbereitschaft der Vereine hingewiesen[85]. Für das Gemeinnützigkeitsrecht kann daraus indes nichts gefolgert werden. Zum einen soll der Ausgleichsgedanke nur im Verhältnis Amateur-/Profiverein, nicht aber im Verhältnis zwischen Amateurvereinen gelten. Dies ist inkonsequent, weil die Ausbildungsbereitschaft auch sinken könnte, wenn begabte Sportler zu leistungsstarken Amateurvereinen wechseln. Zum anderen ist die Förderung der sportlichen Fähigkeiten junger Menschen die ureigenste Aufgabe eines Sportvereins. Von der Satzung her braucht ein Sportverein daher keinen finanziellen Anreiz, um seine Aufgaben wahrzunehmen. Dieser Gesichtspunkt zeigt deutlich, daß es letztlich unter wirtschaftlichen Gesichtspunkten darum geht, die Startberechtigung eines Sportlers zum Handelsobjekt zu machen.

3. Aus diesen Gründen verstoßen Transferentschädigungen gegen die Vorschriften über die Mittelbindung. Die Finanzverwaltung bekennt sich zwar zu diesem Grundsatz[86], doch läßt sie den Ersatz von Ausbildungskosten zu. Damit wurde nur eine rechtliche Konstruktion in das Gemeinnützigkeitsrecht übernommen, mit der versucht wurde, die Zulässigkeit von Ablösezahlungen zu begründen[87]. Die Bezeichnung als Ersatz für Ausbildungskosten ändert nichts daran, daß es sich letztlich um Ablösezahlungen handelt[88]. Dies wird besonders deutlich, wenn ein Verein die sportlichen Früchte seiner Arbeit wenigstens teilweise ernten kann, bevor es zu dem Vereinswechsel kommt.

Von daher muß die derzeitige Praxis der Finanzverwaltung als Kapitulation vor den Realitäten im Sport gewertet werden. Zahlungen anläßlich des Vereinswechsels verstoßen immer gegen die Vorschriften über die Mittelbindung. Daran kann auch eine Bezeichnung als Ersatz der Ausbildungskosten nichts ändern.

4. Scholtz hat nach der Einführung des § 67 a AO Zweifel an der Fortgeltung der Beschränkungen für Ablösezahlungen geäußert[89]. § 67 a AO hat gemeinnützigkeitsrechtlich an sich unzulässige Zahlungen jedoch nur unter den Voraussetzungen seines Satzes 3 zugelassen. Sofern Ablösezahlungen zivilrechtlich überhaupt zulässig sind, müssen die Mittel dafür aus dem wirtschaftlichen Geschäftsbetrieb „Sportveranstaltung“ stammen.

---

[85] Reuter NJW 1983,649 (654).

[86] FinMin Niedersachsen v. 21.12.1983, FR 1984,42.

[87] Vgl. Westerkamp S. 64 ff.

[88] Wochinger NWB 1986,1735 (1737) = Fach 2 S. 4655 (4656) spricht von zulässigen Ablösezahlungen; ähnliche Eingeständnisse enthält auch FinMin NRW v. 18.11.1983, DB 1983,2606 f: „Kostenerstattung“.

[89] Scholtz in Koch § 55 Rn. 7/5.

§ 12 Ausschließlichkeit

In § 56 AO wird definiert, wann das Merkmal der Ausschließlichkeit erfüllt ist. Eine Körperschaft genügt den Anforderungen der Ausschließlichkeit, wenn sie nur ihre steuerbegünstigten satzungsmäßigen Zwecke verfolgt.

A. Inhalt des Gebots der Ausschließlichkeit

§ 56 AO setzt eine Beurteilung der gesamten Tätigkeit der Körperschaft voraus. Diese Tätigkeit kann nicht aufgeteilt werden[1]. Soweit die Körperschaft mehrere Zwecke verfolgt, muß deshalb jeder von ihnen gemeinnützig sein[2].

Das Gesetz setzt beispielsweise in § 5 I Nr. 9 KStG voraus, daß eine gemeinnützige Körperschaft einen wirtschaftlichen Geschäftsbetrieb unterhalten kann. Auch Maßnahmen im Rahmen einer Vermögensverwaltung sind mit der Gemeinnützigkeit vereinbar. Deshalb ist die Formulierung des § 56 AO zu eng. Die Ausschließlichkeit muß vielmehr im Hinblick auf zulässige wirtschaftliche Betätigungen interpretiert werden. Folglich ist es mit § 56 AO vereinbar, daß eine Körperschaft einen wirtschaftlichen Geschäftsbetrieb unterhält oder ihr Vermögen verwaltet[3], soweit dem nicht § 55 I HS 1 AO entgegensteht[4]. Daher ist die Voraussetzung der Ausschließlichkeit nicht erfüllt, wenn es aufgrund wirtschaftlicher Tätigkeiten an der Selbstlosigkeit mangelt[5].

B. Ausnahmen vom Grundsatz der Ausschließlichkeit

I. Eine Ausnahme vom Grundsatz der Ausschließlichkeit ordnet § 58 Nr. 9 AO an. Diese Norm ermöglicht es einem Sportverein, dem Sport nahestehende Tätigkeiten zu fördern, sofern diese im Vergleich zur Förderung des Sports von untergeordneter Bedeutung und nicht als wirtschaftlicher Geschäftsbetrieb zu beurteilen sind.

Obwohl der heutige § 58 Nr. 9 AO geschaffen wurde, um Flugsportvereinen die Unterhaltung von Modellflugabteilungen zu ermöglichen[6], ist die Norm so allgemein gefaßt worden, daß sie auch auf andere dem Sport nahestehende Tätigkeiten anwendbar ist. Dies ist von besonderer Bedeutung für

---

1 Vgl. BFH BStBl II 1979,496 (497); Tipke/Kruse § 56 AO Rn. 1.
2 Kühn/Kutter/Hofmann § 56 AO Anm. 2; Scholtz in Koch § 56 Rn. 2.
3 v. Wallis/Steinhardt Rn. 52.
4 Vgl. Tipke/Kruse § 56 AO Rn. 1 aE.
5 Kühn/Kutter/Hofmann § 56 AO Anm. 1.
6 BT-Drucks. 8/3898 S. 8.

Sportvereine, die auf der Grundlage eines sehr weit verstandenen Sportbegriffs auch Disziplinen fördern, die als bloße Freizeitbetätigungen nicht begünstigt sind.

Aus diesem Grunde kann beispielsweise eine „Tanzsportabteilung", in der der Gesellschaftstanz gepflegt wird, die Gemeinnützigkeit des Vereins unberührt lassen. Gleiches gilt für Segelsportvereine, die nicht nur das Regattasegeln fördern.

II. Eine weitere Ausnahme vom Grundsatz der Ausschließlichkeit stellt § 58 Nr. 8 AO dar. Diese Norm bestimmt, daß eine gemeinnützige Körperschaft gesellige Zusammenkünfte veranstalten kann, sofern diese im Vergleich zu ihrer steuerbegünstigten Tätigkeit von untergeordneter Bedeutung sind.

Diese Norm trägt dem Umstand Rechnung, daß derartige Veranstaltungen der Pflege des Vereinslebens dienen, so daß auf sie praktisch nicht verzichtet werden kann.

C. Satzung und Ausschließlichkeit

Gemäß § 60 I AO müssen die Satzungszwecke und die Art ihrer Verwirklichung so genau bestimmt sein, daß aufgrund der Satzung geprüft werden kann, ob die satzungsmäßigen Voraussetzungen für die Steuervergünstigungen gegeben sind. Hinsichtlich der Anforderungen an die Satzung eines Sportvereins ergeben sich kaum Probleme, da Mustersatzungen der Finanzverwaltung existieren[7], die als Vorlage verwendet werden können. Schwierigkeiten entstehen erst, wenn aus der Satzung folgt, daß sich der Tätigkeitsbereich nicht nur auf den Sport erstrecken soll.

I. In jedem Falle schädlich ist es, wenn ein weiterer Hauptzweck ausdrücklich genannt wird, der nicht begünstigt ist. Als Beispiele sind die Förderung der Geselligkeit oder der privaten Freizeitgestaltung[8] zu nennen. Gleiches gilt, wenn sich die Förderung eines solchen Zwecks aufgrund einer Auslegung der Satzung ergibt[9].

II. Eine andere Frage ist, wie sich die Angabe von Tätigkeiten auswirkt, die nicht Hauptzweck des Vereins sind. Klein/Orlopp beispielsweise erwähnen den Fall, daß in der Satzung die Verwendung des Vereinsnamens als Werbeträger festgelegt ist[10].

Im Hinblick auf § 60 I AO wird allgemein gefordert, daß alle wesentlichen Maßnahmen, durch die der Satzungszweck gefördert werden soll, in die Sat-

[7] Anwendungserlaß zu § 60 AO Anlage 1, BStBl I 1987,664 (678); vorher schon Einführungserlaß zu § 60 AO Anlage 1, BStBl I 1976,576 (587).

[8] BFH BStBl II 1982,148 (149); FG Berlin EFG 1982,372.

[9] Zur Auslegung BFH BStBl II 1979,482 (484); 1984,844 (LS 1).

[10] Klein/Orlopp § 56 (ohne Rn.).

zung aufzunehmen sind[11]. Was wesentlich ist, kann nicht immer eindeutig beantwortet werden. Deshalb bietet es sich an, in Zweifelsfällen aus Sicherheitsgründen mehr anzugeben, als erforderlich ist. Zu den dann in der Satzung aufgeführten Maßnahmen können auch Tätigkeiten zählen, die in den Katalog des § 58 AO fallen. Das FG Berlin[12] hat jedoch in einem Urteil die Angabe von Tätigkeiten aus dem Katalog des § 58 AO als schädlich angesehen.

Dem FG Berlin ist zuzugeben, daß der Ausgangspunkt für die Lösung in § 60 I AO zu suchen ist. Angesichts des Umstandes, daß die Satzung in ihrer Gesamtheit auszulegen ist[13], geht die pauschale Verneinung der satzungsmäßigen Voraussetzungen der Gemeinnützigkeit durch das Gericht zu weit. Ergibt sich aus dem Zusammenhang, daß lediglich eine Tätigkeit beschrieben ist, die mit der Gemeinnützigkeit vereinbar ist, geht aus der Satzung hervor, daß ausschließlich begünstigte Zwecke verfolgt werden. Etwas anderes muß jedoch gelten, wenn Zweifel darüber verbleiben, ob sich der Umfang der Aktivitäten im zulässigen Rahmen halten wird[14]. So ist es als schädlich zu erachten, wenn ein Sportverein in seiner Satzung festlegt, einen wirtschaftlichen Geschäftsbetrieb unterhalten zu wollen, von dem nicht feststeht, daß er sich in den Grenzen des § 55 I AO hält.

§ 13 Unmittelbarkeit

Gemäß § 57 I 1 AO muß eine Körperschaft ihre Zwecke unmittelbar, d. h. selbst verwirklichen. In der Literatur wird zum Teil ein Verzicht auf dieses Merkmal gefordert[1]. Diese Äußerungen sind rechtspolitisch gemeint und ändern an der Existenz einer solchen Voraussetzung im geltenden Recht nichts.

A. In § 57 I 2 AO wird der Grundsatz aufgestellt, daß sich die Körperschaft Hilfspersonen bedienen darf, wenn ihr das Handeln dieser Personen wie eigenes Wirken zugerechnet werden kann. Diese Regelung ist schon in Hinblick auf den Rechtscharakter vieler Körperschaften erforderlich, die als juristische Personen nur durch ihre Organe und durch Hilfspersonen handlungsfähig sind.

B. Für Sportvereine verursacht das Merkmal der Unmittelbarkeit regelmäßig keine Probleme. Fraglich ist nur, ob die Überlassung von Sportanla-

---

[11] Scholtz in Koch § 59 Rn. 5 mwN.

[12] EFG 1985,146.

[13] BFH BStBl II 1979,482 (484); 1984,844 (LS 1).

[14] Vgl. v. Wallis/Steinhardt Rn. 56; Scholtz in Koch § 59 Rn. 5/1 aE geht auf diese Konstellation nicht ein.

[1] So Fricke S. 73, der eine Gesetzesänderung empfiehlt; zustimmend Tipke/Kruse § 57 AO Rn. 1; Tipke FR 1970,412 (413 sub 2).

gen eine mittelbare oder unmittelbare Förderung des Sports darstellt. Dies ist in Hinblick auf § 58 Nr. 4 AO von Bedeutung, weil gefordert wird, die Körperschaft müsse die gemeinnützigen Zwecke ausschließlich unmittelbar fördern[2].

I. § 58 Nr. 4 AO bestimmt, daß die Überlassung von Räumen an eine andere steuerbegünstigte Körperschaft für deren steuerbegünstigte Zwecke nicht gemeinnützigkeitsschädlich ist. Auch Sportanlagen sollen unter diese Norm fallen[3]. Wenn dies zutrifft, müßte jede Überlassung von Sportanlagen an eine Körperschaft lediglich eine mittelbare Förderung des Sports darstellen. Dann aber besteht die Gefahr, daß ein Sportverein in den Fällen, in denen die Voraussetzungen des § 58 Nr. 4 AO nicht vorliegen, seine Gemeinnützigkeit verliert.

II. Die Regelung des § 58 Nr. 4 AO geht auf die Rechtsprechung des RFH zurück. Der RFH hatte eine Körperschaft, die einem gemeinnützigen Verein ein Vereinsheim zur Verfügung stellte, mangels unmittelbaren Wirkens nicht als gemeinnützig anerkannt[4]. In einem vergleichbaren Fall, der die Überlassung einer Lotseneinrichtung an das Reich betraf, wurde ebenso entschieden[5].

Diesen Entscheidungen ist gemeinsam, daß die Unterstützung der Arbeit einer anderen Körperschaft nicht als ausreichend angesehen wurden. Diese Wertung entspricht der des § 57 I 1 AO, der fordert, daß die Körperschaft selbst auf die Verwirklichung der begünstigten Zwecke hinarbeiten muß. Sorgt ein anderer dafür, daß ein solcher Zweck verwirklicht wird, bedarf es einer Zurechnungsmöglichkeit, um die Unmittelbarkeit bejahen zu können.

III. Im Bereich des Sports gibt es zwei Möglichkeiten, diesen Zweck zu verwirklichen. Zum einen können Sportanlagen zur individuellen Benutzung überlassen werden. Jeder Benutzer muß dann seine sportliche Betätigung selbst gestalten. Zum anderen können Sportanlagen bereitgehalten und zusätzlich Anleitungen gegeben werden, welche sportlichen Übungen absolviert werden sollten. Die Sportvereine fördern den Sport regelmäßig im Sinne der letztgenannten Möglichkeit.

Die fachliche Anleitung ist der einzige Unterschied zwischen den Alternativen. Eine solche Anleitung ist aber nicht zwingend erforderlich, damit Sport getrieben wird. Vielmehr gestalten auch in Sportvereinen Mitglieder ihre sportlichen Aktivitäten oftmals selbst[6]. Deshalb ist es für eine unmittel-

---

[2] Riewald in Becker/Riewald/Koch § 17 StAnpG Anm. 6 (12); Tipke/Kruse § 58 AO Rn. 5.

[3] Einführungserlaß zu § 58 AO Anm. 4, BStBl I 1976,576 (585); Tipke/Kruse § 58 AO Rn. 5.

[4] RFH RStBl 1930,632; vgl. auch Fricke S. 27.

[5] RFH RStBl 1939,921 (922 f).

[6] Vgl. FG Rheinland-Pfalz EFG 1979,206 (für den Golfsport).

bare Förderung des Sports als ausreichend anzusehen, wenn lediglich Sportanlagen zur Verfügung gestellt werden[7].

Wenn insoweit bereits eine unmittelbare Förderung des Sports vorliegt, kann es auf die Person, die die Anlage nutzt, nicht ankommen. Entscheidend ist vielmehr, daß die Körperschaft eine für einen bestimmten Zweck hergerichtete Sache zur Verfügung stellt. Dies gilt um so mehr, als streng genommen auch bei einer Überlassung an eine natürliche Person nur ein begrenzter Einfluß auf die tatsächliche Gestaltung des Sportbetriebes auf der Anlage besteht.

Einer Einbeziehung der Sportanlagen in § 58 Nr. 4 AO bedarf es daher nicht.

§ 14 Die Auswirkungen des § 67 a AO auf die Voraussetzungen des Gemeinnützigkeitsrechts

§ 67 a S. 1 AO bestimmt, unter welchen Voraussetzungen die sportlichen Veranstaltungen eines gemeinnützigen Sportvereins als Zweckbetriebe zu behandeln sind. Maßgeblich dafür ist, daß einerseits keine bezahlten Sportler des Vereins teilnehmen und der Verein andererseits keine über eine Aufwandsentschädigung hinausgehenden Zahlungen an vereinsfremde Sportler zahlt oder eine solche Zuwendung durch Dritte veranlaßt.

Nach § 67 a S. 3 AO bleibt einem Verein die Gemeinnützigkeit auch dann erhalten, wenn er bezahlte Sportler einsetzt. Voraussetzung ist jedoch, daß die Zuwendungen aus Mitteln des wirtschaftlichen Geschäftsbetriebes „Sportveranstaltung" oder von Dritten stammen.

§ 67 a AO setzt daher voraus, daß Sportvereine entgegen § 55 I AO Sportler bezahlen und deren Erwerbsinteressen fördern können. Insoweit wird deshalb eine Ausnahme vom Grundsatz der Selbstlosigkeit zugelassen[1].

Der systematische Standort dieser Ausnahmeregelung bei den Bestimmungen über Zweckbetriebe muß als verfehlt angesehen werden. Ausnahmen von tragenden Prinzipien des Gemeinnützigkeitsrechts ordnet das Gesetz ansonsten in § 58 AO an. Dort hätten die Ausnahmen vom Grundsatz der Selbstlosigkeit systematisch korrekt verankert werden müssen.

§ 67 a AO bestimmt nicht, in welchem Umfange der bezahlte Sport gefördert werden darf. In der Literatur findet sich jedoch der Hinweis, die Norm solle die teilweise Förderung des bezahlten Sports ermöglichen[2]. Von daher

---

[7] Im Ergebnis FG Baden-Württemberg EFG 1984,627.

[1] Peter Rn. 181.

[2] Vgl. Domann DB 1986,611 (612); Schleder RWP SG 2.1 S. 121 (126).

ist fraglich, welchen Umfang die Freistellung von der Voraussetzung der Selbstlosigkeit hat.

A. Ausnahmen von der Mittelbindung

Die Verknüpfung der Ausnahmeregel mit Bestimmungen über sportliche Veranstaltungen erweckt den Anschein, als sei die Durchbrechung des Prinzips der Selbstlosigkeit nur im Zusammenhang mit solchen Veranstaltungen möglich. Eine derartige Beschränkung ist jedoch schon aus tatsächlichen Gründen nicht möglich. Jede Sportveranstaltung setzt ein darauf vorbereitendes Training voraus. Wenn ein Verein seine bezahlten Sportler bei Wettkämpfen ohne Gefährdung der Gemeinnützigkeit einsetzen kann, muß er auch das erforderliche Training durchführen dürfen.

Das Training verursacht regelmäßig Kosten, die der Verein trägt. Ob § 67 a S. 3 AO auch ermöglichen soll, die Trainingskosten mit Mitteln zu bestreiten, die nicht aus einem wirtschaftlichen Geschäftsbetrieb „Sportveranstaltung“ stammen, ist fraglich. Dem Grunde nach soll § 67 a S. 3 AO verhindern, daß zweckgebundene Vereinsmittel für Zwecke des bezahlten Sports eingesetzt werden. Dann aber dürften nur solche Vereine den bezahlten Sport fördern, die regelmäßig Einnahmen aus Sportveranstaltungen mit bezahlten Sportlern haben.

Diese Konsequenz ist mit Sinn und Zweck des § 67 a AO, der die Vereine als Träger des Breiten- und des Spitzensports erhalten soll[3], nicht vereinbar. Spitzensportler haben heute oftmals Ausrüsterverträge oder erzielen auf andere Art Einnahmen. Die Grundlage für derartige Erwerbsmöglichkeiten schafft der Verein, der die sportlichen Fähigkeiten eines Athleten fördert.

Erwerbsmöglichkeiten ergeben sich nicht zwangsläufig aus der Förderung des Sports, weil ein Athlet zunächst hinreichend bekannt sein muß, um den Entschluß fassen zu können, aus seiner Popularität Kapital zu schlagen. Deshalb handelt es sich bei den Erwerbschanchen um wirtschaftliche Vorteile, die im Rahmen der Selbstlosigkeit zu berücksichtigen sind. Die Tatsache, daß der Sportler nur seine Bekanntheit nutzt, steht dem nicht entgegen, weil der Verein die Grundlage schafft, auf der die Erwerbsmöglichkeit beruht[4]. Aufgrund der Förderung von Erwerbsmöglichkeiten handelt der Verein daher nicht mehr ausschließlich selbstlos.

Die Förderung des Sports soll nach dem Willen des Gesetzgebers aber weiterhin gemeinnützig sein. Folglich ist es unschädlich, daß auch die mit dem Sport zusammenhängenden Erwerbsmöglichkeiten gefördert werden.

---

[3] BT-Drucks. 10/4513 S. 14.

[4] Vgl. Neufang/Schaeberle/Karg S. 63.

Dann aber darf nicht danach unterschieden werden, ob zweckgebundene Vereinsmittel zur Förderung des Spitzen- oder des Breitensports eingesetzt werden. Vielmehr sollen gerade auch Spitzensportlern Trainingsmöglichkeiten geboten werden können.

§ 67 a S. 3 AO bestimmt deshalb nur, daß Zuwendungen an Athleten nicht aus zweckgebundenen Mitteln finanziert werden dürfen.

B. Umfang der Freistellung vom Grundsatz der Selbstlosigkeit im Sinne des § 55 I HS 1 AO

In welchem Umfange sportliche Veranstaltungen, die als wirtschaftliche Geschäftsbetriebe zu behandeln sind, durchgeführt werden dürfen, bestimmt § 67 a AO nicht. Von daher ist fraglich, ob Sportvereine insofern Beschränkungen unterliegen.

I. Das primäre Ziel des § 67 a AO ist es, den Sportvereinen, die entgegen den Vorschriften über die Mittelbindung ihre Sportler bezahlt haben, die Gemeinnützigkeit zu erhalten. Eine Freistellung auch vom Verbot, in erster Linie eigenwirtschaftliche Zwecke zu verfolgen, ist in diesem Zusammenhang nicht notwendig. Dies gilt um so mehr, als ein Sportverein auch andere wirtschaftliche Aktivitäten entfalten kann, die sich nicht als sportliche Veranstaltung darstellen.

Von daher ist § 67 a AO als eine Ausnahmevorschrift anzusehen, die nur die Verstöße gegen das Prinzip der Selbstlosigkeit freistellen soll, die sich aus der Förderung des bezahlten Sports ergeben. Dagegen bezweckt § 67 a AO nicht, die Sportvereine von den Vorschriften über die wirtschaftliche Betätigung gemeinnütziger Körperschaften zu befreien. Vielmehr dürfen Sportvereine, wie andere gemeinnützige Körperschaften auch, weiterhin nicht in erster Linie eigenwirtschaftliche Zwecke fördern.

II. Aus diesem Grunde läuft ein Sportverein auch nach Einführung des § 67 a AO Gefahr, die Gemeinnützigkeit zu verlieren, wenn seine wirtschaftlichen Aktivitäten ein derartiges Gewicht erlangen, daß sie wenigstens gleichrangig neben die Förderung des Sports treten. Schädlich ist auch, wenn der Sport für die Mehrheit der geförderten Athleten eine Erwerbsquelle darstellt. Von daher kann beispielsweise ein Verein, der nur den bezahlten Sport fördert, nicht gemeinnützig sein.

III. Die Autoren[5], die in § 67 a AO eine Norm sehen, die die teilweise Förderung des bezahlten Sports ermöglichen soll, berücksichtigen deshalb, daß § 55 I HS 1 AO auch für Sportvereine weiterhin gilt.

---

[5] Domann DB 1986,611 (612); Schleder RWP SG 2.1 S. 121 (126).

§ 15 Das Sonderrecht der Fußballbundesligavereine

Für die Vereine der 1. und 2. Fußballbundesliga enthält Abschnitt 11 KStR eine ausführliche Sonderregelung[1]. Danach bleibt ihnen die Gemeinnützigkeit erhalten, wenn die Lizenzspieler dem Verein nicht als Mitglieder angehören. Dafür sind jedoch sämtliche sportlichen Veranstaltungen eines Fußballbundesligavereins als wirtschaftliche Geschäftsbetriebe zu behandeln, auch wenn es sich nicht um Fußballspiele handelt.

In der AO fehlen entsprechende Vorschriften. Lediglich die Fußballveranstaltungen unter Einsatz von Lizenzspielern nach dem Bundesligastatut sind in § 67 a S. 1 AO ausdrücklich aus dem Anwendungsbereich der Norm ausgenommen. Bei den Fußballbundesligavereinen wird allgemein angenommen, daß die Voraussetzungen der §§ 52 ff AO nicht mehr in vollem Umfange vorliegen[2]. Vor diesem Hintergrund verwundert es, daß eine Regelung auf der Ebene von Verwaltungsanweisungen getroffen worden ist. Bei Gesetzesdurchbrechungen wäre vielmehr von der Rangfolge der Normen her eine ausdrückliche Regelung in Gesetzesform zu erwarten gewesen.

A. Durchbrechung von Prinzipien

Bei den Vereinen der Fußballbundesligen bestehen Bedenken, ob die Voraussetzung der Selbstlosigkeit gewahrt ist.

I. Fußballbundesligavereine könnten in erster Linie eigenwirtschaftliche Interessen verfolgen, weil sie im Rahmen des Spielbetriebes erhebliche wirtschaftliche Aktivitäten entfalten. Aus diesem Grunde wird ihnen in der zivilrechtlichen Literatur verschiedentlich die Berechtigung abgesprochen, sich weiterhin als e. V. zu organisieren[3].

Für das Steuerrecht ist entscheidend, ob sich die wirtschaftlichen Tätigkeiten dem begünstigten Zweck unterordnen[4]. Insofern muß davon ausgegangen werden, daß die Fußballveranstaltungen der Vereine, bei denen die Bundesligamannschaft eingesetzt wird, Abschnitt 11 KStR entsprechend als wirtschaftliche Geschäftsbetriebe einzuordnen sind. Angesichts der Vielzahl der Pflicht- und Freundschaftsspiele, bei denen primär die Mittel für die Bundesligamannschaft eingespielt werden sollen, kann von einer Unterordnung im Regelfalle nicht mehr gesprochen werden. Vielmehr muß die 1. Fußballmannschaft regelmäßig als eine verselbständigte Einheit angesehen

---

[1] Erstmals Abschnitt 13 a KStR 1965, BStBl I 303 (309).
[2] Hauber S. 63 f; Lang StuW 1987,221 (239).
[3] So mit unterschiedlicher Begründung Hemmerich S. 109; Knauth JZ 1978,339 (343).
[4] S. o. § 11 A III 2 a aa.

werden, so daß sich auch die damit verbundenen wirtschaftlichen Aktivitäten verselbständigen. Deshalb werden in erster Linie eigenwirtschaftliche Zwecke verfolgt.

II. Die Bedenken könnten sich unabhängig davon darauf stützen, daß die Bundesligavereine ihre Lizenzspieler entlohnen. Eine Entlohnung von Sportlern ist mit dem Merkmal der Selbstlosigkeit nicht zu vereinbaren. Dennoch scheinen Finanzverwaltung und Teile der Literatur[5] davon auszugehen, ein Verstoß gegen die Vorschriften über die Mittelbindung lasse sich vermeiden, wenn die Lizenzspieler dem Verein nicht als Mitglieder angehören, wie es Abschnitt 11 II 2 KStR vorschreibt.

Wie bereits oben[6] gezeigt, entbehrt diese Annahme jeder Grundlage. Vielmehr führen auch Zahlungen an Personen, die nicht Mitglieder sind, zu einem Verstoß gegen die Voraussetzung der Selbstlosigkeit. Dies hat der Gesetzgeber inzwischen in § 67 a S. 1 Nr. 2 AO klargestellt.

B. Die gesetzliche Verankerung der Durchbrechungen

Die Fußballbundesligavereine erfüllen die Voraussetzungen des Gemeinnützigkeitsrechts nicht. Eine Unterscheidung danach, ob diese Voraussetzungen nicht mehr oder nicht mehr in vollem Umfange vorliegen[7], ist dem Gesetz fremd. Vielmehr ist aus § 58 AO zu folgern, daß nur in den dort beschriebenen Fällen keine gemeinnützigkeitsschädliche Betätigung vorliegt. Eine Vorschrift, die auf Fußballbundesligavereine paßt, enthält der Katalog des § 58 AO nicht. Deshalb wäre die an sich gebotene Konsequenz, diesen Vereinen die Gemeinnützigkeit zu versagen.

I. Diese Rechtsfolge lehnte der Abgeordnete Dr. Schäuble als Redner der Opposition bei den Beratungen der AO ’77 im Deutschen Bundestag ab. Ein Verein mit unzähligen Abteilungen dürfe nicht deshalb die Gemeinnützigkeit verlieren, weil seine erste Fußballmannschaft den Aufstieg in die 2. Bundesliga geschafft habe[8]. Deshalb wurde zunächst in § 68 Nr. 7 b AO a. F., dann in § 67 a S. 1 AO eine Besitzstandsklausel[9] verankert, mit der die Gemeinnützigkeit der Fußballbundesligavereine gewahrt werden sollte[10].

II. Bei der Besitzstandsklausel handelt es sich um das negative Abgrenzungsmerkmal „der keine Fußballveranstaltungen unter Einsatz seiner

---

[5] Hauber S. 63 f.
[6] S. o. § 11 B I 3 b.
[7] Hauber S. 63 f.
[8] Vgl. Sitzung v. 27.11.1975, Sten. Ber. BT Band 95, S. 14036 A.
[9] BT-Drucks. 10/4513 S. 14.
[10] So der Abgeordnete Dr. Schäuble (CDU/CSU) in der Sitzung des Deutschen Bundestages v. 27.11.1975, Sten. Ber. BT Band 95, S. 14035 D.

Lizenzspieler nach dem Bundesligastatut des Deutschen Fußballbundes e. V. durchführt" bei der Bestimmung der Zweckbetriebseigenschaft von sportlichen Veranstaltungen in beiden Normen. Der ausdrückliche Hinweis, den Fußballbundesligavereinen solle die Gemeinnützigkeit erhalten bleiben, fehlt. Ebensowenig wird klargestellt, daß es sich bei den ausgegrenzten Veranstaltungen um wirtschaftliche Geschäftsbetriebe handeln soll. Von daher könnte man meinen, eine hinreichende gesetzliche Verankerung der Gemeinnützigkeit von Fußballbundesligavereinen fehle.

III. Die Ausgrenzung der genannten Fußballveranstaltungen ergibt jedoch nur einen Sinn, wenn die Fußballbundesligavereine gemeinnützig sind. Anderenfalls wäre das Abgrenzungsmerkmal überflüssig. Deshalb kann aufgrund der gesetzlichen Regelung der Schluß gezogen werden, daß das negative Abgrenzungsmerkmal dazu dient, die Gemeinnützigkeit der Fußballbundesligavereine und die Behandlung ihrer Fußballveranstaltungen als wirtschaftliche Geschäftsbetriebe festzuschreiben.

IV. Aus den genannten Gründen wiederholt Abschnitt 11 KStR nur die Rechtslage nach der AO. Eine Durchbrechung gesetzlicher Vorschriften auf der Ebene von Verwaltungsvorschriften findet nicht statt.

Gesetzgebungstechnisch muß diese Lösung als verfehlt angesehen werden. Zum einen kommt das gesetzgeberische Ziel nur sehr versteckt zum Ausdruck. Zum anderen sind die Ausnahmen von tragenden Grundsätzen des Gemeinnützigkeitsrechts ansonsten in § 58 AO geregelt. Diese Norm, die im Anschluß an die gesetzlichen Voraussetzungen steht, wäre der systematisch richtige Standort für eine Ausnahmeregelung.

§ 16 Die Zuordnung wirtschaftlicher Aktivitäten als Folge der Gemeinnützigkeit

Erfüllt eine Körperschaft die Voraussetzungen des Gemeinnützigkeitsrechts, sind ihre wirtschaftlichen Aktivitäten entweder als Vermögensverwaltung oder als wirtschaftlicher Geschäftsbetrieb einzuordnen. Unter bestimmten Bedingungen ist ein wirtschaftlicher Geschäftsbetrieb aber als Zweckbetrieb zu behandeln. Steuerpflichtig ist ein gemeinnütziger Sportverein nur mit den Einkünften, die er in einem wirtschaftlichen Geschäftsbetrieb erzielt.

A. Grundbegriffe

Für die steuerrechtlichen Folgen ist entscheidend, welchem der drei Begriffe eine Tätigkeit zuzuordnen ist.

I. Vermögensverwaltung

Der Begriff der Vermögensverwaltung ist in § 14 S. 3 AO nur beispielhaft definiert. Danach liegt eine Vermögensverwaltung in der Regel vor, wenn Vermögen genutzt, zum Beispiel Kapitalvermögen verzinslich angelegt oder unbewegliches Vermögen vermietet oder verpachtet wird.

Von diesen Beispielen ausgehend läßt sich der Begriff allgemein definieren. Eine Vermögensverwaltung liegt vor, wenn sich die Betätigung noch als Nutzung von Vermögen im Sinne einer Fruchtziehung aus zu erhaltenden Substanzwerten darstellt und die Ausnutzung substantieller Vermögenswerte durch Umschichtung nicht entscheidend in den Vordergrund tritt[1].

Die in § 14 S. 3 AO genannten Beispiele lassen sich den Einkünften aus Kapitalvermögen im Sinne von § 20 EStG und denen aus Vermietung und Verpachtung im Sinne von § 21 EStG zuordnen.

Kann eine Tätigkeit als Vermögensverwaltung eingeordnet werden, sind die daraus fließenden Einnahmen nicht zu versteuern. Insofern wirkt sich die Tatsache aus, daß gemeinnützige Körperschaften nur insoweit steuerpflichtig sind, als sie einen wirtschaftlichen Geschäftsbetrieb unterhalten.

II. Wirtschaftlicher Geschäftsbetrieb

1. Der Gegenbegriff zur Vermögensverwaltung ist der des wirtschaftlichen Geschäftsbetriebes. Die Definition dieses Begriffes ist dem § 14 S. 1 AO zu entnehmen. Danach ist ein wirtschaftlicher Geschäftsbetrieb eine selbständige, nachhaltige Tätigkeit, durch die Einnahmen oder andere wirtschaftliche Vorteile erzielt werden und die über den Rahmen einer Vermögensverwaltung hinausgeht.

Bei der Abgrenzung ist wiederum ein enger Zusammenhang mit den Einkunftsarten des EStG festzustellen. Die AO geht wie das EStG davon aus, daß die Kapitalanlage sowie die Vermietung und Verpachtung unbeweglichen Vermögens nicht in jedem Falle Vermögensverwaltung sein müssen. Deshalb ist ein Rückgriff auf die Abgrenzungskriterien zwischen den §§ 20, 21 EStG einerseits und § 15 EStG andererseits möglich[2].

Fällt eine Tätigkeit unter § 14 S. 1 AO, sind die dabei erzielten Einkünfte steuerpflichtig, sofern eine Beurteilung der Tätigkeit als Zweckbetrieb ausscheidet.

---

[1] Abschnitt 137 Abs. 1 S. 2 EStR; BFH BStBl II 1972,360; 1973,260; 1980,389 (391); 1982,700 (703); Spanner in Hübschmann/Hepp/Spitaler § 14 AO Rn. 10; Tipke/Kruse § 14 AO Rn. 8; Scholtz in Koch § 14 Rn. 14/1.

[2] BFH BStBl III 1958,96 (97); Hönik-Schreiner/Viehbeck Rn. 117; Hauber S. 25; wohl auch Kühn/Kutter/Hofmann § 14 AO Anm. 3.

2. Soweit die Einkünfte steuerpflichtig sind, bedeutet dies noch nicht, daß tatsächlich Steuern gezahlt werden müssen. Vielmehr wird kleineren Körperschaften gemäß § 24 I 1 KStG ein Freibetrag von 5000 DM, höchstens jedoch in Höhe des Einkommens, gewährt, wenn das Einkommen nicht über 10000 DM liegt. Liegt das Einkommen zwischen 10000 und 20000 DM, verringert sich der Freibetrag um die Hälfte des 10000 DM übersteigenden Betrages. Auch bei der Gewerbesteuer gilt gemäß § 11 V GewStG, daß ein Steuermeßbetrag nicht festgesetzt wird, wenn der Gewerbeertrag 5000 DM nicht übersteigt.

3. Bei der Ermittlung des Einkommens einer gemeinnützigen Körperschaft, die mehrere wirtschaftliche Geschäftsbetriebe unterhält, dürfen Überschüsse und Verluste aus diesen Tätigkeiten verrechnet werden[3]. Insofern wirkt sich aus, daß nicht der einzelne wirtschaftliche Geschäftsbetrieb, sondern die Körperschaft mit ihrem Einkommen steuerpflichtig ist.

III. Zweckbetrieb

Ein Zweckbetrieb ist ein wirtschaftlicher Geschäftsbetrieb, bei dem grundsätzlich die drei Voraussetzungen des § 65 AO kumulativ vorliegen müssen. In den §§ 67, 67 a, 68 AO hat der Gesetzgeber spezielle Zweckbetriebe geregelt. In diesen Vorschriften sind zum Teil weitergehende Regelungen getroffen worden.

1. Gemäß § 65 Nr. 1 AO muß der wirtschaftliche Geschäftsbetrieb in seiner Gesamtrichtung dazu dienen, die steuerbegünstigten satzungsmäßigen Zwecke der Körperschaft zu verwirklichen. Von daher handelt es sich bei den Zweckbetrieben um Zweckverwirklichungsbetriebe.

2. Gemäß § 65 Nr. 2 AO ist erforderlich, daß die satzungsmäßigen Zwecke nur durch einen solchen Geschäftsbetrieb erreicht werden können. Diese Voraussetzung ist erfüllt, wenn die zu beurteilende wirtschaftliche Betätigung als das unentbehrliche und einzige Mittel zur Erreichung des steuerbegünstigten Zwecks anzusehen ist[4]. Dem entspricht die ebenfalls gebräuchliche Umschreibung, daß der Betrieb zwingend erforderlich sein müsse[5].

3. Für einen Zweckbetrieb ist gemäß § 65 Nr. 3 AO ferner erforderlich, daß der wirtschaftliche Geschäftsbetrieb zu nicht begünstigten Betrieben derselben oder ähnlicher Art nicht in größerem Umfang in Wettbewerb tritt, als es bei Erfüllung der steuerbegünstigten Zwecke unvermeidbar ist.

a) Die letztgenannte Voraussetzung bringt in besonderem Maße zum Ausdruck, daß es dem Gesetzgeber um die Wahrung der steuerlichen Wettbe-

---

[3] Tipke/Kruse § 64 AO Rn. 3.
[4] BFH HFR 1987,420 mwN.
[5] BFH BStBl III 1962,73.

werbsneutralität geht. Das Gemeinnützigkeitsrecht hat nicht die Aufgabe, wirtschaftliche Betätigungen steuerlich zu fördern. Vielmehr soll nur die Verwirklichung begünstigter Zwecke steuerlich unterstützt werden.

Bei der Auslegung des § 65 Nr. 3 AO ist von besonderer Bedeutung, daß jede Steuervergünstigung die Berufsausübung beeinflussen und daher andere Gewerbetreibende in ihrem Grundrecht aus Art. 12 I GG verletzen kann. Zumal der Grundsatz der steuerlichen Wettbewerbsneutralität in § 65 Nr. 3 AO verwirklicht ist, sind die Schranken des Art. 12 I GG bei der Auslegung der Norm zu beachten. Deshalb läßt § 65 Nr. 3 AO nur solche Konkurrenztätigkeiten gemeinnütziger Körperschaften zu, die aus Gründen des Gemeinwohls gerechtfertigt sind und die Wettbewerber nicht unzumutbar beeinträchtigen[6]. Von daher muß der von der gemeinnützigen Körperschaft ausgehende Wettbewerb unerheblich sein[7].

b) Hinsichtlich der Wettbewerbsverhältnisse kann schon aus tatsächlichen Gründen eine unmittelbare Nachbarschaft eines Mitbewerbers nicht gefordert werden. Das Erfordernis einer realen Konkurrenz durch einen Betrieb im Einzugsbereich des Betriebes der gemeinnützigen Körperschaft würde nicht nur Abgrenzungsfragen nach sich ziehen. Vielmehr besteht dann auch die Gefahr einer regional unterschiedlichen Besteuerung. Ein solches Ergebnis ist aus Gründen der Gleichmäßigkeit der Besteuerung abzulehnen, so daß es ausreicht, daß abstrakter Wettbewerb möglich ist[8].

4. Liegen die Voraussetzungen des § 65 AO vor, sind die in dem Zweckbetrieb erzielten Einnahmen nicht zu versteuern. Für die im Rahmen des Betriebes erbrachten Leistungen gilt, daß sie gemäß § 12 II Nr. 8 UStG dem auf die Hälfte ermäßigten Umsatzsteuersatz unterliegen. Gleiches gilt, wenn ein in den §§ 67, 67 a, 68 AO gesondert geregelter Zweckbetrieb vorliegt.

B. Zuordnung von Werbemaßnahmen

Werbemaßnahmen von Sportvereinen sind mit dem geltenden Gemeinnützigkeitsrecht grundsätzlich vereinbar[9]. Die Schwierigkeit besteht jedoch darin, wie solche Einnahmen steuerlich zu erfassen sind.

I. Die Entwicklung der heutigen Positionen

Die steuerliche Behandlung der Werbeeinnahmen hat in den letzten Jahren eine wechselvolle Entwicklung durchlaufen. Noch Anfang der 70er

[6] Tipke/Kruse § 65 AO Rn. 4.
[7] Vgl. BFH BStBl III 1961,109 (111); Scholtz in Koch § 65 Rn. 9.
[8] Vgl. Rader BB 1979,1192; Kalmes UR 1986,198 (200 f).
[9] S. o. § 11 A III 2 a bb (4).

Jahre vertrat die Finanzverwaltung die Auffassung, Einkünfte aus Bandenwerbung seien den sportlichen Veranstaltungen eines Sportvereins im Sinne von § 9 I Nr. 10 GemV zuzurechnen[10].

Mit der Einführung der Trikotwerbung in der Fußballbundesliga ab 1973[11] setzte in der Finanzverwaltung ein Prozeß der Umorientierung ein. Daraufhin erging im Mai 1974 ein koordinierter Ländererlaß, in dem Banden- und Trikotwerbung als wirtschaftliche Geschäftsbetriebe eingestuft wurden[12].

Inzwischen hat die Finanzverwaltung eine erneute Änderung ihrer Rechtsauffassung vollzogen. Zwar wird daran festgehalten, daß Trikotwerbung und ähnliche Werbeformen stets als wirtschaftlicher Geschäftsbetrieb zu behandeln sind[13]. Jedoch wird die Übertragung der Werberechte an der Bande und die des Rechts zur Benutzung der Lautsprecheranlage zu Werbezwecken als Vermögensverwaltung anerkannt, sofern dem Pächter dieser Rechte ein angemessener Gewinn verbleibt[14]. Nach den bisherigen Erfahrungen muß der angemessene Gewinn mindestens 10 v.H. betragen[15]. Auf diese Voraussetzung wird Wert gelegt, um Gefälligkeitsverträgen vorzubeugen.

In einem neuen Urteil hat das Saarländische Finanzgericht[16] ausgeführt, die Vergabe der Bande an einzelne werbende Unternehmen durch einen Tennisclub sei Vermögensverwaltung. In dieser Entscheidung kommt das Finanzgericht zu Ergebnissen, die sich mit denen der Finanzverwaltung nicht decken. Von daher ist fraglich, ob demnächst eine erneute Umorientierung der Finanzverwaltung bei der steuerlichen Behandlung von Werbeeinnahmen zu erwarten ist.

Der BFH beurteilte 1967 die Verpachtung des Anzeigengeschäfts in einer Vereinszeitung als Vermögensverwaltung[17]. Seitdem behandelt auch die Finanzverwaltung die Vergabe der Werberechte in einer Vereinszeitung als Vermögensverwaltung[18].

---

[10] FinMin NRW v. 10.4.1972, FR 1972,237 f.

[11] Vgl. BGH ZIP 1987,446; OLG Frankfurt WRP 1985,500 (501).

[12] FinMin NRW v. 6.5.1974, FR 1974,270.

[13] Anwendungserlaß zu § 67 a AO Anm. III 3, BStBl I 1987,664 (682); so bereits FinMin NRW v. 17.10.1983, BB 1983,1969 (1970).

[14] Anwendungserlaß zu § 67 a AO Anm. III 3, BStBl I 1987,664 (682); so bereits FinMin NRW v. 17.10.1983, BB 1983,1969.

[15] So die Angaben bei Roth DStTg 1984,123 (130).

[16] EFG 1988,135 (136), Revision ist eingelegt.

[17] BFH BStBl III 1967, 373.

[18] FinMin NRW v. 17.10.1983, BB 1983,1969 (1970).

II. Kritik an der Auffassung der Finanzverwaltung

1. Der Auffassung der Finanzverwaltung stehen Teile der Literatur ablehnend gegenüber. Scholtz kritisiert insbesondere, daß von einem neueren Urteil des BFH[19] abgewichen werde, das Werbung insgesamt als wirtschaftlichen Geschäftsbetrieb eingeordnet habe[20]. Auch sei ein Grund für die unterschiedliche Behandlung der verschiedenen Erscheinungsformen der Werbung nicht ersichtlich[21]. Allerdings nimmt Scholtz keinen Anstoß daran, daß die Verpachtung des Anzeigengeschäfts in einer Vereinszeitung Vermögensverwaltung sein soll.

2. Roth dagegen scheint die Auffassung der Finanzverwaltung im Kern zu billigen. Er fordert jedoch, daß bei einem vom Verein unabhängigen Unternehmen nicht gelten dürfe, daß dem Pächter ein angemessener Gewinn verbleiben muß[22]. Insofern dürfte Roth Gefälligkeitsverträge schon von der Interessenlage her ausschließen, weil ein unabhängiges Unternehmen seine Kalkulation an der erforderlichen Gewinnspanne ausrichten wird.

3. Lang wiederum betrachtet Werbemaßnahmen, die lediglich dazu dienen, die Kosten von sportlichen Veranstaltungen zu decken, als unselbständige Teile dieser sportlichen Veranstaltung[23]. Für ihn liegt demnach in der Regel keine gesondert zu beurteilende wirtschaftliche Tätigkeit vor. Vielmehr teilen die Werbemaßnahmen das rechtliche Schicksal der sportlichen Veranstaltung.

Jedoch können auch nach dieser Ansicht Werbemaßnahmen selbständige wirtschaftliche Geschäftsbetriebe sein. Dies scheint für Lang dann der Fall zu sein, wenn durch Werbung Gewinne erzielt werden[24].

III. Einordnung von Werbemaßnahmen

Für die Beurteilung der Werbemaßnahmen kommt es demnach zunächst darauf an, ob sie als unselbständige Teile von sportlichen Veranstaltungen angesehen werden können. Erst wenn diese Frage verneint werden kann, muß geklärt werden, ob eine Vermögensverwaltung oder ein wirtschaftlicher Geschäftsbetrieb vorliegt.

---

[19] BFH BStBl II 1983,27.
[20] Scholtz in Koch § 14 Rn. 21.
[21] Scholtz in Koch § 14 Rn. 21.
[22] Roth DStTg 1984,123 (130).
[23] Lang StuW 1987,221 (237).
[24] Lang StuW 1987,221 (237, 239).

1. Die Selbständigkeit von Werbemaßnahmen

Fraglich ist, ob Werbemaßnahmen mit dem Argument, sie dienten der Kostendeckung, als unselbständige Teile einer sportlichen Veranstaltung im Sinne des § 67 a AO angesehen werden können.

a) Wie das Merkmal der Selbständigkeit in § 14 S. 1 AO auszulegen ist, ist streitig. In der Rechtsprechung des BFH[25] wird auf die sachliche Selbständigkeit abgestellt. Teile der Literatur folgen dieser Ansicht[26]. Andere Autoren dagegen lehnen die Auffassung der Rechtsprechung ab und verweisen auf die Auslegung des Merkmals der Selbständigkeit in § 18 EStG[27].

b) Der Begriff des wirtschaftlichen Geschäftsbetriebes ist für das Einkommensteuerrecht bedeutungslos. Eine Anlehnung an das Merkmal der Selbständigkeit im EStG ist daher nur mit dem Argument zu begründen, einem Begriff dürfe im Steuerrecht nicht ohne Not eine unterschiedliche Bedeutung beigemessen werden[28]. Körperschaften können zwar von einer anderen Körperschaft abhängig sein, wie das Beispiel der steuerlichen Organschaft zeigt. Dies ändert indes nichts daran, daß die persönliche Selbständigkeit als Abgrenzungskriterium ungeeignet ist, weil der Begriff des wirtschaftlichen Geschäftsbetriebes einen Teilbereich der Gesamttätigkeit einer Körperschaft beschreiben soll. Diese Abgrenzung vermag das Merkmal der Selbständigkeit nur zu leisten, wenn es im Sinne von sachlicher Selbständigkeit verstanden wird.

c) Fraglich ist, wann eine solche sachliche Selbständigkeit anzunehmen ist. Der BFH stellt auf die Abgrenzbarkeit der Tätigkeit ab[29]. Danach liegt eine selbständige Tätigkeit vor, wenn die zu beurteilende Betätigung für andere Tätigkeiten der Körperschaft nicht notwendig ist[30]. Lang dagegen legt ein ökonomisches Gesamtkonzept zugrunde, das darin besteht, daß sich die Tätigkeiten gegenseitig ergänzen[31].

aa) Lang geht davon aus, daß Tätigkeiten, die nur dazu dienen, die Kosten begünstigter Tätigkeiten abzudecken, ohne Gewinnerzielungsabsicht ausgeübt werden und deshalb der Liebhaberei einer natürlichen Person entsprechen[32]. Bei gemeinnützigen Körperschaften dienen indes alle Einnahmen dazu, die Kosten, die infolge der Verwirklichung der satzungsmäßigen Zwecke entstehen, abzudecken. Aus diesem Grunde gerät Lang in Abgren-

[25] BFH BStBl II 1984,451 (452).
[26] Lang StuW 1987,221 (236).
[27] Scholtz in Koch § 14 Rn. 10/2.
[28] So Scholtz in Koch § 14 Rn. 10/2.
[29] BFH BStBl II 1984,451 (452).
[30] Vgl. BFH BStBl III 1962,73.
[31] Vgl. Lang StuW 1987,221 (237).
[32] Lang StuW 1987,221 (237).

zungsschwierigkeiten, weil er eine Zuordnung zu einer bestimmten begünstigten Betätigung treffen muß. Als Folge seiner Auffassung können gleichartige Tätigkeiten zudem unterschiedlich behandelt werden.

Hinzu kommt, daß die Gewinnerzielungsabsicht auch vorliegen kann, wenn tatsächlich Verluste erwirtschaftet werden. Außerdem kommt es für die Gewinnerzielungsabsicht nicht darauf an, wie die erzielten Einnahmen anschließend verwendet werden. Gerade auf die Verwendung der Einnahmen stützt Lang jedoch seine Argumentation.

Seine Konzeption führt im Rahmen der Selbstlosigkeit zudem dazu, daß sich alle von ihm als unselbständig angesehenen Betätigungen auch bei intensivem Wettbewerb automatisch den begünstigten Zwecken unterordnen[33]. Lang berücksichtigt daher den Grundsatz der steuerlichen Wettbewerbsneutralität insoweit nicht. Er sieht sich deshalb gezwungen, das Gemeinnützigkeitsrecht im Hinblick auf Wettbewerbsverzerrungen aus verfassungsrechtlichen Gründen[34] insgesamt restriktiv zu interpretieren. Deshalb sollen nach Lang im Bereich des Sports praktisch nur noch die Spitzenverbände gemeinnützig sein[35].

bb) Auch im übrigen ist zweifelhaft, ob eine unselbständige Tätigkeit anzunehmen ist, wenn ein wirtschaftliches Gesamtkonzept vorliegt. Im Ergebnis wird die Selbständigkeit dann verneint, weil die Körperschaft darzulegen vermag, daß sie die Einnahmen zu einem bestimmten Zweck benötigt. Übersehen wird jedoch, daß beispielsweise die Werbetätigkeit für sich betrachtet unmittelbar keine begünstigten Zwecke verwirklicht. Daran ändert auch die Tatsache nichts, daß die Körperschaft gegebenenfalls hinsichtlich des Umfanges ihrer begünstigten Tätigkeit zurückstecken muß.

Aus diesem Grunde werden auch in den Fällen sogenannter wirtschaftlicher Gesamtkonzepte lediglich anläßlich der Verwirklichung begünstigter Zwecke Einnahmen erzielt. Dieser Zusammenhang rechtfertigt noch nicht, alle zeitlich und räumlich zusammentreffenden wirtschaftlichen Aktivitäten einheitlich zu behandeln. Vielmehr muß dem Umstand Rechnung getragen werden, daß im Rahmen des § 14 S. 1 AO eine Abgrenzung zwischen der begünstigten Tätigkeit der Körperschaft und ihren sonstigen wirtschaftlichen Aktivitäten zu treffen ist. Dies ist schon im Hinblick auf die steuerliche Wettbewerbsneutralität geboten. Deshalb ist für die Selbständigkeit entscheidend, daß eine Abtrennung möglich ist. Eine Abtrennung ist auch dann möglich, wenn die zu beurteilende Tätigkeit auf die Verwirklichung begünstigter Zwecke aufbaut.

---

33 Lang StuW 1987,221 (236).
34 Lang StuW 1987,221 (247 ff).
35 Lang StuW 1987,221 (250); ders. DStZ-A 1988,18 (30).

cc) Werbung im Sport ist ohne Wettkämpfe, die ein breites Publikum interessieren, undenkbar. Sport kann jedoch auch ohne Werbung betrieben werden. Aus diesem Grunde ist mangels zweiseitiger Abhängigkeit eine Abtrennung der Werbung möglich. Werbemaßnahmen sind daher kein unselbständiger Teil einer Sportveranstaltung und fallen somit auch nicht unter § 67 a AO[36].

Folglich sind Werbemaßnahmen daraufhin zu überprüfen, ob es sich um wirtschaftliche Geschäftsbetriebe oder um Vermögensverwaltung handelt.

2. Abgrenzung Vermögensverwaltung – wirtschaftlicher Geschäftsbetrieb bei Werbemaßnahmen

Sportvereinen steht es grundsätzlich offen, die Sportvermarktung in Eigenregie durchzuführen. Sie können die Rechte zur Durchführung derartiger Maßnahmen aber auch entgeltlich an Dritte übertragen. Die letztgenannte Möglichkeit wird schon im Hinblick auf die Auffassung genutzt, ein wirtschaftlicher Geschäftsbetrieb lasse sich vermeiden, indem man das Recht zur Ausübung der betreffenden Tätigkeit verpachte[37].

Ob die beiden Gestaltungsmöglichkeiten der Werbung unterschiedlich zu beurteilen sind, ist fraglich. Eine Antwort darauf könnte dem Urteil des BFH[38] zur Verpachtung des Anzeigengeschäfts zu entnehmen sein.

a) Problemstellung

aa) In seiner Entscheidung zur Verpachtung des Anzeigengeschäfts verneinte der BFH, daß das für einen wirtschaftlichen Geschäftsbetrieb erforderliche Merkmal der Tätigkeit vorliege. Es fehle an einer eigenen Beteiligung am allgemeinen wirtschaftlichen Verkehr, da der betroffene gemeinnützige Verein nicht selbst im Anzeigengeschäft tätig geworden sei[39]. Das Anzeigengeschäft sei zwar ein wirtschaftlicher Geschäftsbetrieb, dieser werde aber von dem Verlag betrieben, der das Recht zur Werbung in der Vereinszeitung gepachtet habe.

Im Gegensatz zur Vorinstanz[40] hielt der BFH die vereinbarte Gewinnbeteiligung und die Erstellung des redaktionellen Teils der Zeitung, auf dessen

---

[36] BFH BStBl II 1983,27 (28); BT-Drucks. 10/4513 S. 14; Spanner in Hübschmann/Hepp/Spitaler § 67 a AO Rn. 10; Hoffmann FR 1981,32 (36).

[37] Z. B. Mack DStR 1984,187 (189); vgl. auch Sport und Steuern (SH) S. 14: Verpachtung ist regelmäßig kein wirtschaftlicher Geschäftsbetrieb.

[38] BFH BStBl III 1967,373.

[39] BFH BStBl III 1967,373 (374).

[40] FG Düsseldorf (Köln) EFG 1964,551.

enge Verflechtung mit dem Anzeigengeschäft er selbst hinwies[41], für unbeachtlich. Auch die Eingliederung der Anzeigen in den Text wurde der redaktionellen Tätigkeit zugerechnet. Das letztlich entscheidende Argument war, daß eine Tätigkeit nur vorliegen könne, wenn sich der Verein aktiv an der Anzeigenwerbung beteilige[42].

bb) Überträgt man diese Argumentation auf die Verpachtung anderer Werberechte, müßte es ebenfalls an einer eigenen Tätigkeit fehlen, da der Sportverein selbst keine Werbeverträge abschließt. Eine an die Einnahmen gekoppelte Pacht und Mitspracherechte[43] bei der Vertragsabwicklung dürften keine Rolle spielen. Auf dieser Grundlage müßten sämtliche auf die Überlassung von Werberechten gerichteten Verträge der Vermögensverwaltung zuzurechnen sein.

cc) Weder der BFH noch die Finanzverwaltung folgen dieser Argumentation für die anderen Erscheinungsformen der Sportvermarktung. Lediglich bei der Bandenwerbung will die Finanzverwaltung eine Vermögensverwaltung anerkennen, wenn das Recht zur Werbung an der Bande verpachtet wird und dem Pächter ein angemessener Gewinn verbleibt[44].

Ob es einen Grund für die unterschiedliche Behandlung von Werbemaßnahmen gibt, ist fraglich. Vom Anzeigengeschäft abgesehen können Werbeeinnahmen unabhängig von den zugrundeliegenden Vertragskonstruktionen nur erzielt werden, wenn Wettkampfveranstaltungen stattfinden[45]. Bei der Trikotwerbung muß der Verein anders als bei der Bandenwerbung dafür sorgen, daß die Athleten die Sportbekleidung mit den Werbeaufdrucken tragen. Ob dieser Umstand so gewichtig ist, daß er eine abweichende steuerliche Beurteilung der Einnahmen aus der Vergabe dieser Werberechte rechtfertigt, bedarf der Klärung.

b) Entscheidungsgrundlagen

Bei der Abgrenzung der beiden Begriffe Vermögensverwaltung und wirtschaftlicher Geschäftsbetrieb nimmt die Rechtsprechung eine Fruchtziehung im Sinne des § 14 S. 3 AO nur an, wenn dem die übliche Vermieter- oder Verpächtertätigkeit zugrunde liegt. Dieses Abgrenzungskriterium entspricht der gesetzlichen Wertung des § 14 AO. Beurteilungsmaßstab ist demnach grundsätzlich der Pflichtenkatalog desjenigen, der einem anderen einen Gegenstand zur Nutzung überläßt.

---

[41] BFH BStBl III 1967,373 (374).

[42] BFH BStBl III 1967,373 (375).

[43] FinMin NRW v. 17.10.1983, BB 1983,1969.

[44] Anwendungserlaß zu § 67 a AO Anm. III 3, BStBl I 1987,664 (682); so bereits FinMin NRW v. 17.10.1983, BB 1983,1969.

[45] Vgl. Anwendungserlaß zu § 67 a AO Anm. III 2, BStBl I 1987,664 (682); so bereits Schreiben des BdF v. 29.5.1979, DStR 1979,440 f.

aa) Diese Grundsätze haben RFH[46] und BFH[47] bei der Vermietung von Grundstücken angewandt. Danach soll eine steuerfreie Vermögensverwaltung vorliegen, wenn ein Grundstück einem Dritten gegen Entgelt überlassen wird, der seinerseits Standplätze für eine von ihm organisierte Veranstaltung vergibt[48]. Dagegen nimmt die Rechtsprechung bei der Selbstvergabe in der Regel einen wirtschaftlichen Geschäftsbetrieb an, weil mit der Organisation der Veranstaltung über die bloße Überlassung hinausgehende Leistungen erbracht werden[49].

Die kurzfristige Vermietung von Tennisplätzen wird ebenfalls als wirtschaftlicher Geschäftsbetrieb eingestuft, da der Platz den Tennisregeln entsprechend hergerichtet wird[50]. Zu anderen Ergebnissen ist die Rechtsprechung nur für den Fall gekommen, daß ein längerfristiger Vertrag geschlossen wird[51]. Dann aber spielt die Herrichtung des Platzes keine Rolle.

bb) Im Einkommensteuerrecht entschied der BFH zur Überlassung eines Schiffes an einen Befrachter, der Eigner, der das Schiff als Kapitän selbst führen und für eine Mannschaft sorgen sollte, habe Einkünfte aus Gewerbebetrieb erzielt[52]. Zur Begründung wurde darauf verwiesen, daß die Tätigkeit des Eigners über ein „Vermieten" oder „Verpachten" hinausgehe[53]. Der BFH nahm deshalb an, daß alle Merkmale eines Gewerbebetriebes vorlagen, obwohl der Kapitän selbst keine Frachtverträge abgeschlossen hatte.

cc) In Abschnitt 137 Absatz 2 Satz 6 EStR wird zusammenfassend festgestellt, daß für die Abgrenzung zwischen Vermögensverwaltung und Gewerbebetrieb entscheidend sei, ob zur bloßen Nutzungsüberlassung eine fortgesetzte Tätigkeit trete, wie sie der Begriff des Gewerbes erfordere.

dd) Diese Zuordnung deckt sich weitgehend mit der gesetzlichen Wertung des § 4 Nr. 12 UStG, der solche Umsätze von der Steuerfreiheit ausnimmt, die auf Verträgen beruhen, die neben der bloßen Nutzungsüberlassung weitere Leistungspflichten beinhalten.

ee) In allen genannten Fällen ist eine Vermögensverwaltung abgelehnt worden, weil die zugrunde liegenden Verträge nicht nur Miet- und Pachtelemente aufweisen. Vielmehr treten weitere Leistungspflichten hinzu.

---

[46] RFH RStBl 1939,688; 1941,742.

[47] BFH BStBl III 1955,59; 1960,261; BStBl II 1969,94.

[48] RFH RStBl 1941,742 (743); Niedersächsisches FG EFG 1981,259; offengelassen von FG Münster EFG 1975,394.

[49] BFH BStBl III 1955,59 (60); BStBl II 1969,94 (95).

[50] FG Düsseldorf EFG 1979,308 (309).

[51] FG Baden-Württemberg EFG 1987,412 (halbes Jahr).

[52] BFH BStBl III 1964,457.

[53] BFH BStBl III 1964,457 (LS), die Hervorhebungen wurden aus dem Leitsatz übernommen.

Darüber hinaus wurde von der Rechtsprechung vereinzelt gefordert, es müsse zwischen den vertraglichen Pflichten ein innerer Zusammenhang bestehen[54]. Dieser Zusammenhang soll fehlen, wenn einzelne Leistungspflichten abtrennbar sind. Dem ist zuzustimmen, weil anderenfalls Zufälligkeiten über die Abgrenzung zwischen Vermögensverwaltung und wirtschaftlichem Geschäftsbetrieb entscheiden könnten.

c) Anwendung auf Werbemaßnahmen

Bei der Anwendung dieser Grundsätze auf Werbemaßnahmen von Sportvereinen ist zwischen der Verpachtung der Werberechte und dem Abschluß vom Werbeverträgen durch den Verein zu unterscheiden.

aa) Bei der Durchführung von Werbemaßnahmen in Eigenregie wendet sich der Verein mit seinem Angebot, Werbung zu plazieren, nachhaltig an eine breite Öffentlichkeit. Wesentliches Element der Werbeverträge ist zwar die Vergabe von Nutzungsrechten. Die werbenden Unternehmen nutzen die Werbeflächen aber nur, weil der Verein durch seinen Sportbetrieb die Voraussetzung dafür schafft, daß geworben werden kann. Insofern ist der Sportbetrieb Vertragsgrundlage, weil die Werbeaussage viele Menschen erreichen soll.

Bei den Werbeverträgen handelt es sich daher nicht um bloße Nutzungsüberlassungsverträge. Vielmehr werden darüber hinausgehende Leistungen erbracht, die darin bestehen, daß Sportveranstaltungen durchgeführt werden[55]. Zusätzlich kann Werbung „am Mann“ geschuldet sein. Dies gilt unabhängig davon, auf welche Zeit der Vertrag geschlossen wird.

Von daher entfaltet ein Sportverein bei der Werbung in Eigenregie eine selbständige nachhaltige Tätigkeit, die über den Rahmen einer Vermögensverwaltung hinausgeht. Somit liegen die Voraussetzungen des § 14 S. 1 AO vor. Eine Einordnung als Zweckbetrieb scheitert an § 65 Nr. 2 AO, weil ein Sportverein seine satzungsmäßigen Zwecke auch ohne Werbung verwirklichen kann[56].

Derartige Werbemaßnahmen sind deshalb als wirtschaftliche Geschäftsbetriebe zu behandeln.

bb) Fraglich ist, ob für die Verpachtung der Werberechte etwas anderes gelten kann.

In dem vergleichbaren Fall der Verpachtung des Anzeigengeschäfts in einer Vereinszeitung verneinte der BFH zwar, daß eine Tätigkeit im Sinne

---

[54] BFH BStBl II 1977,244 (245).

[55] Darauf geht das FG des Saarlandes EFG 1988,135 (136) nicht ein.

[56] Vgl. BFH BStBl II 1983,27 (28).

des § 14 S. 1 AO vorliege[57]. Er stellte dabei jedoch vordergründig auf die Beteiligung am Werbegeschäft ab. Es ist die Eigenart einer derartigen Vertragskonstruktion, daß der Pächter die Abschlußtätigkeit übernimmt. Ausschlaggebend für eine solche Aufgabenverteilung sind oftmals auch die besseren geschäftlichen Kontakte des Vertragspartners, die den Verein zusätzlich von der Arbeitsbelastung freistellen, die mit dem Abschluß und der Abwicklung von Einzelverträgen verbunden ist.

Der BFH geht davon aus, daß die Vermietung und Verpachtung von Gegenständen keine Tätigkeit sei[58]. Der Überlassung des Anzeigengeschäfts liegt zwar zivilrechtlich ein Pachtvertrag zugrunde[59]. In § 14 S. 3 AO geht das Gesetz indes davon aus, daß nicht jede Vermietung oder Verpachtung als Vermögensverwaltung einzuordnen ist. Auch die Vermögensverwaltung kann die Grundvoraussetzungen eines wirtschaftlichen Geschäftsbetriebes erfüllen. Ein wirtschaftlicher Geschäftsbetrieb erfordert nur eine weitergehende Tätigkeit[60], wie sich schon aus dem Relativsatz „die über eine Vermögensverwaltung hinausgeht" in § 14 S. 1 AO ergibt. Aus diesem Grunde ist das Vorliegen eines Miet- oder Pachtvertrages keine Garantie dafür, daß der Rahmen einer Vermögensverwaltung nicht überschritten ist.

Aufgrund der oben genannten Wertungen liegt auch bei einer Vermietung oder Verpachtung eine Tätigkeit vor, wenn zusätzlich zur Nutzungsüberlassung weitere, damit zusammenhängende Leistungen geschuldet werden. Deshalb kann sich auch ein Vermieter oder Verpächter über einen Dritten am allgemeinen wirtschaftlichen Verkehr beteiligen[61]. Für die steuerrechtliche Beurteilung der Verpachtung von Werberechten kommt es deshalb darauf an, ob sich die Rechtsstellung eines Vereins vom Normaltyp eines Verpächters abhebt.

Der zum Teil recht hohe Pachtzins für die Überlassung der Werberechte ist nur dadurch gerechtfertigt, daß eine entsprechende Nachfrage nach Werbung bei Sportfesten besteht. Der Verein überläßt daher nicht nur Vermögenswerte zur Nutzung, er muß vielmehr auch Wettkampfveranstaltungen durchführen, weil dem Pächter erst dadurch die bei dem Pachtvertrag vorausgesetzte Verwertung der Werberechte ermöglicht wird[62]. Außerdem kann die Verpflichtung zur Werbung „am Mann" gegenüber dem Pächter hinzukommen. Hat ein Verpächter den verpachteten Gegenstand dem Pächter überlassen, bedarf es üblicherweise keiner weiteren Mitwirkung des Ver-

[57] BFH BStBl III 1967,373 (374).
[58] BFH BStBl III 1967,373 (374); ebenso Arnold BB 1986,2033 (2034).
[59] RGZ 70,20 (24); OLG Naumburg OLGE 24,340; vgl. auch BGH NJW 1952,620 f.
[60] Vgl. Roolf DB 1985,1156; Hönik-Schreiner/Viehbeck Rn. 114.
[61] Vgl. FG Düsseldorf EFG 1964,551 für die Verpachtung des Anzeigengeschäfts.
[62] Vgl. BFH BStBl III 1964,457 (458), wo für einen Befrachtervertrag entsprechend argumentiert wird.

pächters, damit der Pächter den Gegenstand nutzen kann. Deshalb weicht die Rechtsstellung eines Sportvereins, der seine Werberechte verpachtet hat, deutlich vom Normaltypus eines Verpächters ab. Von daher ist im Abschluß derartiger Pachtverträge jeweils eine selbständige nachhaltige Tätigkeit zu sehen, die über den Rahmen einer Vermögensverwaltung hinausgeht.

Eine Einordnung als Zweckbetrieb scheidet aus den gleichen Gründen wie bei der Durchführung von Werbemaßnahmen in Eigenregie aus. Die Sportwerbung von Sportvereinen ist daher insoweit einheitlich als wirtschaftlicher Geschäftsbetrieb zu behandeln[63].

cc) Aus den gleichen Gründen kann auch die Verpachtung des Anzeigengeschäfts nicht als Vermögensverwaltung behandelt werden[64]. Auch insofern schafft der Verein durch die Herausgabe der Vereinszeitung erst die Voraussetzungen dafür, daß der Pächter einen Nutzen aus dem Anzeigengeschäft ziehen kann.

Das Urteil des BFH zur Verpachtung des Anzeigengeschäfts muß auch insofern kritisiert werden, als der betroffene Verein infolge seiner Gewinnbeteiligung weiterhin an den Risiken des Anzeigengeschäfts teilnahm. Von daher lag die ansonsten geforderte Übertragung des Betriebsrisikos[65] nicht vor. Wirtschaftlich gesehen unterschied sich der Verein zudem nicht von einem Verein, der einen auf Provisionsbasis tätigen Anzeigenvermittler einschaltet.

Werbemaßnahmen von Sportvereinen sind daher immer als wirtschaftliche Geschäftsbetriebe zu behandeln.

IV. Eigentumsverhältnisse an den Werbemitteln

Entscheidend für die Besteuerung der Einnahmen aus der Werbung ist nur, daß der Verein für die Durchführung von Werbemaßnahmen ein Entgelt erhält. Auf die Eigentumsverhältnisse an den Werbemitteln kommt es deshalb nicht an. Ein Verein kann daher zum Beispiel auch in einer angemieteten Sportstätte einen wirtschaftlichen Geschäftsbetrieb unterhalten, indem er Bandenwerbung plaziert[66]. Gleiches gilt, wenn der Werbepartner eigene Werbeflächen gegen Entgelt aufstellen darf.

1. Im Rahmen von Ausrüsterverträgen wurde versucht, die Weitergabe der Ausrüstungsgegenstände an die Sportler als Grund dafür geltend zu machen, daß eine Steuerpflicht der weitergebenden Person nicht besteht[67].

---

63 Im Ergebnis Scholtz in Koch § 14 Rn. 21.
64 Im Ergebnis FG Düsseldorf EFG 1964,551; a. A. BFH BStBl III 1967,373 ff.
65 Hoffmann FR 1982,32 (36).
66 Vgl. Rader S. 187.
67 BFH BStBlII 1983,27 (28).

Der BFH folgte dem zu Recht nicht, weil der betroffene Verband, der ein Verein ist, die Werbeleistung erbringen sollte. Seine Vertragspflichten konnte er nur erfüllen, indem er die Ausrüstungsgegenstände an die Athleten weitergab und so dafür sorgte, daß die Mannschaft einheitlich auftrat. In welcher Form dies geschieht, ist allein Sache desjenigen, der sich zu Werbeleistungen verpflichtet hat. Eine anderweitige Zurechnung kann zudem den Amateurstatus der Sportler berühren. Eine solche Konsequenz ist regelmäßig nicht gewollt. Deshalb spielt es keine Rolle, ob die Sportartikel den Athleten übereignet oder leihweise zur Verfügung gestellt werden.

2. In diesem Zusammenhang stellt sich auch die Frage, wie in den Fällen zu verfahren ist, in denen Unternehmen Sportvereinen unentgeltlich Sportbekleidung mit zusätzlichen Werbeaufdrucken überlassen. Die rechtspolitischen Bestrebungen im Sport gehen dahin, solche Zuwendungen als Sachspende anzusehen[68]. Die Finanzverwaltung folgt dem bislang nicht.

a) Voraussetzung für eine Sachspende ist, daß der Zuwendung keine Gegenleistung gegenübersteht. Der Verein soll die Trikots jedoch im Rahmen seines Sportbetriebes verwenden. Wenn eine Verbindung zwischen der Werbeaussage und dem Zuwendenden besteht, kommt darin eine konkludente Vereinbarung über Werbung zum Ausdruck. Deshalb betreibt der Sportverein dann einen wirtschaftlichen Geschäftsbetrieb, bei dem der Sachwert der Sportartikel als Einnahme anzusetzen ist. Stellt dagegen ein Mäzen, der nicht der Hersteller ist, nur handelsübliche Markensportbekleidung zur Verfügung, liegt eine Sachspende vor.

b) Probleme ergeben sich jedoch, wenn ein Werbeinteressent direkt an Sportler herantritt und ihnen Werbetrikots mit der Maßgabe übereignet, daß sie im Verein in einer Mannschaft verwendet werden. Aus dem Zusammenhang ergibt sich dann, daß eine Werbevereinbarung nicht mit jedem Athleten sondern mit dem Verein getroffen werden soll. Fehlt den angesprochenen Athleten die Vertretungsmacht, kommt eine wirksame Abrede über Werbemaßnahmen mit dem Verein nicht zustande. Deshalb muß eine vertretungsberechtigte Person die Annahme des Angebots für den Verein genehmigen, wenn insoweit ein wirtschaftlicher Geschäftsbetrieb entstehen soll.

Aufgrund des Verwendungszweckes ist erkennbar, daß mit der Mannschaft geworben werden soll. Der Verein stimmt der Werbevereinbarung konkludent zu, wenn seine Organe oder vertretungsberechtigte Personen die Mannschaft mit den Trikots antreten lassen. Insofern kann die Zustimmung eines Betreuers ausreichen.

c) Um den Spendenbegriff nicht unnötig aufzuweichen, sollte an der von der Finanzverwaltung vertretenen Rechtsauffassung festgehalten werden.

---

[68] BT-Drucks. 10/6298 S. 5, 6; 11/124 S. 2.

Es bietet sich jedoch an, den betroffenen Vereinen dadurch zu helfen, daß pro Jahr und Mannschaft ein Satz Trikots nicht zu versteuern ist.

V. Auslagerung wirtschaftlicher Tätigkeiten

In der Literatur findet sich nicht nur die Anregung, Werberechte zu verpachten[69]. Verschiedentlich wird darüber hinaus der Vorschlag gemacht, wirtschaftliche Tätigkeiten auf eine Vorschaltgesellschaft auszulagern, um so Einnahmen aus Vermögensverwaltung zu erzielen[70]. Eine Auslagerung wird insbesondere bei wirtschaftlichen Tätigkeiten von einigem Gewicht empfohlen, die die Selbstlosigkeit gefährden können. Insofern steht dann der Gesichtspunkt, die Gemeinnützigkeit zu erhalten, im Vordergrund.

Personengesellschaften sind zu diesem Zweck nicht geeignet, weil der Verein, der sich an einer solchen Gesellschaft beteiligt, als Mitunternehmer anzusehen ist und deshalb insoweit einen wirtschaftlichen Geschäftsbetrieb unterhält[71]. Als Vorschaltgesellschaft bietet sich jedoch eine GmbH an, an der der Verein beteiligt ist, weil das Halten von GmbH-Anteilen regelmäßig als Vermögensverwaltung behandelt wird[72].

Wie bereits gezeigt, ist die Verpachtung der Werberechte immer als wirtschaftlicher Geschäftsbetrieb anzusehen. Soweit der Vorschaltgesellschaft die Werberechte übertragen werden müssen, ist ein wirtschaftlicher Vorteil deshalb nur dann zu erwarten, wenn die Pacht gering ist. Dies ergibt sich aus dem Umstand, daß die Pachteinnahmen zu versteuern sind[73]. Außerdem müssen bei der GmbH hohe ausschüttbare Gewinne entstehen können, die im Falle einer Ausschüttung beim Verein als Einkünfte aus Vermögensverwaltung behandelt werden.

1. Anwendung der Grundsätze der Betriebsaufspaltung

Die Schwierigkeit bei der rechtlichen Gestaltung der Auslagerung besteht für die Vereine darin, daß die Finanzverwaltung die Grundsätze der Betriebsaufspaltung auf Auslagerungsfälle anwenden will[74].

a) Im klassischen Fall einer Betriebsaufspaltung überläßt das künftige Besitzunternehmen einem von ihm beherrschten rechtsfähigen Betriebsun-

---

[69] Neufang/Schaeberle/Karg S. 83.

[70] Wegehenkel DB 1986,2514 (2516).

[71] Vgl. Roolf DB 1985,1156 (1159).

[72] Scholtz in Koch § 14 Rn. 16; Roth DStTg 1984,123 (130); Troll S. 504; Wegehenkel DB 1986,2514 (2517).

[73] Vgl. o. § 16 B III 2 c bb.

[74] Schreiben des BdF v. 8.12.1981, DStR 1982,83; FinMin Niedersachsen v. 29.12.1981, FR 1982,68.

ternehmen wesentliche Betriebsgrundlagen gegen Entgelt. Daraus ergeben sich die Voraussetzungen einer sachlichen und einer personellen Verflechtung. Letztere drückt sich regelmäßig durch die infolge einer Mehrheitsbeteiligung gegebene Einflußmöglichkeit auf die Willensbildung in dem Betriebsunternehmen aus[75].

Bei der Betriebsaufspaltung wird der Umfang einer Vermögensverwaltung überschritten, weil sich das Besitzunternehmen durch das Betriebsunternehmen am allgemeinen wirtschaftlichen Verkehr beteiligt und damit einen wirtschaftlichen Geschäftsbetrieb unterhält. Dies hat zur Konsequenz, daß eine Auslagerung unter dem Gesichtspunkt, die Gemeinnützigkeit zu erhalten[76], nicht zu dem gewünschten Ergebnis führt.

b) Ein Sportverein, der seine Einnahmesituation nicht verschlechtern will, wird regelmäßig eine Mehrheitsbeteiligung halten wollen. Damit erfüllt er indes bereits die Voraussetzung der personellen Verflechtung. Für Sportvereine muß es deshalb oberstes Ziel sein, bei einer Mehrheitsbeteiligung an einer GmbH eine sachliche Verflechtung zu vermeiden. Eine solche Verflechtung liegt indes vor, wenn die GmbH beispielsweise nur die Werberechte ihres Mehrheitsgesellschafters vermarktet. Von daher darf die Tätigkeit einer Vorschaltgesellschaft, an der ein Sportverein mehrheitlich beteiligt ist, nicht darauf ausgerichtet sein, einzelne wirtschaftliche Interessen des Vereins wahrzunehmen.

2. Einflußnahme auf die Geschäftsführung

Die Grenzen der Vermögensverwaltung sieht die Rechtsprechung nicht nur in den Fällen der Betriebsaufspaltung als überschritten an. Vielmehr soll eine Vermögensverwaltung bei der Beteiligung an einer Gesellschaft auch dann nicht mehr vorliegen, wenn tatsächlich entscheidender Einfluß auf die Geschäftsführung der Gesellschaft genommen wird[77]. Dies soll auch für Minderheitsgesellschafter gelten, die mit gleichartigen Gesellschaftern bei der Geschäftsführung zusammenarbeiten[78].

a) Diesem Ansatz des BFH ist im Grundsatz zuzustimmen, weil es keinen Unterschied machen kann, ob die Körperschaft wirtschaftliche Tätigkeiten selbst oder vermittels einer juristischen Person ausführt. Fraglich ist nur, wann von einer entscheidenden Einflußnahme auf die Geschäftsführung auszugehen ist. Nach einer Meinung in der Literatur ist diese Grenze bei der Wahrnehmung von Überwachungsrechten, die einem Gesellschafter zuste-

---

[75] Vgl. Abschnitt 137 V EStR.
[76] Wegehenkel DB 1986,2514 (2515).
[77] BFH BStBl II 1971,753 (754).
[78] BFH BStBl II 1971,753 (754).

hen, noch nicht überschritten[79]. Dem steht die Ansicht gegenüber, daß auch in solchen Fällen nicht immer eine Vermögensverwaltung vorliegt[80].

Der Sache nach geht der Streit darum, ob eine 100%ige Beteiligung noch Vermögensverwaltung sein kann[81]. Einer Person, die einen Gesellschaftsanteil hält, stehen Gesellschafterrechte zu. Es ist üblich, daß diese Rechte wahrgenommen werden. Aufgrund der rechtlichen Selbständigkeit der Gesellschaft ist eine isolierte Betrachtung der Mehrheitsverhältnisse nicht möglich. Dies gilt um so mehr, als die Stimmenmehrheit nicht mit der Leitung der Geschäftsführung gleichgesetzt werden darf. Von daher muß die Position eines Gesellschafters, der maßgeblichen Einfluß auf die Geschäftsführung ausübt, über die Rolle eines Geldgebers hinausgehen. Auch bei einer Mehrheitsbeteiligung dienen die Gesellschafterrechte, die jedem Geldgeber mit Gesellschafterstellung zustehen, zunächst der Sicherung der Vermögensinteressen. Deshalb kann die Ausübung von Gesellschafterrechten nicht per se zu einer wirtschaftlichen Betätigung führen[82]. Vielmehr müssen weitere Umstände hinzutreten.

b) Vereine, die Vorschaltgesellschaften gegründet haben, beschränken sich jedoch nicht immer auf eine bloße Geldgeberfunktion. Nicht selten werden Geschäfte der GmbH von Vertretern des Vereins vorbereitet. Dies kann so weit gehen, daß den Geschäftsführern der GmbH detaillierte Anweisungen gegeben werden, welches Geschäft abzuschließen ist. Häufiger ist dagegen die Praxis, daß die GmbH ihre Tätigkeiten mit dem Verein allgemein abstimmt. In solchen Fällen werden nicht nur Überwachungsfunktionen wahrgenommen, sondern es wird auch auf Geschäftsführungsmaßnahmen Einfluß genommen. In derartigen Fällen ist deshalb der Rahmen einer Vermögensverwaltung überschritten.

Eine Einflußnahme auf die Geschäftsführung kann auch dergestalt erfolgen, daß ein Vorstandsmitglied des Vereins zugleich Geschäftsführer der GmbH ist. In derartigen Fällen ist davon auszugehen, daß eine Interessenverflechtung vorliegt. Dann aber verfolgt der Verein seine Interessen über die GmbH.

c) Eine Auslagerung kann ihre Zwecke demnach nur erfüllen, wenn zugleich für die strikte organisatorische und personelle Trennung von Verein und GmbH gesorgt wird. Der Verein darf die Selbständigkeit der Gesellschaft nicht unterlaufen, indem er bei Geschäftsführungsmaßnahmen der GmbH, die ihn betreffen, Mitsprache übt. Die GmbH darf daher nicht zum Strohmann werden.

---

[79] Scholtz in Koch § 14 Rn. 16; Schick DB 1985,1812; Hönik-Schreiner/Viehbeck Rn. 139, 140.

[80] Vgl. Roolf DB 1985,1156 (1157).

[81] Vgl. Schick DB 1985,1812 (1813).

[82] Im Ergebnis BFH BStBl II 1971,753 (754).

Eine Einflußnahme auf die Geschäftsführung kann auch zusammen mit anderen Gesellschaftern erfolgen. Deshalb ist eine Beteiligung, die für sich keine Stimmenmehrheit gewährt, keine Gewähr dafür, daß die Beteiligung als Vermögensverwaltung anzusehen ist. Vielmehr reicht es für die Beurteilung als wirtschaftlicher Geschäftsbetrieb aus, daß unabhängig von der Höhe der Beteiligung eine Einflußnahme erfolgt[83].

§ 17 Die steuerrechtliche Behandlung sportlicher Veranstaltungen

Wann eine sportliche Veranstaltung eines Sportvereins, der keine Fußballveranstaltungen unter Einsatz seiner Lizenzspieler nach dem Bundesligastatut des Deutschen Fußballbundes e. V. durchführt, ein Zweckbetrieb ist, bestimmt § 67 a AO. Danach müssen zwei Voraussetzungen nebeneinander erfüllt sein. Zum einen darf kein bezahlter Sportler des veranstaltenden Vereins teilnehmen. Zum anderen dürfen auch keine anderen Athleten teilnehmen, die von dem ausrichtenden Verein selbst oder auf seine Veranlassung hin von einem Dritten bezahlt werden.

A. Bezahlte Sportler

§ 67 a S. 1 AO unterscheidet zwischen zwei Arten von bezahlten Sportlern, ohne diesen Begriff zu verwenden. Die Abgrenzung zwischen beiden Gruppen erfolgt danach, ob ein Athlet „Sportler des Vereins" ist. Das Gesetz stellt auf eine Zuordnung ab, wie sich aus dem Wort „des" ergibt. Ein Sportler kann dem Verein zuzuordnen sein, selbst wenn er nicht Mitglied des Vereins ist. Deshalb entscheidet nicht die Mitgliedschaft, sondern der Umstand, daß ein Sportler für den veranstaltenden Verein startet[1].

I. Bezahlte Sportler im Sinne von § 67 a S. 1 Nr. 1 AO

Bezahlter Sportler im Sinne des § 67 a S. 1 Nr. 1 AO ist, wer für seine sportliche Betätigung oder für die Benutzung seiner Person, seines Namens, seines Bildes oder seiner sportlichen Betätigung zu Werbezwecken über eine Aufwandsentschädigung hinaus Vergütungen oder andere Vorteile erhält. Wer die Zuwendungen erbringt, ist für die Begriffsbestimmung irrelevant.

Zumal schon die Teilnahme nur eines bezahlten Sportlers des Vereins die Zweckbetriebseigenschaft einer sportlichen Veranstaltung ausschließt, ist

---

[83] Vgl. BFH BStBl II 1971,753 (754).

[1] Scholtz in Koch § 67 a Rn. 16; Schleder RWP SG 2.1 S. 121 (127).

von besonderer Bedeutung, welche Athleten im Sinne des § 67 a S. 1 Nr. 1 AO bezahlt werden.

1. Verhältnis der Begriffe bezahlter Sportler – Amateur

Fraglich ist, ob Sportler mit Amateurstatus bezahlte Sportler im Sinne des § 67 a S. 1 Nr. 1 AO sein können. Die meisten Amateursportler erzielen weder Werbeeinnahmen noch erhalten sie Zuwendungen dafür, daß sie Sport treiben. Diese Sportler werden daher nicht im Sinne des § 67 a S. 1 Nr. 1 AO bezahlt.

Problematisch ist die Einordnung der Spitzensportler, die ihre Erfolge im Einklang mit Regel 26 der IOC-Bestimmungen vermarkten. Diese Sportler sind zwar Amateure. Sie erzielen jedoch Werbeeinnahmen und/oder Startgelder, die in einen Athletenfonds fließen. Deshalb könnten sie bezahlte Sportler im Sinne des § 67 a S. 1 Nr. 1 AO sein.

a) Gemäß § 67 a S. 1 Nr. 1 AO dürfen Sportler des Vereins keine über eine Aufwandsentschädigung hinausgehenden Zuwendungen erhalten. Ein Sportler erhält derartige Leistungen, wenn er Geld, Schecks oder andere Sachen entgegennimmt. Auch Forderungen gehören zu den zuwendungsfähigen Gegenständen.

Bundesdeutsche Spitzensportler beauftragen regelmäßig die Fördergesellschaft Deutsche Sporthilfe GmbH, zu ihren Gunsten Werbeverträge abzuschließen und Zahlungen entgegenzunehmen. Für den Sportler eingehende Zahlungen werden seinem Konto im Athletenfonds gutgeschrieben. Über sein Konto kann der Athlet nur im Rahmen der Regeln seines zuständigen Sportfachverbandes verfügen[2]. Sämtliche Verfügungsbeschränkungen ändern indes nichts daran, daß der Sportler mit der Gutschrift eine Forderung gegen die Fördergesellschaft erwirbt. Folglich hat der Sportler eine Zuwendung erhalten.

Dem Amateurstatus stehen solche Zuwendungen nur deshalb nicht entgegen, weil Regel 26 der IOC-Bestimmungen insoweit eine Ausnahme vorsieht. Eine entsprechende Regelung in § 67 a S. 1 Nr. 1 AO fehlt. Nach dem Wortlaut des Gesetzes sind vielmehr sämtliche Zuwendungen, die über eine Aufwandsentschädigung hinausgehen, zu berücksichtigen. Danach ist die Auslegung möglich, daß Amateure, die unter Beachtung der Regel 26 der IOC-Bestimmungen Einnahmen erzielen, bezahlte Sportler sind.

b) Der Begründung zu § 67 a AO ist zu entnehmen, daß die in Satz 1 Nr. 1 der Vorschrift gewählte Formulierung den Abgrenzungsgrundsätzen des Sports für die Amateureigenschaft entsprechen soll[3]. Von daher könnte der

---

[2] Vgl. den Text des Mustervertrages bei Reschke Dok. 05 00 1.

[3] BT-Drucks. 10/4513 S. 14.

Wortlaut zu weit gefaßt worden sein. Die Änderung der Regel 26 der IOC-Bestimmungen erfolgte indes 1981 und hätte dem Gesetzgeber Ende 1985 bekannt sein müssen. Die Tatsache, daß sich in den Materialien kein Hinweis auf die in den IOC-Bestimmungen ausdrücklich hervorgehobene Ausnahme findet, könnte zwar auf ein Versehen hindeuten. Dagegen spricht jedoch, daß die Startgelder bei den großen Leichtathletiksportfesten anläßlich der Schaffung des § 67 a AO berücksichtigt wurden[4]. Die Leichtathletik fällt unter Regel 26 der IOC-Bestimmungen. Trotz des Hinweises auf die Amateurbestimmungen scheint der Gesetzgeber deshalb die weite Fassung der Norm gewollt zu haben.

c) Dennoch wird in der Literatur unter Hinweis auf die Systematik des § 67 a AO vertreten, daß indirekte Zuwendungen keine Bezahlung im Sinne der Norm sind. Zur Begründung wird auf den Amateurfußballverein verwiesen, der eine Bundesligamannschaft einlädt. In derartigen Fällen wird regelmäßig ein fester Betrag an den Gastverein gezahlt, der seinerseits seine Lizenzspieler gegen Entgelt an sich gebunden hat. Nach Auffassung der Finanzverwaltung sollen solche Gastspiele unter § 67 a Nr. 2 AO fallen, so daß für die Heimmannschaft ein Zweckbetrieb vorliegt[5]. Kaiser folgert daraus, daß das Gesetz indirekte Zuwendungen nicht als Bezahlung des Sportlers erachte, weil der Bundesligaverein seine Spieler mit dem erhaltenen Entgelt bezahlen könne. Dann aber müsse für Treuhandverhältnisse das gleiche gelten[6].

aa) Dieser Schluß setzt eine vergleichbare Sachlage voraus. Das Entgelt für ein Gastspiel wird dafür gezahlt, daß der angesprochene Verein mit einer Mannschaft antritt. Zwar wird regelmäßig die Teilnahme bestimmter Spieler zugesagt, doch fehlt es an einer Absprache über die Verwendung der Gelder für bestimmte Sportler. Vielmehr beruht das, was Kaiser[7] indirekte Bezahlung nennt, auf der eigenen vertraglichen Verpflichtung des Gastvereins seinen Spielern gegenüber[8]. Bei Treuhandverhältnissen dagegen ist eine Zweckbestimmung erforderlich, da der Treuhänder anderenfalls keinen Anhaltspunkt dafür hat, für wen er die Zuwendung verwalten soll. Folglich sind die Sachverhalte nicht gleichartig. Der oben genannte Schluß ist deshalb nicht möglich.

bb) Gegen die Argumentation von Kaiser bestehen noch weitere Bedenken. Wenn das Gesetz indirekte Zuwendungen freistellen würde, müßte dies gleichermaßen für § 67 a S. 1 Nr. 1 und Nr. 2 AO gelten. Außerdem dürften nicht nur Leistungen an verbandsrechtlich zugelassene Treuhänder ausge-

---

[4] Vgl. Schleder RWP SG 2.1 S. 121 (125), der auf die Motive der Neuregelung eingeht.

[5] Schleder RWP SG 2.1 S. 121 (128); Trzaskalik StuW 1986,219 (225).

[6] Kaiser DB 1986,1298; a. A. wohl Schneider-Vontz DB 1986,1950.

[7] Kaiser DB 1986,1298.

[8] Scholtz in Koch § 67 a Rn. 25; Schleder RWP SG 2.1 S. 121 (128).

klammert werden. Vielmehr könnte ein für den Sportler gleicher wirtschaftlicher Erfolg auch durch die Einschaltung anderer Treuhänder erreicht werden.

Für Amateursportler besteht diese Möglichkeit indes nicht, weil dann ein Verstoß gegen Regel 26 der IOC-Bestimmungen vorliegt. Die Beschränkungen der Amateurregeln gelten aber für Berufssportler nicht. Deshalb könnte ein Sportverein versuchen, vereinsfremde Berufssportler einzuladen und ihnen über Treuhänder Geld zukommen zu lassen. In letzter Konsequenz müßte der Berufssportler dann kein bezahlter Sportler im Sinne des § 67 a S. 1 Nr. 2 AO sein. Die Eröffnung derartiger Umgehungsmöglichkeiten kann indes nicht Sinn der Norm sein.

cc) Auch im Hinblick auf § 55 I Nr. 1 – 4 AO ist die Ausklammerung der Leistungen, die in einen Athletenfonds fließen, nicht unproblematisch. Nach der Systematik des § 67 a AO kann eine Zuwendung für die sportliche Betätigung nur eine Aufwandsentschädigung oder eine Bezahlung im Sinne der Norm sein. Für eine dritte Art von Zuwendungen für die sportliche Betätigung ist kein Raum. Außerdem gibt es dazu in § 55 I Nr. 1 - 4 AO kein Gegenstück.

Unterstellt man jedoch die Richtigkeit der These von Kaiser, ist fraglich, welche Mittel für die Zuwendungen eingesetzt werden dürfen. Ein Verein hat nur die Möglichkeit, entweder zweckgebundenes Vereinsvermögen oder Einnahmen aus dem wirtschaftlichen Geschäftsbetrieb „Sportveranstaltung" einzusetzen. Die letztgenannte Möglichkeit scheidet für ihn jedoch aus, weil der Verein erreichen will, daß seine sportliche Veranstaltung als Zweckbetrieb behandelt wird. Dann aber kann er nur zweckgebundenes Vereinsvermögen einsetzen, so daß die Zuwendung mit § 55 I Nr. 1 – 4 AO vereinbar sein muß. Direkte Zahlungen, die über eine Aufwandsentschädigung hinausgehen, sind mit diesen Normen nicht vereinbar[9]. Ein Grund, weshalb im Rahmen des § 55 I Nr. 1 – 4 AO zwischen direkten und indirekten Zuwendungen unterschieden werden sollte, ist nicht ersichtlich. Dies gilt um so mehr, als in jedem Falle das Vereinsvermögen um den abfließenden Betrag geschmälert wird.

Deshalb könnte ein Verein indirekte Leistungen nicht erbringen, ohne die Gemeinnützigkeit zu verlieren. Kaiser müßte die Vereine daher auf die ausschließliche Fremdfinanzierung ihrer sportlichen Veranstaltungen verweisen, soweit es um indirekte Zuwendungen an Sportler geht. Im Rahmen des § 67 a S. 1 Nr. 1 AO ergäbe sich dadurch die seltsame Konsequenz, daß bei gleichem wirtschaftlichen Erfolg für den Sportler die Herkunft der Mittel entscheidend für die steuerrechtlichen Folgen für den Verein ist.

---

[9] S. o. § 11 B I 3 a, b.

d) Aus den vorstehend genannten Gründen können indirekte Zuwendungen im Rahmen des § 67 a AO nicht ausgeklammert werden. Folglich führt die Sportvermarktung im Einklang mit Regel 26 der IOC-Bestimmungen zur Eigenschaft als bezahlter Sportler im Sinne des § 67 a S. 1 Nr. 1 AO. Der Begriff des bezahlten Sportlers deckt sich nicht mit dem des Amateurs.

2. *Zeitpunkt der Zuwendung*

§ 67 a S. 1 Nr. 1 AO bestimmt zwar, daß die dort genannten Zuwendungen der Einordnung als Zweckbetrieb entgegenstehen. Angaben darüber, für welchen Zeitraum Leistungen zu berücksichtigen sind, enthält die Norm dagegen nicht.

a) Grundsätzlich wirken Zuwendungen nicht in die Vergangenheit zurück. Bei einem Sportler, der einem Werbevertrag zustimmt, ist vielmehr der Vertragsbeginn entscheidend. Frühere Veranstaltungen sind grundsätzlich nicht berührt, auch wenn sie im gleichen Jahr liegen[10]. Anderenfalls wäre die steuerliche Behandlung nicht mehr kalkulierbar und die Rechtssicherheit beeinträchtigt. Da das Gesetz auf aktuelle Zuwendungen abstellt, ist der Vertragsbeginn auch dann entscheidend, wenn bereits Vertragsverhandlungen geführt werden.

b) Eine Zuwendung ist jedoch zu berücksichtigen, wenn sie nachträglich in zeitlichem Zusammenhang mit einer Veranstaltung zugeflossen ist[11]. Ansonsten hätte es ein Veranstalter in der Hand, durch die Wahl des Zeitpunktes der Zuwendung die Einordnung als Zweckbetrieb zu beeinflussen. Die Frage der Rechtssicherheit stellt sich in Hinblick auf das Verhalten des Veranstalters nicht, weil dieser weiß, ob er Startgelder oder Siegprämien zahlt. Werden gleichartige Zuwendungen von Dritten erbracht, besteht immerhin die Möglichkeit, solche Absichten durch Befragen der eigenen Sportler vorher in Erfahrung zu bringen.

c) Problematisch sind in diesem Zusammenhang nur Zuwendungen, die ohne vorheriges Leistungsversprechen an Sportler erbracht werden, die bisher nur Aufwandsentschädigungen erhalten haben. Hinzu kommen muß ferner, daß die Veranstaltungen, an denen sie teilgenommen haben, als Zweckbetriebe behandelt worden sind. Zu denken ist insbesondere an Prämien für den Aufstieg in die nächsthöhere Spielklasse, die von Dritten geleistet werden. Der Verein kommt als Zuwendender nicht in Betracht, weil dem mangels Einnahmen aus einem wirtschaftlichen Geschäftsbetrieb „Sportveranstaltung" die §§ 67 a S. 3, 55 I AO entgegenstehen. Wollte man hier eine

---

[10] Insofern unklar Anwendungserlaß zu § 67 a AO Anm. IV 1, BStBl I 1987,664 (682 f), wo darauf hingewiesen wird, daß die Eigenschaft, bezahlter Sportler zu sein, für das ganze Kalender- oder Wirtschaftsjahr gelte.

[11] Im Ergebnis Wochinger NWB 1986,1735 (1737) = Fach 2 S. 4655 (4657).

Rückwirkung annehmen, könnte dies immense Steuernachzahlungen zur Folge haben. Derartige Konsequenzen kann der Verein bei seiner Finanzplanung nicht voraussehen. Zudem darf er zur Tilgung von Steuerschulden aus wirtschaftlichen Geschäftsbetrieben zweckgebundene Mittel grundsätzlich nicht einsetzen[12].

Eine Anknüpfung an Leistungen in der Vergangenheit ist bei den genannten Prämien erkennbar. Es fehlt aber ein Bezug zu einer bestimmten Veranstaltung. Zudem wird ein Erfolg belohnt, der gerade erst eingetreten ist. Diese Umstände rechtfertigen es, den Zeitpunkt der Zuwendung für maßgeblich zu erklären. Die betroffenen Athleten sind dann für die Zukunft als bezahlte Sportler zu behandeln.

d) Vertreter des Sports überlegen zur Zeit, ob Aufwandsentschädigungen für mehrere Monate in einer Summe gezahlt werden dürfen. Da die Finanzverwaltung eine Jahrespauschale gewährt, könnte man versucht sein, z. B. im Januar 8400 DM (12 x 700 DM) an einen Athleten zu zahlen. Auch rückwirkende Zahlungen wären denkbar.

Grundsätzlich ist nichts gegen eine Abrechnung für einen längeren Zeitraum einzuwenden, zumal dies Verwaltungskosten senken kann. Die erwähnte Überlegung zeigt indes, daß die Pauschale mehr und mehr zu einer bloßen Rechengröße wird, mit der Zahlungen auf das Jahr verteilt werden. Vorleistungen und Nachzahlungen entziehen sich jedoch einer zeitnahen Kontrolle. Ihr Charakter als Aufwandsentschädigung ist kaum noch nachprüfbar. Besonders deutlich wird dies, wenn ein Sportler nach Empfang von 8400 DM im Januar verletzungsbedingt längere Zeit pausieren muß oder gar seine Laufbahn beendet.

Zahlungen müssen jedoch zwangsläufig für einen bestimmten Zeitraum erbracht werden. Dieser Zeitraum muß so bemessen sein, daß der Charakter der Zuwendung als Aufwendungsersatz nachprüfbar bleibt. Diesen Anforderungen genügt als größter Abrechnungszeitraum noch ein Quartal. Bei größeren Zeiträumen ist nicht mehr gewährleistet, daß lediglich Aufwendungsersatz geleistet wird. Dies gilt um so mehr, wenn noch nicht entstandene Aufwendungen ersetzt werden sollen.

Die Gewährung einer Jahrespauschale durch die Finanzverwaltung darf nicht dazu führen, daß sie als Instrument verwendet wird, um diese Summe in jedem Falle zuwenden zu können. Folglich dürfen rückwirkende Leistungen nur insoweit erbracht werden, als tatsächlich Aufwendungen erwachsen sind. Zudem ist eine zeitliche Nähe der Aufwendungen zu fordern, die nicht mehr gegeben ist, wenn seitdem mehr als ein Quartal vergangen ist.

---

[12] Eine Ausnahme nennt BFH BStBl II 1969,43.

3. Statuswechsel

Der Wortlaut des § 67 a AO gibt ferner wenig Aufschluß darüber, wie lange jemand als bezahlter Sportler des Vereins zu behandeln ist. Problematisch sind insofern die Fälle, in denen Athleten in der Vergangenheit bezahlt wurden, nun aber keine Vorteile mehr aus ihren Erfolgen ziehen. „Erhält" kann zwar auf aktuelle Zuwendungen abstellen, denkbar ist indes auch, daß eine dauernde Zuordnung getroffen ist.

a) Sinn und Zweck des § 67 a AO ist unter anderem die Aufrechterhaltung der Zweckbindung von Spenden und Beiträgen. Dies ergibt sich aus dem letzten Satz der Norm. Eine Frage der Mittelbindung ist aber nicht berührt, wenn der Verein seinen Sportler nicht bezahlt.

Das Gesetz erachtet auch solche Einnahmen als schädlich, die dem Athleten unabhängig vom Verein zufließen. Insofern mag eine Rolle gespielt haben, daß der Verein die sportlichen Fähigkeiten fördert, die die Erwerbsgrundlage für den Athleten bilden[13]. Auch dieser Gesichtspunkt ist in den angesprochenen Fällen fortan nicht mehr berührt.

Erzielt ein Athlet keine Einnahmen aus Sportvermarktung mehr, gibt es keinen Anlaß, ihn für alle Zukunft als bezahlten Sportler zu behandeln. Dies ist auch aus sportlicher Sicht geboten, weil ein Verein sonst auf den Einsatz eines Athleten verzichten könnte, wenn dieser Verzicht die Zweckbetriebseigenschaft der sportlichen Veranstaltungen des Vereins erhalten kann.

b) Ist demnach ein Wechsel des Status möglich, bleibt nur noch die Frage offen, zu welchem Zeitpunkt die Änderung eintritt. Denkbar ist zwar, vom 1. des Monats an, der auf die letzte schädliche Zuwendung folgt, die Eigenschaft als bezahlter Sportler zu verneinen. Eine solche Handhabung würde aber nur bewirken, daß hohe einmalige Zuwendungen zum steuerlich günstigsten Termin erbracht werden. Begünstigt sind dadurch die Mannschaftssportarten mit einer langen Spielzeit.

Aus diesem Grunde ist eine kurzfristige Statusänderung zum nicht bezahlten Sportler hin abzulehnen. Dies gilt um so mehr, als es bei einem Sportler auch kurze vertragslose Zeiten geben kann. Deshalb ist eine Auslauffrist geboten, die den Nachweis erbringen soll, daß der Sport nicht mehr auch um der Einnahmeerzielung willen ausgeübt wird. Aus § 67 a AO ergeben sich jedoch keine konkreten Anhaltspunkte, wie diese Frist zu bestimmen ist. Sie muß deshalb unter Praktikabilitätsgesichtspunkten festgesetzt werden. Insofern erscheint eine Zeitspanne von mindestens einem halben Jahr geboten, weil dann keine kurze vertragslose Zeit mehr vorliegt. Zusätzlich sollte der Status als bezahlter Sportler für jeden angefangenen Veran-

---

[13] Vgl. Neufang/Schaeberle/Karg S. 63.

lagungszeitraum bestehen bleiben[14]. Bei älteren Athleten kann speziell im Zusammenhang mit einem Vereinswechsel angezeigt sein, die Frist nur bis zum nächsten 1.1. zu erstrecken.

4. Sportler mit besonderen Funktionen

In der Literatur wird die Frage aufgeworfen, welche steuerrechtlichen Auswirkungen es hat, wenn ein Trainer als Aktiver an den Veranstaltungen seines Vereins teilnimmt. Der Einsatz eines hauptberuflichen Trainers als Aktiver soll die Zweckbetriebseigenschaft der Veranstaltung ausschließen. Dagegen soll die Mitwirkung eines Spielertrainers die Zweckbetriebseigenschaft regelmäßig unberührt lassen. Erforderlich sei lediglich, daß eine Differenzierung zwischen der Aufwandsentschädigung als Spieler und der angemessenen Trainervergütung möglich sei[15].

a) Diese Auslegung des § 67 a S. 1 Nr. 1 AO schafft einen Anreiz, dem einzigen Spitzenspieler einer Mannschaft die Funktion eines Spielertrainers zu übertragen. Außerdem erscheint eine Anknüpfung an eine haupt- oder nebenberufliche Tätigkeit willkürlich, weil in beiden Fällen eine Bezahlung als Trainer erfolgt. Dies gilt um so mehr, als ansonsten auch die gelegentliche Vereinnahmung von Geldern berücksichtigt wird.

Der Grund für die unterschiedliche Behandlung ist in den Regelwerken des Sports zu suchen, die Berufstrainer nicht als Amateure ansehen[16]. Sportlehrer dagegen werden für ihre erzieherische Arbeit bezahlt. Sie üben einen Beruf aus, so daß keine Form der Sportvermarktung vorliegt. Gleiches wird für die Mitglieder von Sportkompanien in Bundeswehr und Bundesgrenzschutz[17] angenommen, die während ihrer Dienstzeit trainieren und an Wettkämpfen teilnehmen können[18]. Bei privatrechtlichen Angestelltenverhältnissen sollen ebenfalls nur Scheinarbeitsverhältnisse dazu führen, daß der Sportler bezahlt wird[19], auch wenn er weitgehend zu Trainingszwecken freigestellt ist.

b) Trotz der Anlehnung an die Amateurgrundsätze besteht keine Kongruenz zu § 67 a AO, wie die Ausrüster- und sonstigen Werbeverträge zeigen.

---

14 Im Ergebnis Anwendungserlaß zu § 67 a AO Anm. IV 1, BStBl I 1987,664 (682 f).

15 Wochinger NWB 1986,1735 (1737) = Fach 2 S. 4655 (4657); zum Einsatz von Spielertrainern jetzt ebenso Anwendungserlaß zu § 67 a AO Anm. V 6, BStBl I 1987,664 (683).

16 Anhang zu Regel 26 der IOC-Bestimmungen, abgedruckt bei Klein I 2.1, S. 2.

17 Zu dieser Form der Sportförderung vgl. 6. Sportbericht, BT-Drucks. 10/6241 S. 24 f.

18 Trzaskalik StuW 1986,219 Fn. 4 spricht vom Typus des Berufssportlers „eigener Art".

19 Scholtz in Koch § 67 a Rn. 22.

Aus diesem Grunde muß die Behandlung im Sport nicht mit der im Steuerrecht übereinstimmen. Nach dem Gesetz kommt es darauf an, ob unter „sportliche Betätigung" auch eine Trainertätigkeit zu verstehen ist.

Die Vergütung eines Trainers beruht wie bei einem Sportlehrer auf der Tatsache, daß er Sportunterricht erteilt. Diese Aufgabe gehört nicht zu den Tätigkeiten, die üblicherweise von einem Mitglied erwartet werden können. Deshalb dürfen Verträge mit Trainern abgeschlossen werden, ohne schon dadurch gegen die Vorschriften über die Mittelbindung zu verstoßen. Nach Sinn und Zweck des § 67 a AO, der den Sportvereinen bei bestimmten Verstößen gegen den Grundsatz der Selbstlosigkeit die Gemeinnützigkeit erhalten will, bedarf es keiner Ausnahme bei zulässigen Tätigkeiten. Der Begriff „sportliche Betätigung" ist deshalb eng auszulegen. § 67 a AO meint insofern nur die Betätigung als aktiver Sportler. Trainertätigkeiten fallen daher nicht unter die Norm.

c) Spielertrainer sind somit grundsätzlich keine bezahlten Sportler im Sinne des § 67 a AO[20]. Dennoch muß gemäß § 55 I Nr. 3 AO geprüft werden, ob die Bezahlung als Trainer nicht unverhältnismäßig hoch ist. Stellt sich die Trainervergütung als verkappte Bezahlung des Sportlers heraus, ist dem Verein die Gemeinnützigkeit zu entziehen, wenn die Mittel nicht aus dem wirtschaftlichen Geschäftsbetrieb „Sportveranstaltung" stammen. Deshalb sollten die Aufgaben des Spielertrainers vertraglich genau festgelegt werden.

d) Bei den anderen Formen der Unterhaltssicherung durch ein öffentlichrechtliches oder privatrechtliches Dienstverhältnis ist ein Zusammenhang zwischen dem sportlichen Können und der Freistellung zum Training unverkennbar. Die Grenze zum Scheinarbeitsverhältnis ist in diesen Fällen fließend. Entsprechende Sportler des Ostblocks werden als Staatsamateure bezeichnet. Diese Wortwahl macht deutlich, daß der Sache nach auch in der Bundesrepublik reine Sportarbeitsverhältnisse bestehen.

Die betroffenen deutschen Athleten sind regelmäßig Spitzensportler, die zumeist Ausrüsterverträge haben. Deshalb steht ihr Status als bezahlter Sportler in der Regel ohnehin fest. Ein Unterschied zwischen einer Zuwendung von einem Dritten und einer Bezahlung im Rahmen eines Beschäftigungsverhältnisses, für das sportliche Erfolge mitentscheidend sind, ist kaum ersichtlich. Daher reicht die Bezahlung zur Begründung des Status als bezahlter Sportler aus, sofern der Vergütung keine andere Gegenleistung als das Betreiben von Spitzensport gegenübersteht.

---

[20] Im Ergebnis Anwendungserlaß zu § 67 a AO Anm. V 6, BStBl I 1987,664 (683).

5. *Zuwendungen der Stiftung Deutsche Sporthilfe*

Nach Auffassung der Finanzverwaltung steht den Zuwendungen der Stiftung Deutsche Sporthilfe in der Regel ein entsprechend hoher Aufwand gegenüber[21]. Soweit solche Zahlungen die trainingsbedingten Mehraufwendungen abdecken sollen, ist dem zuzustimmen. Verdienstausfall[22] und Kosten der allgemeinen Lebensführung können jedoch nicht als Aufwandsentschädigung ersetzt werden. Soweit derartige Leistungen an Empfänger von Sporthilfe erbracht werden, sind sie bezahlte Sportler, sofern sie es nicht schon aus anderen Gründen sind.

Auch soweit Sporthilfe als Aufwandsentschädigung gezahlt wird, ist darauf zu achten, daß der Sportverein den gleichen Aufwand nicht nochmals im Rahmen seiner Zuwendungen berücksichtigt. Bei der Aufwandsentschädigung sind deshalb sämtliche Leistungen zusammenzurechnen.

II. Bezahlte Sportler nach § 67 a S. 1 Nr. 2 AO

Gemäß § 67 a S. 1 Nr. 2 AO schließen auch Zahlungen an fremde Sportler, die über eine Aufwandsentschädigung hinausgehen, die Zweckbetriebseigenschaft aus, wenn sie der veranstaltende Verein oder auf seine Veranlassung hin ein Dritter erbringt. Startgelder, Siegprämien und sonstige Zuwendungen des Veranstalters machen die sportliche Veranstaltung daher zu einem wirtschaftlichen Geschäftsbetrieb. Es spielt dabei keine Rolle, ob die Leistungen den Sportlern direkt zufließen oder in einen Athletenfonds eingezahlt werden.

Weil der Veranstalter die fremden Sportlern nicht ständig betreut, kann nur der Aufwand in bezug auf den Wettkampf ersetzt werden. Die Pauschale von 700 DM ist deshalb nicht anwendbar[23]. Folglich sind vollständige Nachweise über die tatsächlich entstandenen Kosten erforderlich. Aus Vereinfachungsgründen können lediglich Spesenpauschalen anerkannt werden.

Zahlungen von Dritten sind nur schädlich, wenn sie im Zusammenwirken mit dem Veranstalter erbracht werden. Ein Zusammenwirken setzt eine Zusammenarbeit mit dem Dritten voraus, die eine Zurechnung rechtfertigt. Daran fehlt es bei der bloßen Kenntnis von Zuwendungen, sofern keine weiteren Umstände hinzutreten. Nicht selten verspricht ein Sponsor, dessen Engagement die Veranstaltung erst in dieser Form ermöglicht, Startgelder oder ähnliche Leistungen. Dann ist eine Zurechnung geboten[24], weil der

---

[21] FinMin Saarland v. 17.3.1969, FR 1969,226; vgl. auch Meier FR 1986,350.

[22] Auf derartige Positionen in den Zuwendungen weist der 6. Sportbericht, BT-Drucks. 10/6241 S. 69 hin.

[23] Anwendungserlaß zu § 67 a AO Anm. V 3, BStBl I 1987,664 (683).

[24] Schleder RWP SG 2.1 S.121 (128).

Verein und der Dritte die Veranstaltung wirtschaftlich gesehen gemeinsam ausrichten. Daher kommt es nicht darauf an, ob der Sponsor die Zuwendungen von sich aus ohne Zutun des Vereins erbringen will, da auch in diesem Fall eine Zusammenarbeit bezüglich der Veranstaltung vorliegt.

B. Sportliche Veranstaltungen

§ 67 a AO erklärt die sportlichen Veranstaltungen eines Sportvereins, an denen keine bezahlten Sportler im Sinne des § 67 a S. 1 Nr. 1 und 2 AO teilnehmen, zu Zweckbetrieben. Wann eine sportliche Veranstaltung vorliegt, bedarf der Klärung.

I. Meinungsstand

Das klassische Beispiel für eine sportliche Veranstaltung ist ein Fußballspiel oder ein anderes Sportfest, bei dem Zuschauern gegen ein Entgelt Einlaß gewährt wird. Ob darüber hinaus noch weitere wirtschaftliche Tätigkeiten von Sportvereinen als sportliche Veranstaltungen einzuordnen sind, ist fraglich. Diese Frage stellt sich insbesondere im Zusammenhang mit Sportunterricht, Sportreisen und der kurzfristigen Vermietung von Sportanlagen. Diese Tätigkeiten könnten sich als sportliche Veranstaltungen darstellen, zumindest aber ein eigener Zweckbetrieb sein.

1. Im Gegensatz zu einem Urteil des BFH aus dem Jahre 1968[25] behandelt die Finanzverwaltung die Erteilung von Sportunterricht heute als sportliche Veranstaltung[26]. Auch Sportreisen sollen unter § 67 a AO fallen[27].

2. Auf die kurzfristige Überlassung von Sportanlagen soll die Norm dagegen nicht anwendbar sein, weil eine sportliche Betätigung nur vorbereitet werde[28]. Dieser Umstand hindere indes nicht, einen eigenen Zweckbetrieb anzunehmen, sofern die dafür erforderlichen Voraussetzungen erfüllt seien. Hinsichtlich der Frage, ob ein Zweckbetrieb anzunehmen ist, bietet sich ein uneinheitliches Bild.

a) Die Finanzverwaltung unterscheidet grundsätzlich zwischen der Vermietung an Mitglieder und der an außenstehende Personen. Nur die entgeltliche Überlassung an Mitglieder soll ein Zweckbetrieb sein[29]. Werden die

---

[25] BFH BStBl II 1969,43 ff.

[26] Anwendungserlaß zu § 67 a AO Anm. II 3, BStBl I 1987,664 (681); so bereits schon Schreiben des BdF v. 8.3.1978, BStBl I 202; bestätigt durch Schreiben des BdF v. 22.9.1978, BStBl I 385.

[27] Anwendungserlaß zu § 67 a AO Anm. II 2, BStBl I 1987,664 (681); so bereits Schreiben des BdF v. 8.3.1978, BStBl I 202.

[28] Anwendungserlaß zu § 67 a AO Anm. III 6, BStBl I 1987,664 (682); so bereits Schreiben des BdF v. 8.3.1978, BStBl I 202.

Anlagen an Außenstehende vermietet, trete der Verein in Wettbewerb zu anderen Anbietern, so daß kein Zweckbetrieb vorliegen könne[30].

b) Daneben gibt es Erlasse zur grundsteuerlichen Behandlung von Sportanlagen. Der Betrieb eines Schwimmbades durch eine juristische Person des öffentlichen Rechts ist danach ein Zweckbetrieb[31]. Ein kommunaler Sportboothafen dagegen soll als wirtschaftlicher Geschäftsbetrieb zu behandeln sein[32].

c) Der BFH[33] hat inzwischen eine finanzgerichtliche Entscheidung[34] aufgehoben und verneint, daß ein Zweckbetrieb vorliege, wenn ein Golfclub Benutzungsgebühren von clubfremden Spielern erhebt. Auf der gleichen Linie liegt eine Entscheidung des Niedersächsischen FG[35], das die Vermietung von Pferden an Vereinsmitglieder nicht als steuerbegünstigt ansah.

d) Andere Finanzgerichte kamen zu entgegengesetzten Ergebnissen. So führte das FG Münster[36] in einem Urteil aus, der Betrieb eines Skiliftes durch einen Verein falle unter § 65 AO. Das FG Baden-Württemberg[37] entschied für die Überlassung einer Kunsteisbahn an beliebige Interessenten ebenso.

e) Die beiden letztgenannten Entscheidungen sind in der Literatur auf Kritik gestoßen[38]. Doch auch hier sind die Meinungen geteilt. Überwiegend wird eine Behandlung als wirtschaftlicher Geschäftsbetrieb gefordert. Rader[39] dagegen will jede Überlasung von Sportanlagen als Zweckbetrieb behandelt wissen, weil der Bedarf noch nicht gedeckt sei.

II. Der Begriff „sportliche Veranstaltung"

Die sportliche Veranstaltung ist ein gesetzlich speziell geregelter Zweckbetrieb. Deshalb brauchen die drei in § 65 Nr. 1 - 3 AO genannten Merkmale des Zweckbetriebs aus Spezialitätsgründen nicht gesondert geprüft zu werden. Dies gilt speziell für den Konkurrenzgesichtspunkt des § 65 Nr. 3 AO.

---

29 Anwendungserlaß zu § 67 a AO Anm. III 6, BStBl I 1987,664 (682); so bereits Schreiben des BdF v. 8.3.1978, BStBl I 202; ebenso Schaeberle/Neufang Inf 1984,217 (219); Troll S. 519.

30 Anwendungserlaß zu § 67 a AO Anm. III 6, BStBl I 1987,664 (682).

31 FinMin Niedersachsen v. 2.3.1983, BB 1983,884.

32 FinMin Niedersachsen v. 2.3.1983, BB 1983,885.

33 BFH HFR 1987,420.

34 FG Rheinland-Pfalz EFG 1979,206.

35 EFG 1974,76 (77).

36 EFG 1974,593.

37 EFG 1984,627.

38 Kalmes UR 1986,198 (199) kritisiert beide Entscheidungen; zur Skiliftentscheidung Tipke/Kruse § 65 AO Rn. 5; Märkle S. 146 f; zur Kunsteisbahnentscheidung Scholtz in Koch § 65 Rn. 12.

39 Rader S. 184.

Daher ist eine enge Auslegung des Begriffs geboten, weil die systemwidrige Aufgabe des Grundsatzes der steuerlichen Wettbewerbsneutralität in § 67 a AO nicht angenommen werden kann.

1. Die Bedeutung des Begriffs „sportliche Veranstaltung"

Schon seinem Wortsinn nach setzt der Begriff „sportliche Veranstaltung" das aktive Betreiben von Sport und einen organisierten Ablauf voraus. Das Wort „Veranstaltung" deutet auf einen aus dem alltäglichen Betrieb herausragenden Anlaß hin. Eine sportliche Veranstaltung im Sinne des § 67 a AO ist deshalb gegeben, wenn der veranstaltende Verein wirtschaftliche Vorteile daraus zieht, daß aus einem besonderen Anlaß aktiv Sport betrieben wird. Der Begriff „sportliche Veranstaltung" ist daher keine Umschreibung für alle wirtschaftlich relevanten Tätigkeiten, mit denen ein Sportverein seine satzungsmäßigen Zwecke verwirklicht.

2. Zeitliche Dimension der sportlichen Veranstaltung

Umstritten ist, über welchen Zeitraum sich eine sportliche Veranstaltung erstrecken kann. Verschiedentlich wird beispielsweise für den Fußballsport vertreten, die sportliche Veranstaltung umfasse alle Pflichtspiele einer Punktrunde[40]. Demgegenüber beschränken andere Autoren[41] den Begriff auf das einzelne Spiel oder Turnier. Auch nach dieser Meinung sind mehrtägige Dauerveranstaltungen[42] möglich, doch führen zu große Zeitabstände zwischen den einzelnen Begegnungen dazu, daß jede für sich als sportliche Veranstaltung zu behandeln ist.

Folgt man der erstgenannten Meinung, werden alle sachlich zusammengehörenden Veranstaltungen zusammengefaßt. Die Konsequenz ist jedoch, daß sämtliche Spiele einer Punkt- oder Pokalrunde ein wirtschaftlicher Geschäftsbetrieb sind, auch wenn nur an einer Begegnung ein bezahlter Sportler teilgenommen hat[43].

Dieses Ergebnis ist mit dem Willen des Gesetzgebers, die Zahl der als wirtschaftliche Geschäftsbetriebe zu behandelnden Veranstaltungen möglichst klein zu halten[44], nicht vereinbar. Zwar bleibt die Zahl der wirtschaftlichen Geschäftsbetriebe klein, weil alle zusammengehörenden Spiele zu einer Einheit zusammengefaßt werden. Den Vereinen wird jedoch die Mög-

---

[40] Kaiser DB 1986,1298; Schneider-Vontz DB 1986,1950.
[41] Tipke/Kruse § 67 a AO Rn. 2; wohl auch Peter Rn. 200 (S. 122).
[42] Scholtz in Koch § 67 a Rn. 14.
[43] Tipke/Kruse § 67 a AO Rn. 2.
[44] BT-Drucks. 10/4513 S. 14.

lichkeit genommen, daß ihre Veranstaltungen als Zweckbetriebe behandelt werden können.

Deshalb ist eine einheitliche Behandlung nur in den Fällen geboten, in denen neben der sachlichen Zusammengehörigkeit auch die unmittelbare zeitliche Nähe gegeben ist[45]. Ein Anhaltspunkt für eine zeitliche Nähe kann dabei sein, daß die Entscheidung innerhalb einer knapp bemessenen Zeitspanne gesucht wird. Für eine einheitliche Behandlung spricht ferner, daß der gesamte Wettkampf an einem Ort ausgetragen wird[46].

Aus den genannten Gründen sind beispielsweise Tennisturniere und anderen mehrtägige Meisterschaften als Einheit zu behandeln. Bei den Spielen einer Punktrunde dagegen ist die zeitliche Nähe zu verneinen, weil die Meisterschaft über einen Zeitraum von mehr als einem halben Jahr ausgetragen werden kann.

III. Zuordnung einzelner wirtschaftlicher Betätigungen

1. Sportliche Veranstaltungen im engeren Sinne

§ 67 a AO ist auf Wettkampfveranstaltungen zugeschnitten, zu denen Publikum gegen Entgelt Zugang hat. Doch auch ohne Publikum können die Voraussetzungen der oben genannten Definition vorliegen. Deshalb erfaßt § 67 a AO auch solche Wettkampfveranstaltungen, bei denen nur Organisationsbeiträge von den Teilnehmern oder den entsendenden Vereinen erhoben werden.

2. Sportunterricht

Sportunterricht wird im Rahmen der üblichen Vereinstätigkeit erbracht, so daß ein besonderer Anlaß im Sinne der Definition der sportlichen Veranstaltung fehlt. Eine Subsumtion unter § 67 a AO muß daher ausscheiden.

Die entgeltliche Erteilung von Sportunterricht könnte aber als ein Zweckbetrieb zu beurteilen sein.

a) Entgegen dem BFH[47] ist die Ausbildung in sportlichen Fähigkeiten als dem Training nahestehende Tätigkeit zu den Aufgaben eines Sportvereins zu zählen. Jede andere Betrachtung wäre lebensfremd.

b) Es ist zweifelhaft, ob ein Sportverein seine satzungsmäßigen Zwecke nur verwirklichen kann, wenn er gegen Entgelt beispielsweise Tennis-, Reit-,

---

[45] Vgl. Peter Rn. 200 (S. 122).

[46] Auf den örtlichen Zusammenhang weist der Anwendungserlaß zu § 67 a AO Anm. II 1, BStBl I 1987,664 (681) hin.

[47] BFH BStBl II 1969,43 (44).

Ski- oder Segelunterricht erteilt. Durch derartige Trainingsstunden werden Personen zwar in den Grundlagen der jeweiligen Sportart unterwiesen. In anderen Sportarten ist die Ausbildung aber Teil der Vereinsleistungen, die einem Mitglied ohne weitere Kosten zustehen. Diese Frage kann indes dahingestellt bleiben, wenn die Zweckbetriebseigenschaft aus anderen Gründen zu verneinen ist.

c) Sportvereine, die gegen Entgelt Sportunterricht anbieten, treten damit in Konkurrenz zu gewerblichen Sportlehrern[48]. Dieser Wettbewerb ist nicht unerheblich und auch nicht dadurch gerechtfertigt, daß Sportvereine Menschen zur körperlichen Betätigung anleiten. Folglich liegen insoweit die Voraussetzungen des § 65 Nr. 3 AO nicht vor.

d) Die Einnahmen aus entgeltlichem Sportunterricht werden daher in einem wirtschaftlichen Geschäftsbetrieb erzielt und müssen deshalb versteuert werden.

3. Sportreisen

Unter Sportreisen versteht die Finanzverwaltung u. a. Fahrten zu Wettkampfveranstaltungen, sofern die sportliche Betätigung wesentlicher und notwendiger Bestandteil der Reise ist[49]. Die Kosten derartiger Fahrten trägt oftmals der Verein, so daß sich die Frage der steuerlichen Behandlung solcher Fahrten nicht stellt.

a) Bei Sportreisen im Sinne der Finanzverwaltung geht das Betreiben von Sport mit einem besonderen Anlaß einher. Deshalb können derartige Reisen als sportliche Veranstaltungen im Sinne des § 67 a AO angesehen werden. Dies hat zur Konsequenz, daß die Teilnahme eines bezahlten Sportlers dazu führt, daß kein Zweckbetrieb vorliegt.

b) Dieses Ergebnis ist auch im Hinblick auf § 65 AO sachgerecht. Durch Sportreisen wird der Vereinszweck unmittelbar verwirklicht. Die Vereine sind auf solche Fahrten angewiesen, auch wenn ihnen keine Verpflichtungen zugrunde liegen und sie ins Ausland führen, weil internationale Kontakte zum Sport gehören. Angesichts der Beschränkung der Teilnehmer auf Aktive und Betreuer, die zudem meist mit angemieteten Bussen oder mit Privatfahrzeugen befördert werden, kann wesentlicher Wettbewerb verneint werden.

c) Das Anbieten touristischer Reisen dagegen ist vom Zweck eines Sportvereins nicht gedeckt. Derartige Reisen sind daher stets als wirtschaftlicher Geschäftsbetrieb zu behandeln. Ein touristischer Anlaß ist anzunehmen,

---

[48] Dies stellt auch Anwendungserlaß zu § 67 a AO Anm. II 3, BStBl I 1987,664 (681 f) heraus.

[49] Anwendungserlaß zu § 67 a AO Anm. II 2, BStBl I 1987,664 (681); so bereits Schreiben des BdF v. 8.3.1978, BStBl I 202.

wenn Personen teilnehmen, die weder als Aktiver noch als Betreuer auf der Reise tätig werden. Gegen eine Sportreise spricht auch, daß ihr zeitlicher Rahmen touristische Abstecher problemlos zuläßt, weil dafür nicht nur Trainings- oder Wettkampfpausen zur Verfügung stehen.

4. Überlassung von Sportanlagen

Bei der Überlassung von Sportanlagen ist zwischen zwei Grundkonstellationen zu unterscheiden. Zum einen gibt es Sportvereine, die ihre nicht voll ausgelasteten Anlagen entgeltlich zur Verfügung stellen. Zum anderen kann eine Sportstätten-GmbH Benutzer zulassen.

Die Überlassung von Sportanlagen kann grundsätzlich nicht als Vermögensverwaltung angesehen werden, weil infolge der kurzen Zeitdauer der Verträge die geschäftsmäßige Ausnutzung substanzieller Vermögenswerte durch Umschichtung entscheidend in den Vordergrund tritt. Davon ausgenommen ist nur die langfristige Vergabe von Sportanlagen, da sich diese Art der Überlassung nicht grundlegend von der als Vermögensverwaltung anerkannten Nutzung von Grundvermögen abhebt[50].

Folglich geht es bei der rechtlichen Beurteilung der kurzfristigen Überlassung von Sportanlagen prinzipiell um die Frage, ob ein steuerpflichtiger wirtschaftlicher Geschäftsbetrieb oder ein steuerfreier Zweckbetrieb anzunehmen ist.

a) Überlassung durch Sportvereine

Wie bereits oben[51] dargelegt, ist streitig, ob das Überlassen von Sportanlagen die Zweckbetriebsmerkmale erfüllt.

aa) Kalmes[52] vertritt die Ansicht, daß ein Verein seine Zwecke in erster Linie den Mitgliedern gegenüber verfolge. Deshalb sei in der Überlassung von Sportanlagen an Außenstehende schon keine Erfüllung satzungsmäßiger Zwecke zu sehen. Folglich sei das Zweckbetriebsmerkmal des § 65 Nr. 1 AO, der die Verwirklichung satzungsmäßiger begünstigter Zwecke durch den wirtschaftlichen Geschäftsbetrieb fordert, nicht erfüllt.

Kalmes ist zwar zuzugeben, daß die Vereine in erster Linie die sportliche Betätigung ihrer Mitglieder fördern. Ein derart eng verstandener Satzungszweck entspricht jedoch nicht dem Verständnis der Vereine, die sich als Träger des Breiten- und des Spitzensports verstehen[53]. Speziell unter dem

---

[50] Insofern ist dem FG Baden-Württemberg EFG 1987,412 im Ergebnis zuzustimmen, das ein halbes Jahr noch als hinreichende Vertragszeit für die Annahme einer Vermögensverwaltung angesehen hat.

[51] S. o. § 17 B I 2.

[52] Kalmes UR 1986,198 (199 f).

Gesichtspunkt der Mitgliederwerbung entwickeln die Vereine Angebote für Freizeitsportler, um sie für den Sport im Verein zu gewinnen. Von daher kann die Zweckbetriebseigenschaft nicht mit dem Argument verneint werden, die Förderung der sportlichen Betätigung nicht vereinsgebundener Personen gehöre nicht zu den satzungsmäßigen Zwecken. Vielmehr liegt gerade hierin eine der Aufgaben der Sportvereine.

Ein gemeinnütziger Sportverein, der Sportanlagen an beliebige Benutzer überläßt, fördert folglich den Sport und verwirklicht steuerbegünstigte Zwecke. Diese Tätigkeit genügt somit den Anforderungen des § 65 Nr. 1 AO.

bb) Zweifelhaft ist dagegen, ob der begünstigte Zweck im Sinne des § 65 Nr. 2 AO nur durch den wirtschaftlichen Geschäftsbetrieb verwirklicht werden kann. Voraussetzung dafür ist, daß der wirtschaftliche Geschäftsbetrieb „Sportanlagenüberlassung" als das unentbehrliche und einzige Mittel zur Erreichung des steuerbegünstigten Zwecks anzusehen ist[54].

(1) Zur Begründung der Zweckbetriebseigenschaft wird teilweise das Argument herangezogen, es bedürfe der Einnahmen, um die Anlagen zu unterhalten[55]. Bei diesem Ansatz wird verkannt, daß das Finanzierungsinteresse nicht ausreicht, um die Unentbehrlichkeit einer wirtschaftlichen Betätigung zu begründen. Finanzielle Erwägungen dürfen schon deshalb keine Rolle spielen, weil § 65 Nr. 2 AO darauf abstellt, daß der begünstigte Zweck nur durch eine wirtschaftliche Tätigkeit verwirklicht werden kann. Der Hinweis auf den Finanzbedarf geht auf diese Voraussetzung nicht ein.

(2) Sportanlagen können sowohl an Mitglieder als auch an außenstehende Personen gegen Entgelt überlassen werden. Die Finanzverwaltung will im Rahmen des § 65 Nr. 2 AO nach diesen beiden Personengruppen unterscheiden[56]. Fraglich ist jedoch, ob es überhaupt der entgeltlichen Überlassung von Sportanlagen bedarf, damit ein Sportverein den Sport fördern kann.

(a) Ein Sportverein, der zusätzlich die sportliche Betätigung außenstehender Personen dadurch fördern will, daß er ihnen Tennisplätze oder andere Anlagen entgeltlich zur Verfügung stellt, muß über Anlagen von einer Kapazität verfügen, die trotz der Nutzung durch die Mitglieder nicht ausgelastet sind. Bereits dieser Gesichtspunkt zeigt, daß die Verwirklichung des begünstigten Zwecks „Förderung des Sports" auch ohne den wirtschaftlichen Geschäftsbetrieb „Sportanlagenüberlassung" möglich ist.

Selbst ein reiner Breitensportverein braucht den genannten wirtschaftlichen Geschäftsbetrieb nicht als Dauereinrichtung, um Mitgliederwerbung zu betreiben. Vielmehr kann der Zweck des Vereins auch mit den Mitglie-

---

[53] Vgl. BT-Drucks. 10/4513 S. 14.

[54] Vgl. BFH HFR 1987,420 mwN.

[55] FG Rheinland-Pfalz EFG 1979,206.

[56] Anwendungserlaß zu § 67 a AO Anm. III 6, BStBl I 1987,664 (682).

dern verwirklicht werden. Der Gesichtspunkt der Mitgliederwerbung ist der Grund, weshalb Sportvereine Angebote für Außenstehende entwickeln. Deshalb besteht kein Widerspruch zwischen dem Verständnis der Vereine von ihren Aufgaben und den obigen Ausführungen.

(b) Hinsichtlich der entgeltlichen Überlassung an Mitglieder könnten andere Maßstäbe anzulegen sein. Zum Teil werden Sonderentgelte aber nur von den Mitgliedern erhoben, die einer anderen Sparte angehören. Insofern ist kein Unterschied zu Nichtmitgliedern erkennbar, so daß die vorstehenden Ausführungen entsprechend gelten. Ansonsten ist zu bedenken, daß die Benutzung der Sportanlagen üblicherweise durch die Entrichtung des Vereinsbeitrags abgegolten ist. Einer Erhebung von Sonderentgelten bedarf es daher nur, wenn die Beiträge zur Finanzierung der Anlagen nicht ausreichen. Der Hinweis auf einen darartigen Finanzbedarf vermag die Unentbehrlichkeit des Geschäftsbetriebes indes nicht zu begründen. Hinzu kommt, daß mit den Benutzungsgebühren verkappte Beiträge erhoben werden, die sich bei den maßgeblichen Beitragsobergrenzen im Rahmen des § 52 I 2 AO[57] derart auswirken könnten, daß die Mitgliedschaft dauerhaft nur einem kleinen Personenkreis offen steht.

(c) Soweit Pferde vermietet werden, kann auf das Urteil des Niedersächsischen FG[58] verwiesen werden, das zutreffend auf andere Möglichkeiten abstellt, sich ein Tier zu verschaffen.

cc) Die Zweckbetriebseigenschaft könnte zusätzlich unter Hinweis auf § 65 Nr. 3 AO zu verneinen sein. Insofern darf die Überlassung der Sportanlagen nicht dazu führen, daß der Verein nicht begünstigten Anbietern erhebliche Konkurrenz macht. Eine Konkurrenzsituation zu anderen gemeinnützigen Körperschaften dagegen ist unbeachtlich, weil sie infolge gleicher Wettbewerbsbedingungen nicht zu Wettbewerbsverzerrungen führen kann[59].

Sportvereine treten bei der Überlassung von Sportanlagen in Konkurrenz zu kommerziellen Anbietern wie Tennis-, Squash- und Fitneßcentern. Vereinzelt wird zwar verneint, daß es mangels einer ausreichenden Zahl von Sportanlagen überhaupt relevanten Wettbewerb im Sinne des § 65 Nr. 3 AO geben könne[60]. Diese Ansicht hat jedoch zur Konsequenz, daß der Grundsatz der steuerlichen Wettbewerbsneutralität auf nicht gesättigten Märkten praktisch aufgegeben wird. Der Wettbewerb kann indes auch auf noch nicht gesättigten Märkten verzerrt werden. Deshalb ist die dargelegte Ansicht mit Sinn und Zweck der Norm nicht vereinbar.

---

[57] S. o. § 10 B III 3 b.

[58] EFG 1974,76 (77).

[59] Vgl. Scholtz in Koch § 65 Rn. 10.

[60] Rader S. 184; ders. BB 1979,1192 (1195).

Die festzustellende Konkurrenz muß angesichts des nahezu gleichartigen Angebotes hinsichtlich der nicht vereinsgebundenen Personen als nicht unerheblich bezeichnet werden. Folglich liegen insoweit die Voraussetzungen des § 65 Nr. 3 AO nicht vor. Gleiches gilt auch für die Überlassung der Anlagen an Mitglieder, weil nicht ersichtlich ist, daß insofern kein Wettbewerb besteht[61].

dd) Folglich liegen bei der Überlassung von Sportanlagen nicht alle Zweckbetriebsmerkmale vor. Die Einkünfte aus derartigen wirtschaftlichen Betätigungen sind deshalb als Einnahmen aus einem wirtschaftlichen Geschäftsbetrieb zu versteuern.

b) Überlassung durch eine Sportanlagen-GmbH

Bei Körperschaften, deren Zweck darin besteht, Sportanlagen zu unterhalten, dominiert die Förderung des Sports durch wirtschaftliche Tätigkeiten. Soweit mit Gewinnerzielungsabsicht gehandelt wird, fehlt es schon am Merkmal der Selbstlosigkeit[62]. Dadurch beschränkt sich der Kreis der Körperschaften, die als Sportanlagen-GmbH gemeinnützig sein können, überwiegend auf solche, deren Träger die öffentliche Hand ist.

Angesichts der vorwiegend wirtschaftlichen Betätigung solcher Körperschaften kann die Selbstlosigkeit nur bejaht werden, wenn sich die wirtschaftlichen Aktivitäten als Zweckbetrieb darstellen. Die unmittelbare Förderung des Sports ist gegeben[63]. Der Satzungszweck kann nur durch die Überlassung der Anlagen erreicht werden. Ein Verweis auf die Überlassung an Vereine[64] liefe auf eine gleichartige Betätigung hinaus. Der Verweis auf eine unentgeltliche Überlassung ist nicht nur wirtschaftlich unsinnig, sondern angesichts der Beispiele für Zweckbetriebe in § 68 AO auch unzulässig.

Eine Sportanlagen-GmbH, die durch ihr Angebot in Konkurrenz zu gewerblichen Anbietern oder zu insoweit steuerpflichtigen Sportvereinen tritt, erfüllt die Voraussetzungen des § 65 Nr. 3 AO nicht. Eine solche Konkurrenzsituation ist bei Tennisplätzen ohne weiteres anzunehmen. Bei Schwimm- oder Eissporthallen[65] kann eine solche Konkurrenzsituation zwar nicht mit derselben Sicherheit bejaht werden. Angesichts privat betriebener Schwimmhallen und Eissporthallen, die als Mehrzweckhallen

---

[61] In der Argumentation übereinstimmend Rader S. 183 f; Rader kommt jedoch zur Zweckbetriebseigenschaft, weil er die abzulehnende Ansicht vertritt, der Wettbewerb sei mangels eines ausreichenden Angebotes an Sportanlagen unerheblich.

[62] Vgl. FG Köln EFG 1986,144 (145).

[63] S. o. § 13 B III.

[64] Angesprochen vom FG Baden-Württemberg EFG 1984,627; die Kritik von Kalmes UR 1986,198 (200) geht von einem Sportverein aus; er übersieht, daß die Argumentation auf eine Sportanlagen-GmbH nicht übertragbar ist.

[65] Siehe FG Baden-Württemberg EFG 1984,627.

genutzt werden, ist jedoch von relevantem Wettbewerb durch steuerpflichtige Anbieter auszugehen.

Eine Sportanlagen-GmbH kann daher grundsätzlich nicht gemeinnützig sein, weil sich ihre wirtschaftlichen Tätigkeiten nicht als Zweckbetrieb einordnen lassen.

C. Umfang der Einnahmen aus sportlichen Veranstaltungen

Hinsichtlich des Umfanges der Einnahmen aus sportlichen Veranstaltungen muß danach unterschieden werden, ob ein Zweckbetrieb oder ein wirtschaftlicher Geschäftsbetrieb vorliegt.

I. Sportliche Veranstaltungen als Zweckbetrieb

Zu den Einnahmen aus sportlichen Veranstaltungen zählen beispielsweise die Eintrittsgelder, Organisationsgebühren und Erlöse aus dem Verkauf von Programmen. Die anläßlich der Sportveranstaltung erzielten Werbeeinnahmen stammen aus einem eigenständigen wirtschaftlichen Geschäftsbetrieb[66] und dürfen dem Zweckbetrieb „sportliche Veranstaltung" nicht zugerechnet werden[67].

II. Sportliche Veranstaltungen als wirtschaftliche Geschäftsbetriebe

Fraglich ist, ob die Werbeeinnahmen zu den Einnahmen aus dem wirtschaftlichen Geschäftsbetrieb „sportliche Veranstaltung" zu rechnen sind.

Die kommerzielle Werbung ist nicht als notwendiger Teil der Sportveranstaltung anzusehen[68]. Daher müßte streng genommen auch im Rahmen des § 67 a S. 3 AO sorgfältig zwischen den Einnahmen aus der Werbung und denen aus dem wirtschaftlichen Geschäftsbetrieb „sportliche Veranstaltung" getrennt werden[69]. Dennoch wird die Meinung vertreten, daß die Werbeeinnahmen zu den Einnahmen aus dem wirtschaftlichen Geschäftsbetrieb im Sinne des § 67 a S. 3 AO zu rechnen seien[70]. Dies solle auch dann gelten, wenn die Tätigkeit aufgrund der rechtlichen Konstruktion nach Auffassung der Finanzverwaltung als Vermögensverwaltung zu beurteilen ist[71].

---

[66] Vgl. BFH BStBl II 1983,27 (28).

[67] Anwendungserlaß zu § 67 aAO Anm. III 2, BStBl I 1987,664 (682).

[68] BFH BStBl II 1983,27 (28).

[69] So für Einnahmen aus langfristigen Werbeverträgen Peter Rn. 200 (S. 122).

[70] Anwendungserlaß zu § 67 a AO Anm. III 1, BStBl I 1987,664 (682); im Ergebnis auch Schleder RWP SG 2.1 S. 121 (130).

[71] Wochinger NWB 1986,1735 (1739) = Fach 2 S. 4655 (4659).

Angesichts der Verwendung gleicher Begriffe in § 67 a S. 1 und S. 3 AO ist fraglich, ob hinsichtlich des Umfanges der Einnahmen aus sportlichen Veranstaltungen ein Unterschied zwischen dem Zweckbetrieb und dem wirtschaftlichen Geschäftsbetrieb gemacht werden kann. Diesbezügliche Anhaltspunkte im Wortlaut der Norm bietet allenfalls das vorangestellte Wort „andere". Geht man jedoch vom Ziel des § 67 a S. 3 AO aus, daß sich der Sportbetrieb mit bezahlten Sportlern selbst tragen muß[72], droht der fehlende Zugriff auf die Werbeeinnahmen die finanzielle Basis zu schmälern. Hinzu kommt, daß ein wirtschaftliches Gesamtkonzept bei der Vermarktung einer sportlichen Veranstaltung besteht[73].

Trotz der rechtlichen Selbständigkeit des wirtschaftlichen Geschäftsbetriebes „kommerzielle Werbung" entspricht es dem objektiven Willen des Gesetzgebers am besten, wenn Werbung und sportliche Veranstaltung in extensiver Auslegung des Wortlautes zu einem einheitlichen wirtschaftlichen Geschäftsbetrieb „Berufssportveranstaltung" zusammengefaßt werden[74]. Dies ändert indes nichts daran, daß die Fassung des Gesetzestextes insoweit als verunglückt zu bezeichnen ist, als das gesetzgeberische Anliegen im Gesetzeswortlaut nicht hinreichend klar zum Ausdruck gekommen ist.

§ 18 Kritik an der Regelung des § 67 a AO

Die Regelung des § 67 a AO ist in der Literatur auf Kritik gestoßen. Bemängelt wird insbesondere, daß die Zweckbetriebseigenschaft davon abhängen soll, ob ein Sportler des Vereins von dritter Seite Einkünfte aus Sportvermarktung bezieht[1]. Selbst die Vereinbarkeit der neuen Vorschrift mit Art. 3 I GG wird in Frage gestellt[2].

A. Verfassungsmäßigkeit

I. Die verfassungsrechtlichen Bedenken beruhen zum Teil darauf, daß für die Vereine der Fußballbundesliga einerseits und die Vereine, die ihre Sportler bezahlen, andererseits unterschiedliche Vorschriften gelten[3].

Nach Art. 3 I, 1 III GG ist der Gesetzgeber verpflichtet, wesentlich Gleiches weder willkürlich ungleich, noch wesentlich Ungleiches willkürlich

[72] Scholtz in Koch § 67 a Rn. 28.
[73] Vgl. Lang StuW 1987,221 (237).
[74] Im Ergebnis Schleder RWP SG 2.1 S. 121 (130).
[1] Trzaskalik StuW 1986,219 (224); Tipke/Kruse § 67 a AO Rn. 3.
[2] Scholtz in Koch § 67 a Rn. 5; Trzaskalik StuW 1986,219 (223).
[3] Trzaskalik StuW 1986,219 (223).

gleich zu behandeln[4]. Der Gleichheitssatz läßt deshalb unterschiedliche Regelungen zu, sofern ein sachlicher Grund dies rechtfertigt.

In beiden Fällen fördern die Vereine den bezahlten Sport, entlohnen einen Teil ihrer Athleten und unterhalten daneben auch Amateursportabteilungen. Unterschiede bestehen lediglich hinsichtlich des Umfanges der wirtschaftlichen Aktivitäten. Insofern sind aber tatsächliche Voraussetzungen wie Zuschauerzuspruch, Kapazität der Sportstätte und sportlicher Erfolg mitentscheidend. Von daher ist ein Grund für eine unterschiedliche Behandlung nicht ersichtlich.

Der Gesetzgeber ist deshalb aufgerufen, insoweit eine einheitliche Regelung zu schaffen.

II. Die weitergehenden Zweifel beziehen sich auf die verschiedenen Rechtsfolgen, die eine Förderung von Erwerbsinteressen nach sich zieht[5]. Während Sportvereinen die Gemeinnützigkeit erhalten bleibt, verlieren andere Körperschaften bei vergleichbarem Verhalten diese Vergünstigung. Diese Unterschiede lassen eine gleichheitswidrige Begünstigung vermuten. Dennoch ist fraglich, ob die Bedenken durchgreifen.

Das Gesetz nennt verschiedene Voraussetzungen für die Erlangung der Gemeinnützigkeit. Die Anforderungen an sonstige Körperschaften sind schärfer gefaßt als die an Sportvereine. Die ungleiche Ausgangslage führt zwar zur gleichen Vergünstigung, doch ergeben sich Unterschiede im Detail.

Ein Verstoß gegen den Gleichheitssatz liegt nur vor, wenn kein sachlicher Grund die Gleich-/Ungleichbehandlung rechtfertigt. Hier könnte die besondere Situation des Sports die unterschiedlichen Voraussetzungen rechtfertigen.

Leistungssport ist heute ohne die finanzielle Unterstützung der Athleten kaum noch möglich. Gerade der Spitzensport aber dient in besonderem Maße der nationalen Repräsentation. Zudem gehen vom Spitzensport viele Impulse für den Breitensport aus. Hinzu kommt, daß Sportvereine, die die Erwerbsinteressen ihrer Sportler fördern, die Steuervergünstigungen partiell verlieren. Insofern bleibt die Förderung von Erwerbsinteressen nicht folgenlos. Unter diesen Umständen gibt es einen hinreichenden sachlichen Grund, der die unterschiedlichen Voraussetzungen für die Erlangung der Gemeinnützigkeit rechtfertigt.

Ein Verstoß gegen Art. 3 I GG liegt folglich nicht vor.

---

[4] BVerfGE 46,55 (62); vgl. auch BVerfGE 27,364 (371 f).
[5] Scholtz in Koch § 67 a Rn. 5.

B. Inhaltliche Kritik

Die inhaltliche Kritik am § 67 a AO richtet sich vor allem gegen die Einbeziehung von Zuwendungen Dritter. Es sei nicht ersichtlich, weshalb eine Steuervergünstigung für den Verein vom Verhalten Außenstehender abhängig sein solle[6]. Unter dem Gesichtspunkt der Aufrechterhaltung der Mittelbindung sei eine solche Vorschrift nicht erforderlich[7].

I. Zweck der kritisierten Regelung ist auch, daß die Förderung eigennütziger Ziele den partiellen Verlust der Gemeinnützigkeit nach sich ziehen soll. Die Einbeziehung der Zuwendungen des Vereins, die der Förderung solcher Ziele dienen, ist die nicht nur unter dem Gesichtspunkt der Mittelbindung gebotene Konsequenz.

Grundlage jeder Sportvermarktung ist die sportliche Tätigkeit desjenigen, der sein Können wirtschaftlich verwerten will. Diese Voraussetzung schafft der Verein, der einem Sportler die Möglichkeit bietet, sich einen Namen zu machen. Dies gilt um so mehr, als die Startmöglichkeit zumeist mit einer Vereinszugehörigkeit gekoppelt ist.

Zwar sind Vorteile, die jemand aus seiner Mitgliedschaft zieht, im Rahmen der Selbstlosigkeit nicht in jedem Falle relevant. Die Rechtsprechung verneinte indes stets die Selbstlosigkeit, wenn die Körperschaft den Erwerbsinteressen ihrer Mitglieder diente[8]. Dabei war unerheblich, von welcher Seite die Vorteile zuflossen.

Wirtschaftlich gesehen macht es keinen Unterschied, von wem ein Athlet Zuwendungen erhält. In jedem Falle fehlt dann ein selbstloses Handeln des Sportlers. Problematisch ist jedoch, ob der Verlust der Zweckbetriebseigenschaft trotz fehlender Kenntnis des Vereins von den Zuwendungen eintreten darf.

Einem Sportler steht es grundsätzlich frei, im Rahmen der geltenden Amateurbestimmungen Vorteile anzunehmen. Von daher fördern Sportvereine einen Zweck, der die Möglichkeit zur kommerziellen Nutzung in sich trägt. Damit werden immer latent Erwerbsinteressen gefördert. Dieser Umstand muß auch den Sportvereinen bewußt sein. Diesem Gesichtspunkt trägt die Einbeziehung der Zuwendungen Dritter Rechnung. Weiterhin kann zur Rechtfertigung, daß steuerliche Nachteile auch ohne Kenntnis eintreten sollen, angeführt werden, daß Informationsmöglichkeiten bestehen.

II. Streng genommen begünstigen Wettkämpfe auch die Erwerbsmöglichkeiten vereinsfremder Teilnehmer. Von daher enthält die Kritik an der

---

[6] Trzaskalik StuW 1986,219 (224).

[7] Tipke/Kruse § 67 a AO Rn. 3.

[8] RFH RStBl 1931,502; 1933,17 (18); 1933,76 (77); 1942,747; BFH BStBl III 1952,270 (271).

unterschiedlichen Behandlung einer sportlichen Veranstaltung unter dem Aspekt, wer Veranstalter ist[9], einen zutreffenden Kern. Dem Gesetzgeber ist jedoch beizupflichten, daß eine Art Risikoverteilung nach Einflußbereichen erfolgen mußte, um die Durchführbarkeit der Norm zu gewährleisten[10]. Die jetzige Lösung ist aber nur aus praktischen Erwägungen heraus plausibel.

III. Die Kritik am § 67 a AO erstreckt sich indes auch auf seine Praktikabilität. Gefragt wird insbesondere, auf welcher Grundlage sich der ausrichtende Verein die benötigten Informationen aus der Sphäre seiner Sportler für eine vernünftige Planung beschaffen soll[11]. Insoweit können nur eventuelle vertragliche Absprachen oder ersatzweise moralische Verpflichtungen genannt werden[12].

In diesem Punkt liegt in der Tat eine Schwachstelle des § 67 a AO. Freiwillig dürfte ein Athlet nur die verbandsrechtlich zulässigen Zuwendungen angeben. Einen Verstoß gegen sportinterne Vorschriften wird er schon aus Eigeninteresse verheimlichen. Dem Verein wird die Pflicht auferlegt, seine Sportler zu befragen[13], die gegebenenfalls einigen Arbeitsaufwand bedeutet. Das Auskunftsverlangen läßt sich eventuell nur durch eine Koppelung mit der Startberechtigung durchsetzen. Eine Garantie für wahrheitsgemäße Angaben ist damit jedoch nicht verbunden.

Offen ist auch, ob der Veranstalter eigene Athleten von der Teilnahme ausschließt, die offenbart haben, bezahlte Sportler zu sein. Insofern könnte sich § 67 a AO zum Nachteil des Sports auswirken.

---

[9] Trzaskalik StuW 1986,219 (225).
[10] Klein/Orlopp § 67 a Anm. 4.
[11] Vgl. Trzaskalik StuW 1986,219 (224).
[12] Schleder RWP SG 2.1 S. 121 (126 f).
[13] Vgl. Scholtz in Koch § 67 a Rn. 21.

4. Teil

Werbung und Sportvermarktung durch gemeinnützige Sportverbände

§ 19 Die Aufgaben der Sportverbände

Sportverbände sind Vereine auf Bundes-, Landes- oder Kreisebene, die regelmäßig nur Vereine als Mitglieder haben. Die Einzugsgebiete der Landesverbände stimmen nicht immer mit den Grenzen der Bundesländer überein. Gleiches gilt für die Kreise.

A. Deutscher Sportbund (DSB)

Der Deutsche Sportbund (DSB), dem als Mitglieder die Landessportbünde und zahlreiche Sportfachverbände angehören, ist die Spitzenorganisation des deutschen Sports. Dem DSB entsprechen auf der Ebene der Länder die Landessportbünde. In der Vergangenheit achtete der DSB darauf, daß jede Sportart im DSB nach dem Ein-Platz-Prinzip von nur einem Sportfachverband repräsentiert wird[1].

Der Deutsche Sportbund hat es sich zur Aufgabe gemacht, die Interessen des deutschen Sports im In- und Ausland zu vertreten. Im Inland nimmt er seine Aufgaben speziell gegenüber Staat und Öffentlichkeit wahr. Dies geschieht insbesondere durch Stellungnahmen zu gesetzgeberischen Vorhaben, die den Sport betreffen[2].

Der DSB wirkt ferner bei der Verteilung öffentlicher Mittel mit, die den Sportfachverbänden zur Erfüllung ihrer Aufgaben auf dem Gebiete des Hochleistungssport als direkte Zuschüsse zur Verfügung gestellt werden[3].

Der einzelne Sportler kommt mit den Aktivitäten des Deutschen Sportbundes immer dann in Berührung, wenn er das Sportabzeichen erwirbt, das vom DSB vergeben wird.

---

[1] Vgl. BGHZ 63,282 (283).

[2] Vgl. BT-Drucks. 10/6298 S. 6; zuletzt DER TAGESSPIEGEL v. 25.3.1988 S. 2; Lübecker Nachrichten v. 31.3.1988 S. 28.

[3] Vgl. 6. Sportbericht, BT-Drucks. 10/6241 S. 23.

B. Sportfachverbände

Ein Sportfachverband vertritt die Interessen nur einer Sportart. Einem Sportfachverband auf Bundesebene gehören regelmäßig die entsprechenden Fachverbände auf Landesebene an, denen wiederum die Vereine angehören, die eine Abteilung unterhalten, in der die betreffende Sportart betrieben wird.

Seiner Satzung nach verfolgt ein Sportfachverband regelmäßig den Zweck, den Leistungs- und den Breitensport in seiner Sportart zu fördern. Dieser Satzungszweck beschreibt einen umfassenden Tätigkeitsbereich.

I. Zu den Hauptaufgaben eines Fachverbandes auf Bundes- oder Landesebene gehört die Aufstellung von Auswahlmannschaften, die an internationalen oder nationalen Sportveranstaltungen teilnehmen. Damit verbunden ist die Aufgabe, die Spitzensportler in sportlicher Hinsicht aus- und weiterzubilden[4]. Auch die Aus- und Fortbildung der Trainer wird von den Sportfachverbänden wahrgenommen.

II. Die Sportfachverbände organisieren die Titelkämpfe, die auf ihrer Organisationsebene ausgetragen werden. Ausgerichtet werden diese Veranstaltungen zumeist durch einen Mitgliedsverein. Zu den angesprochenen Wettbewerben zählen auf Bundesebene Deutsche Meisterschaften, in einigen Sportarten, beispielsweise im Fußball oder Handball, auch die Spiele im Pokalwettbewerb. Auf Landesebene werden Landesmeisterschaften durchgeführt.

III. Eine weitere wichtige Aufgabe der Sportfachverbände ist die Überwachung von Wettkämpfen. Der Schwerpunkt dieser Aufgabe besteht darin, die Einhaltung der jeweiligen Wettkampfbestimmungen zu kontrollieren, die sportintern für jede Disziplin aufgestellt worden sind. Die Kontrolle kann sich beispielsweise darauf beziehen, ob alle Voraussetzungen für die Anerkennung einer sportlichen Höchstleistung als internationaler, nationaler oder regionaler[5] Rekord vorgelegen haben.

Damit einher geht die Führung der entsprechenden Bestenlisten, soweit die Sportart solche Listen zuläßt[6].

IV. In Ergänzung ihrer Überwachungsfunktion haben die Sportfachverbände eine eigene Verbandsgerichtsbarkeit errichtet, die gegen Sportler und Vereine Sanktionen verhängen kann. Für die Sportler können die Entscheidungen von Verbandsgerichten einschneidende Folgen haben. Am deutlichsten zeigt sich dies im Fußball, wenn gegen einen Spieler nach einem Platz-

[4] BT-Drucks. 10/6241 S. 18.

[5] Beispielsweise für den Bereich eines Sportfachverbandes auf Landesebene.

[6] Z. B. Leichtathletik oder Schwimmen.

verweis eine Sperre für eine bestimmte Zahl von Pflichtspielen verhängt wird.

V. Die Sportfachverbände sind für die Mitgliedsvereine Ansprechpartner in Rechtsfragen. Soweit Mittel zur Verfügung stehen, vergeben sie auch Zuschüsse. Anzutreffen ist ferner die Gewährung von Versicherungsschutz für die Mitgliedsvereine[7].

VI. Darüber hinaus obliegt den Sportfachverbänden die Aufgabe, die nationalen Wettkampfregeln im Einklang mit den von den internationalen Sportorganisationen beschlossenen Regelwerken fortzuentwickeln.

Der nationale Sportfachverband hat im Hinblick auf Regel 26 der IOC-Bestimmungen zusätzlich für die Einhaltung der Amateurbestimmungen zu sorgen. In diesen Aufgabenbereich fällt auch die Festlegung der Zuwendungen, die ein Sportler ohne Verlust seines Amateurstatus erhalten darf[8].

Außerdem vertreten die nationalen Sportfachverbände die deutschen Interessen in den internationalen Sportorganisationen.

§ 20 Sportvermarktung durch Sportverbände

Ein Großteil der national und international bedeutsamen Sportveranstaltungen wird von Sportfachverbänden ausgerichtet. Von daher können die Sportverbände wie die Vereine Veranstaltungen und Mannschaften vermarkten. Die Vermarktungsformen sind ihrer Art und Gestaltung nach grundsätzlich mit denen der Vereine identisch. Dennoch ergeben sich einige Besonderheiten, die auf der Stellung der Sportverbände beruhen.

A. Rechtskonstruktionen der Sportvermarktung

Die Sportverbände haben das gleiche Interesse wie die Sportvereine, die steueroptimale Gestaltungsform bei der Sportvermarktung zu finden. Auch die Sportverbände, die regelmäßig als gemeinnützig anerkannt sind, müssen sich dabei in erster Linie an der Rechtsauffassung der Finanzverwaltung orientieren, die diese hinsichtlich der steuerlichen Behandlung wirtschaftlicher Aktivitäten gemeinnütziger Körperschaften vertritt.

Den Sportverbänden geht es darum, daß ihnen möglichst alle Einnahmen aus Sportvermarktung steuerfrei zufließen. Von daher ist der Trend zu

---

[7] Vgl. Roth DStTg 1984,123 (134).

[8] Jüngstes Beispiel sind die Geldprämien, die der Deutsche-Leichtathletik-Verband (DLV) seinen Athleten und Trainern im Falle des Medailliengewinns bei den Olympischen Spielen 1988 in Seoul in Aussicht gestellt hat, vgl. Lübecker Nachrichten v. 30.3.1988 S. 26.

verzeichnen, wirtschaftliche Tätigkeiten auszulagern, um Einnahmen aus Vermögensverwaltung zu erzielen.

Der Deutsche-Leichtathletik-Verband beispielsweise hat die Werbetätigkeit der Leichtathletik-Fördergesellschaft mbH (LFG) übertragen[1]. Dieser Gesellschaft sind auch die Verlagsrechte des Verbandes und die Öffentlichkeitsarbeit übertragen worden[2].

B. Vermarktungsformen

Soweit ein Sportverband seine Werberechte an einen Dritten übertragen hat, sind die Vertragskonstruktionen mit denen identisch, die oben[3] bei den Vereinen dargestellt wurden. Im folgenden werden die wesentlichen Vertragsklauseln deshalb nur beschrieben, soweit dies nicht schon oben geschehen ist.

I. Trikotwerbung

Wie bereits oben[4] erwähnt, schreiben die Wettkampfordnungen der meisten internationalen Sportorganisationen vor, daß Trikotwerbung bei Welt- und Europameisterschaften nicht zugelassen ist. Gleiches gilt für die Olympischen Spiele und internationale Vergleichskämpfe.

Trikotwerbung können die Sportfachverbände nur bei den Veranstaltungen betreiben, zu denen sie Mannschaften entsenden. Aus diesem Grunde haben die meisten Sportfachverbände fast keine Gelegenheit, Einnahmen aus Trikotwerbung zu erzielen.

II. Bandenwerbung

Sportfachverbände haben zumeist keine eigenen Sportanlagen. Sie sind deshalb darauf angewiesen, Sportstadien oder -hallen für ihre Wettkampfveranstaltungen anzumieten oder einem Mitgliedsverein die Ausrichtung der Veranstaltung zu übertragen.

Soweit eine Sportanlage angemietet werden muß, entscheidet der Inhalt des Mietvertrages, ob der Verband als Mieter Bandenwerbung betreiben darf[5]. Die Vermieter einiger Sportstätten haben ihrerseits die Werberechte an der Bande einem Dritten übertragen. In solchen Fällen besteht regelmä-

---

1 Vgl. Fischer S. 100.
2 Auskunft des Deutschen-Leichtathletik-Verbandes (DLV).
3 S. o. § 5 B II.
4 S. o. § 1 B 1.
5 S. o. § 5 A.

ßig keine Möglichkeit, daß ein Sportfachverband als Mieter die Bande nutzen kann.

Wird die Veranstaltung von einem Mitgliedsverein ausgerichtet, kommt es auf die Absprache zwischen Fachverband und Mitgliedsverein an, ob der Verband Einnahmen aus Bandenwerbung erzielen kann.

III. Werbung auf Organisationsmitteln

Von besonderer Bedeutung für die Sportverbände ist die Werbung auf Organisationsmitteln. Speziell die Startnummern werden als Werbeträger genutzt, weil die Bilder der Teilnehmer über längere Zeiträume hinweg in Dokumentationen und Archiven zugänglich sind[6]. Auch die Eintrittskarten bieten sich als Werbeträger an.

IV. Ausrüsterverträge

1. Genauso wie die Sportvereine nutzen die Sportfachverbände die Möglichkeit, durch Ausrüsterverträge mit Herstellern von Sportartikeln Einnahmen zu erzielen[7]. Insofern ergeben sich keine Besonderheiten.

2. In letzter Zeit zunehmend zu verzeichnen sind Ausrüsterverträge mit Unternehmen, die keine speziell für den Sport bestimmten Produkte herstellen. Diese Unternehmen sind zumeist Hersteller von Lebensmitteln. Derartige Verträge werden insbesondere für die Olympiamannschaften abgeschlossen.

In diesen Verträgen wird dem Unternehmen das Recht eingeräumt, sich als „Offizieller Ausrüster" oder „Offizieller Lieferant" der Olympiamannschaft zu bezeichnen. Als Gegenleistung dürfen für die Mannschaft nur die Produkte des Unternehmens verwendet werden, die den Gegenstand des Vertrages bilden. Das Unternehmen zahlt regelmäßig einen Geldbetrag, um die werbewirksame Bezeichnung führen zu dürfen.

V. Medienrechte

Aufgrund des großen Interesses an der Berichterstattung über internationale Sportveranstaltungen[8] ist die Vermarktung der Medienrechte von großer Bedeutung für die Sportverbände.

---

[6] Auskunft des Deutschen-Leichtathletik-Verbandes (DLV).

[7] Vgl. BFH BStBl II 1983,27 ff.

[8] Am beliebtesten sind Fußball, Tennis, Ski alpin, Skispringen, Leichtathletik, Motorsport, Eiskunstlauf, Eishockey, Reiten und Handball, vgl. BKartA WuW/E BKartA 2273 (2279).

Ein Großteil der deutschen Sportfachverbände hat zusammen mit dem Deutschen Sportbund einen Globalvertrag mit den öffentlich-rechtlichen Rundfunkanstalten abgeschlossen[9]. Nach diesem Vertrag erhalten die Rundfunkanstalten für die von ihnen auszuwählenden Sportveranstaltungen die ausschließlichen Übertragungsrechte. Dadurch haben sie praktisch das Recht des ersten Zugriffs. Die Rundfunkanstalten zahlen dafür einen festen Betrag, der nach einem Schlüssel auf die Sportfachverbände umgelegt wird.

Dieser Vertrag soll auch für Verbände mit weniger publikumswirksamen Sportarten Einnahmen sicherstellen. Zudem soll den Sportfachverbänden die Belastung abgenommen werden, für jede Veranstaltung die Medienrechte mit großem Aufwand neu vermarkten zu müssen.

In der Praxis hat der Globalvertrag jedoch neue Probleme geschaffen. Zum einen haben einige Sportfachverbände festgestellt, daß sie wesentlich höhere Einnahmen aus der Vermarktung der Medienrechte erzielen könnten. Zum anderen hat das Bundeskartellamt den Globalvertrag aufgrund kartellrechtlicher Bedenken für nichtig erklärt[10]. Ob diese Bedenken zu Recht erhoben worden sind, kann an dieser Stelle nicht überprüft werden. Insofern bedarf es einer umfangreichen Untersuchung, die anderen Arbeiten vorbehalten werden muß.

VI. Gesponsorte Veranstaltungen

Nationale und internationale Großveranstaltungen können heute kaum noch mit Eigenmitteln des Veranstalters durchgeführt werden. Aus diesem Grunde sind gesponsorte Veranstaltungen recht häufig anzutreffen[11]. Die Sponsoren zahlen für das Recht, sich Sponsor nennen zu dürfen, entweder einen Geldbetrag oder stellen Sachmittel zur Verfügung. Die Daimler-Benz AG beispielsweise hat als Sponsor der Europameisterschaften der Leichtathleten 1986 in Stuttgart einen Fahrzeugpark gestellt.

§ 21 Die Besteuerung wirtschaftlicher Aktivitäten von Sportverbänden

Sportverbände sind ihrer Rechtsform nach Vereine. Sie unterliegen deshalb gemäß § 1 I Nr. 4 KStG mit ihren Einkünften der Körperschaftsteuer. Sportverbände sind jedoch zumeist als gemeinnützig anerkannt. Dann unterliegen sie gemäß § 5 I Nr. 9 KStG nur mit ihren Einnahmen aus

---

[9] Teilweise abgedruckt in WuW/E BKartA 2273 (2274 f).

[10] WuW/E BKartA 2273 ff.

[11] Vgl. DIE WELT v. 12.5.1987, S. 16.

wirtschaftlichen Geschäftsbetrieben der Körperschaftsteuer. Gleiches gilt gemäß § 3 Nr. 6 GewStG für die Gewerbesteuer.

Aus diesem Grunde ist auch für die Sportverbände von größtem Interesse, unter welchen Voraussetzungen sie als gemeinnützig anerkannt werden.

A. Die Voraussetzungen für die Gemeinnützigkeit von Sportverbänden

Wie die Sportvereine sind Sportverbände gemeinnützig, wenn sie die Voraussetzungen der §§ 51 ff AO erfüllen. Demnach müssen Sportverbände den Sport selbstlos, ausschließlich und unmittelbar fördern. Hinsichtlich der einzelnen Merkmale kann grundsätzlich auf die Ausführungen zum Gemeinnützigkeitsrecht der Sportvereine verwiesen werden[1]. Einer Erörterung einzelner Voraussetzungen bedarf es deshalb grundsätzlich nur insoweit, als sich bei den Sportverbänden Besonderheiten ergeben.

I. Wie bei den Sportvereinen besteht bei den Sportverbänden, namentlich beim Deutschen Sportbund, die Gefahr, daß sie auf der Grundlage eines weit verstandenen Sportbegriffs[2] bloße Freizeitaktivitäten fördern. In dieser breit angelegten Interessenvertretung ist zwar dem Grunde nach ein Verstoß gegen das Prinzip der Ausschließlichkeit zu sehen. Aufgrund der Vorschrift des § 58 Nr. 9 AO ist es jedoch auch den Sportverbänden möglich, ohne Verlust der Steuervorteile dem Sport nahestehende Tätigkeiten zu fördern, sofern diese gegenüber den steuerbegünstigten Tätigkeiten von untergeordneter Bedeutung sind. Folglich wirkt sich der an sich gegebene Verstoß gegen § 56 AO im Ergebnis nicht aus.

II. Fraglich ist, ob die den Sportfachverbänden gemäß Regel 26 der IOC-Bestimmungen zugewiesene Aufgabe, gegebenenfalls die sportlichen Erfolge von Athleten zu vermarkten, mit den §§ 55, 56 AO vereinbar ist.

1. Ein Sportfachverband, der für Sportler Maßnahmen zur Sportvermarktung durchführt, fördert auch deren Erwerbsinteressen. Diese Förderung von Erwerbsinteressen ist keine notwendige Folge der Verwirklichung satzungsmäßiger Zwecke. Daher liegt nicht nur ein Verstoß gegen den Grundsatz der Selbstlosigkeit, sondern auch gegen das Gebot, nur begünstigte Zwecke zu fördern, vor.

Die meisten Sportfachverbände haben deshalb aus gutem Grund davon Abstand genommen, die ihnen durch Regel 26 der IOC-Bestimmungen zugewiesenen Aufgaben selbst wahrzunehmen. Anderenfalls hätten sie ihre Gemeinnützigkeit eingebüßt. Statt dessen haben sie die Fördergesellschaft Deutsche Sporthilfe GmbH mit der Wahrnehmung dieser Aufgaben betraut[3].

---

[1] S. o. §§ 9 – 13.

[2] Vgl. BT-Drucks. 10/6298 S. 6.

Die Tätigkeit der Fördergesellschaft als unabhängige juristische Person kann den an ihr nicht beteiligten Sportfachverbänden nicht zugerechnet werden. Die Kenntnisnahme von den jeweiligen Vertragswerken der Fördergesellschaft mit dem werbenden Unternehmen einerseits und dem Sportler andererseits[4] erfolgt in Erfüllung der satzungsmäßigen Aufgabe der Prüfung des Amateurstatus. Gleiches gilt für die Zustimmung zu Auszahlungen aus dem Athletenfonds. Die Übertragung der Abschlußbefugnis an die Fördergesellschaft schließlich ist als unschädliche Vorbereitungshandlung zu werten, mit der es einem anderen ermöglicht wurde, seine Arbeit aufzunehmen.

2. Fraglich ist jedoch, ob es nach dem 1.1.1986 angesichts der Vorschrift des § 67 a AO einer Einschaltung der Fördergesellschaft Deutsche Sporthilfe GmbH noch bedarf.

Die Einschaltung der Fördergesellschaft ist entbehrlich, wenn § 67 a AO jede Form der Förderung des bezahlten Sports freigestellt hat. Die Norm soll indes nur ermöglichen, bezahlte Sportler einzusetzen, sie zu trainieren und sie unter den Voraussetzungen des § 67 a S. 3 AO zu bezahlen. Die Unterhaltung eines wirtschaftlichen Geschäftsbetriebes „Vermarktung von Sportlern" ist weder durch den Wortlaut, noch durch Sinn und Zweck der Vorschrift gedeckt. Dies gilt um so mehr, als die Zulassung der Vermarktungstätigkeit, die im Interesse der Sportler durch Sportfachverbände erfolgt, unter dem Gesichtspunkt, gefährdeten Vereinen die Gemeinnützigkeit zu erhalten, nicht erforderlich war.

Deshalb gilt weiterhin, daß Sportvereine und -verbände nur ihre eigenen Werberechte vermarkten dürfen.

III. Sportfachverbände fördern den Sport regelmäßig unmittelbar[5], so daß für sie § 57 I AO gilt. Der Deutsche Sportbund beispielsweise nimmt dagegen fast ausschließlich die Funktion eines Dachverbandes wahr und fördert den Sport daher nur mittelbar. Diesen Fall regelt § 57 II AO, der die Tätigkeit eines Dachverbandes der einer Körperschaft gleichstellt, die begünstigte Zwecke unmittelbar verwirklicht.

Die Mitgliedschaft eines nicht gemeinnützigen Vereins in einem Dachverband wird für unschädlich erachtet, sofern der Verband dieses Mitglied nicht unterstützt[6]. Dieser Ansicht kann für die Fälle des § 57 I AO gefolgt werden, weil die Voraussetzungen der Gemeinnützigkeit nur bei der zu beurteilenden Körperschaft vorliegen müssen.

---

3 Greffenius/Borcherdt S. 1 (5); OFD Münster v. 11.6.1985, FR 1985,410 (411).

4 Vgl. Anlage 2 zu dem Vertragsmuster bei Reschke Dok. 05 00 2.

5 Scholtz in Koch § 57 Rn. 6.

6 Roth DStTg 1984,123 (134).

Soweit ein Fall des § 57 II AO vorliegt, ist die eben dargelegte Ansicht mit dem Wortlaut der Norm nicht vereinbar, weil es sich um einen Zusammenschluß steuerbegünstigter Körperschaften handeln muß. Welche Rechtsfolgen eintreten, wenn einem Mitglied des Dachverbandes die Gemeinnützigkeit entzogen wird, geht aus § 57 II AO nicht hervor. Streng genommen müßte in solchen Fällen auch der Dachverband seine Gemeinnützigkeit verlieren. Ein Dachverband ist jedoch regelmäßig nur in der Lage, auf den Verlust der Gemeinnützigkeit eines seiner Mitglieder zu reagieren. Deshalb ist es mit dem Gesetz vereinbar, wenn der Entzug der Gemeinnützigkeit bei einem Mitglied keine Auswirkungen auf die Gemeinnützigkeit des Dachverbandes hat, sofern die Mitgliedschaft des betroffenen Vereins daraufhin unverzüglich endet[7].

B. Die steuerrechtliche Behandlung wirtschaftlicher Tätigkeiten von Sportverbänden

Für die Sportverbände gilt hinsichtlich ihrer wirtschaftlichen Tätigkeiten grundsätzlich nichts anderes als für die Sportvereine. Auch sie können Einkünfte aus Vermögensverwaltung, Zweckbetrieben oder wirtschaftlichen Geschäftsbetrieben haben.

I. Problematisch ist, welche sportlichen Veranstaltungen des Verbandes als Zweckbetrieb zu behandeln sind. Bei der Auslegung des § 67 a AO stellt sich insoweit die Frage, wann ein Athlet als bezahlter Sportler des Verbandes zu behandeln ist.

II. In jedem Falle führen Zahlungen des Sportverbandes selbst oder von ihm veranlaßte Zuwendungen durch Dritte dazu, daß ein teilnehmender Athlet zumindest als bezahlter Sportler im Sinne des § 67 a S. 1 Nr. 2 AO anzusehen ist. Insofern gelten die gleichen Grundsätze, die auch für die Sportvereine gelten.

III. Dagegen ist fraglich, ob ein Athlet, der seine sportlichen Erfolge vermarktet, auch bezahlter Sportler des Verbandes im Sinne von § 67 a S. 1 Nr. 1 AO sein kann. Diesbezügliche Stellungnahmen sind bislang in der Literatur nur vereinzelt zu finden[8]. In diesen Stellungnahmen wird verneint, daß Athleten, die bezahlte Sportler ihrer Vereine sind, auch als solche des Sportfachverbandes zu gelten haben. Die Finanzverwaltung hat diese Ansicht vor kurzem übernommen[9].

---

[7] Vgl. Scholtz in Koch § 57 Rn. 6.

[8] Wochinger NWB 1986,1735 (1737) = Fach 2 S. 4655 (4657); Scholtz in Koch § 67 a Rn. 24.

[9] Anwendungserlaß zu § 67 a AO Anm. V 8, BStBl I 1987,664 (683).

1. Bundesdeutsche Sportler sind selbst nicht Mitglieder der für sie zuständigen Sportfachverbände. Insofern besteht nur eine mittelbare Bindung über den Sportverein. Wollte man auf die Mitgliedschaft abstellen, wären deutsche Athleten ihrem Verband nie zuzurechnen. Wie bereits oben[10] gezeigt, kommt es auf die Mitgliedschaft jedoch nicht an[11]. Entscheidend ist vielmehr, ob ein teilnehmender Sportler dem Veranstalter zuzurechnen ist.

2. Eine Zurechnung ist dann geboten, wenn ein Sportler für den Verband startet. Dies ist bei den Mitgliedern der Auswahlmannschaften eines Sportfachverbandes der Fall. Von daher sind diese Athleten als bezahlte Sportler des Verbandes im Sinne von § 67 a S. 1 Nr. 1 AO anzusehen[12].

Bei Deutschen Meisterschaften starten die Athleten für ihren Verein. Deshalb sind die Teilnehmer ihrem jeweiligen Verein und nicht dem veranstaltenden Sportfachverband zuzurechnen. Folglich nehmen an Deutschen Meisterschaften regelmäßig keine bezahlten Sportler im Sinne des § 67 a S. 1 Nr. 1 AO teil[13].

3. Die Zweckbetriebseigenschaft könnte dennoch gemäß § 67 a S. 1 Nr. 2 AO zu verneinen sein, wenn aufgrund der Umstände der Sportvermarktung, die im Interesse der Athleten erfolgt, ein Zusammenwirken mit einem Dritten anzunehmen ist. Erwähnt werden insoweit Zuweisungen an Athletenfonds im Rahmen von Ausrüsterverträgen[14], die die teilnehmenden Spitzensportler in der Regel haben.

Diese Zahlungen fließen nicht an den ausrichtenden Verband, damit er sie weiterleitet. Vielmehr hat der Veranstalter höchstens Kenntnis von Prämien, was aber für ein Zusammenwirken nicht ausreicht[15]. Die Abwicklung der Sportvermarktung über die rechtlich selbständige Fördergesellschaft hat vielmehr zur Folge, daß die Tätigkeit dieser juristischen Person dem ausrichtenden Sportfachverband nicht zugerechnet werden kann. Deshalb fehlt es an einem Anknüpfungspunkt für ein Zusammenwirken, zumal auch eine Zusammenarbeit mit dem jeweiligen Ausrüster in bezug auf die Sportveranstaltung nicht erkennbar ist.

Eine Zurechnung gemäß § 67 a S. 1 Nr. 2 AO kommt deshalb nur in Betracht, wenn der Ausrüster zugleich einer der Hauptsponsoren der Ver-

---

[10] S. o. § 17 A.

[11] Scholtz in Koch § 67 a Rn. 16; Schleder RWP SG 2.1 S. 121 (127).

[12] Insoweit nur vom Ergebnis, nicht aber von der Begründung her zutreffend Anwendungserlaß zu § 67 a AO Anm. V 8, BStBl I 1987,664 (683), wo wegen der Zahlungen von Vereinen an ihre Sportler bei Länderkämpfen auf § 67 a S. 1 Nr. 2 AO verwiesen wird.

[13] Vgl. Wochinger NWB 1986,1735 (1737) = Fach 2 S. 4655 (4657); Scholtz in Koch § 67 a Rn. 24.

[14] So wohl Wochinger NWB 1986,1735 (1738) = Fach 2 S. 4655 (4658).

[15] S. o. § 17 A II.

bandsveranstaltung ist. Ob diese Voraussetzung vorliegt, ist eine Frage des Einzelfalles.

4. Deutsche Meisterschaften sind daher nur unter den Voraussetzungen des § 67 a S. 1 Nr. 2 AO als wirtschaftlicher Geschäftsbetrieb zu behandeln.

5. Teil

Schlußbetrachtung

§ 22 Zusammenfassung und Ausblick

A. Zusammenfassung

I. Die Arbeit hat gezeigt, daß sich das Gemeinnützigkeitsrecht der Sportvereine mehr und mehr zu einem Sonderrecht entwickelt hat. Der Gesetzgeber hat die Verstöße gegen tragende Prinzipien der §§ 51 ff AO zum Anlaß genommen, mit § 67 a AO einen Ausnahmetatbestand zu schaffen, mit dem das Gesetz der Realität angepaßt worden ist[1]. Diese Norm, die an systematisch falscher Stelle plaziert worden ist, regelt nicht nur die Zweckbetriebseigenschaft bestimmter sportlicher Veranstaltungen. Sie setzt vielmehr voraus, daß eine Bezahlung von Sportlern entgegen den allgemeinen Bestimmungen über die Selbstlosigkeit in § 55 AO die Gemeinnützigkeit nicht gefährdet, wenn die Zuwendungen aus dem wirtschaftlichen Geschäftsbetrieb „Sportveranstaltung" oder von Dritten stammen.

II. Sportvereine und Sportverbände sind unter den Voraussetzungen der §§ 51 AO ff gemeinnützig. Entgegen neueren Stellungnahmen in Rechtsprechung[2] und Literatur[3] hat im Rahmen des § 52 II AO aus Gründen der Rechtssicherheit grundsätzlich keine gesonderte Prüfung zu erfolgen, ob eine bestimmte Sportart die Allgemeinheit fördert[4]. Dies schließt jedoch nicht aus, bei der Abgrenzung zu nicht begünstigten Zwecken aus dem Bereich der bloßen Freizeitgestaltung auf die Gesichtspunkte zurückzugreifen, die den Gesetzgeber bewogen haben, den Sport steuerlich zu fördern. Als wichtigste Gründe sind dabei gesundheitspolitische Aspekte und der Repräsentationsgedanke zu nennen. Der letztgenannte Gesichtspunkt bleibt in einigen der eingangs erwähnten neueren Stellungnahmen unbeachtet[5].

Mit Hilfe der eben erwähnten Gesichtspunkte läßt sich der Prüfungsmaßstab des Sportbegriffs bestimmen. Danach ist das Merkmal der körperlichen

---

1 Vgl. die Kritik bei Schleder RWP SG 2.1 S. 121 (126).

2 FG Nürnberg EFG 1986,621.

3 Tipke/Kruse § 52 AO Rn. 17; Arndt/Immel BB 1987,1153 (1154 f); Lang StuW 1987,221 (234 f, 250); ders. DStZ-A 1988,18 (29 f).

4 S. o. § 8 B II.

5 Vgl. Tipke/Kruse § 52 AO Rn. 17.

Ertüchtigung im Hinblick auf die gesundheitspolitischen Gründe der steuerlichen Sportförderung als Bestandteil des Sportbegriffs anzusehen. Daneben ist jedoch auch der Gedanke der nationalen Repräsentation als eigenständiger Förderungsgrund zu nennen. Deshalb fallen auch Betätigungen unter den Sportbegriff, die nicht schon durch das Merkmal der körperlichen Ertüchtigung erfaßt werden können.

Mit den hier für den Sportbegriff entwickelten Prüfungsmaßstäben lassen sich auch dort eindeutige Grenzen ziehen, wo sich der Übergang zu bloßen Freizeitbeschäftigungen nahtlos vollzieht. Dies gilt speziell für den Motorflugsport und das Segeln.

III. Sportvereine und Sportverbände dürfen gemäß § 56 AO nur steuerbegünstigte Zwecke fördern. Diese Voraussetzung ist nicht erfüllt, wenn auch Betätigungen gefördert werden, die als bloße Freizeitbeschäftigungen anzusehen sind. In solchen Fällen ist jedoch § 58 Nr. 9 AO zu beachten. Dieser Norm liegt der Gedanke zugrunde, daß bestimmte geringfügige Verstöße gegen den Grundsatz des § 56 AO unschädlich sein sollen[6]. Freizeitbeschäftigungen, die aufgrund der dargelegten Abgrenzungskriterien nicht unter den Sportbegriff fallen, stehen dem Sport regelmäßig nahe. Deshalb können sie ohne Gefährdung der Gemeinnützigkeit gefördert werden, sofern sie im Vergleich zur Förderung des Sports von untergeordneter Bedeutung und nicht als wirtschaftlicher Geschäftsbetrieb anzusehen sind.

Ein Grund für die Einführung des § 58 Nr. 9 AO mag auch darin bestanden haben, daß im Rahmen der Ausschließlichkeit mit zweierlei Maß gemessen wird. Es ist mit § 56 AO vereinbar, daß gemeinnützige Körperschaften zum Teil recht umfangreiche wirtschaftliche Geschäftsbetriebe unterhalten. Dagegen führt eine Verfolgung nicht begünstigter Zwecke ansonsten selbst dann zum Verlust der Gemeinnützigkeit, wenn der Umfang minimal ist.

IV. Im Rahmen der Selbstlosigkeit konnte festgestellt werden, daß bei den derzeit in Rechtsprechung und Literatur angebotenen Definitionen, wann „in erster Linie“ eigenwirtschaftliche Zwecke verfolgt werden, nicht klar genug zwischen den Interessen der Körperschaft und denen der Mitglieder unterschieden wird. Insofern ist festzuhalten, daß § 55 I HS 1 AO gemeinnützigen Körperschaften nur ermöglichen soll, wirtschaftliche Geschäftsbetriebe zu unterhalten. Dagegen liegt bereits ein Verstoß gegen den Grundsatz der Selbstlosigkeit vor, wenn die wirtschaftlichen Interessen eines Mitgliedes oder einer dritten Person unterstützt werden, ohne daß dies durch die Verfolgung satzungsmäßiger Zwecke geboten ist.

V. Die Bezahlung von Sportlern ist mit dem Merkmal der Selbstlosigkeit nicht zu vereinbaren[7]. § 67 a AO durchbricht diesen Grundsatz, weil diese

[6] Vgl. Hauber S. 63.
[7] S. o. § 11 B I 3 a, b.

Norm voraussetzt, daß Sportlern unter den Voraussetzungen des § 67 a S. 3 AO ohne Gefährdung der Gemeinnützigkeit Zuwendungen gemacht werden dürfen.

VI. Soweit Sportvereine Werbemaßnahmen durchführen, wird der durch § 55 I HS 1 AO gesteckte Rahmen zulässiger wirtschaftlicher Betätigungen regelmäßig nicht verlassen. Eine Grenze ist jedoch dort zu ziehen, wo nicht mehr nur anläßlich von Sportveranstaltungen vorhandene Ressourcen genutzt, sondern Sportveranstaltungen unter dem Gesichtspunkt organisiert werden, möglichst viel zusätzliche Werbung einzuflechten.

Die Einkünfte aus Werbemaßnahmen sind zu versteuern, weil sie im Rahmen eines wirtschaftlichen Geschäftsbetriebes erzielt werden. Dies gilt auch, soweit die Werberechte verpachtet werden.

VII. Für die Einnahmen, die durch die kurzfristige Vermietung von Sportanlagen erzielt werden, gilt ebenfalls, daß sie als Einkünfte aus einem wirtschaftlichen Geschäftsbetrieb der Besteuerung unterliegen.

B. Ausblick

Bei einer künftigen Neuregelung des Gemeinnützigkeitrechts sollte die steuerliche Förderung des Sports trotz der Bestrebungen, Subventionen abzubauen, beibehalten werden[8]. Angesichts der Durchbrechung des Prinzips der Selbstlosigkeit bei Sportvereinen und Sportverbänden erscheint es jedoch geboten, die schon während der Beratungen der AO'77 kritisch erwähnte Sonderstellung des Sports[9] auch gesetzgebungstechnisch durch eine isolierte Regelung herauszustellen. Dabei sollte die jetzige steuerrechtliche Trennung zwischen Amateur- und Berufssport als unzeitgemäß aufgegeben werden.

Zur Vereinfachung des Steuerrechts der Sportvereine und Sportverbände bietet es sich an, gesonderte Ausnahmevorschriften für Sportvereine in den Einzelsteuergesetzen zu schaffen. Dies müßte dergestalt erfolgen, daß in jedem Steuergesetz deutlich herausgestellt wird, ob Sportvereine der in dem Gesetz geregelten Steuer unterliegen.

In der AO braucht dann nur noch geregelt zu werden, was unter einem Sportverein im Sinne des Gesetzes zu verstehen ist. Als Sportverein könnten alle Vereine angesehen werden, die den Sport um des Sports willen fördern.

---

[8] Zu gegenteiligen Ergebnissen kommt das Gutachten der Sachverständigenkommission zur Überarbeitung des Gemeinnützigkeitsrechts, siehe Gutachten S. 144; insoweit unklar Trzaskalik StuW 1986,219 (231), der den Abbau der Steuervergünstigungen anspricht, um den staatlichen Einfluß zurückzudrängen.

[9] Vgl. den Beitrag der Abgeordneten Funke (FDP) in der Sitzung v. 27.11.1975, Sten. Ber. Band 95, S. 14041 B.

Auf diese Art lassen sich die kommerziellen Fitneßcenter aus dem Begriff ausgrenzen.

Mit der Aufhebung der Trennung zwischen Amateur- und Berufssportveranstaltungen wird es erforderlich, alle Sportveranstaltungen grundsätzlich gleich zu behandeln. Angesichts des heutigen Charakters des Sports erscheint es allerdings geboten, insoweit von steuerpflichtigen wirtschaftlichen Geschäftsbetrieben auszugehen. Dabei darf das fiskalische Denken indes nicht zu weit gehen. Deshalb muß der Steuersatz zumindest für die kleinen und mittleren Vereine unter dem sonst üblichen liegen.

Eine weitere Vereinfachung könnte darin bestehen, daß für kleine und mittlere Vereine eine am Umsatz orientierte Pauschalbesteuerung eingeführt wird, wie es im Bundesrat vorgeschlagen worden ist[10]. Umsatzschwachen Vereinen könnte zusätzlich dadurch geholfen werden, daß die gezahlte Steuer auf Antrag erstattet wird, wenn noch zu bestimmende Umsatzobergrenzen nicht überschritten werden.

Zusätzlich sollte gesetzlich geregelt werden, wie die besonders häufigen wirtschaftlichen Tätigkeiten von Vereinen steuerlich zu behandeln sind. Dieser Vorschlag zielt dahin, daß sich das fiskalische Denken der Vereine bei der steueroptimalen Vertragsgestaltung weitestgehend erübrigt.

---

[10] BR-Drucks. 132/85 mit Stellungnahme 132/1/85.

Nachwort

Die Bundesregierung plant, die Besteuerung wirtschaftlicher Betätigungen von Sportvereinen ab dem Veranlagungszeitraum 1990 wesentlich zu vereinfachen. Die künftigen Regelungen sollen im folgenden anhand des bereits vorliegenden Referentenentwurfs kurz beschrieben werden.

I. Nach dem Referentenentwurf wird beabsichtigt, die in § 52 II Nr. 2 AO für den Sport bestehenden Regelungen zu streichen und einen § 52 II Nr. 4 AO (RefE) zu schaffen, nach dem die Förderung des Sports und dem Sport nahestehender Tätigkeiten künftig gemeinnützig sein soll. Der Referentenentwurf geht damit davon aus, daß für das Verhältnis der Absätze 1 und 2 des § 52 AO die in der vorliegenden Arbeit dargestellte berichtigende Auslegung des § 52 II AO maßgeblich ist. Dem Sport nahestehende Tätigkeiten sind solche, die bislang unter § 58 Nr. 9 AO zu subsumieren waren. Es handelt sich um Tätigkeiten wie Skat, Go, Bridge, Hundesport oder Tischfußball, bei denen wesentliche Elemente des Sportbegriffs der AO fehlen. Da reine Geselligkeitsvereine weiterhin nicht gemeinnützig sein sollen, wird das bestehende Abgrenzungsproblem voraussichtlich nur verlagert, da künftig darum gestritten werden wird, ob eine dem Sport nahestehende Tätigkeit vorliegt.

II. Nach § 58 Nr. 9 AO (RefE) soll es künftig nicht gemeinnützigkeitsschädlich sein, wenn ein Sportverein neben dem unbezahlten auch den bezahlten Sport fördert. Diese Regelung stellt an systematisch richtiger Stelle klar, was bislang in § 67 a AO vorausgesetzt wurde.

III. Von wesentlicher Bedeutung für die kleinen Sportvereine wird der § 64 III AO (RefE) sein. Danach sollen künftig die 60 000 DM nicht übersteigenden Bruttoeinnahmen aus wirtschaftlichen Geschäftsbetrieben, die keine Zweckbetriebe sind, bei der Körperschaftsteuer und der Gewerbesteuer außer Ansatz bleiben. Die Verpflichtung, sämtliche Einnahmen und Ausgaben ordnungsgemäß aufzuzeichnen (§ 63 III AO), bleibt jedoch bestehen.

IV. Liegen die Einnahmen über 60 000 DM, soll die Ertragsbesteuerung wie bisher auf der Grundlage des Überschusses der Einnahmen über die Ausgaben der steuerpflichtigen wirtschaftlichen Geschäftsbetriebe durchzuführen sein.

Für die davon betroffenen Vereine soll künftig ein Freibetrag von je 7 500 DM bei der Körperschaftsteuer bzw. Gewerbesteuer gelten. Die gestaffelten Freibeträge des § 24 KStG soll es dann nicht mehr geben.

V. Für kleine Vereine soll es außerdem künftig nicht mehr darauf ankommen, ob an ihren sportlichen Veranstaltungen ein bezahlter Sportler teilnimmt. Vielmehr sieht § 67 a I AO (RefE) vor, daß sportliche Veranstaltungen eines Sportvereins ein Zweckbetrieb sind, wenn die Bruttoeinnahmen 60 000 DM nicht übersteigen. Da anders als in § 68 Nr. 7 a) AO a. F. keine Bestimmung des Überschusses erforderlich ist, ist von dieser Regelung eine deutliche Vereinfachung zu erwarten. Der in der Begründung des Referentenentwurfs enthaltene Hinweis, daß die Einnahmen aus Werbung für Unternehmen nicht zu den maßgeblichen Einnahmen gehören, sollte zur Klarstellung in die künftige gesetzliche Regelung übernommen werden.

VI. Liegen die Einnahmen über 60 000 DM im Jahr, sind alle sportlichen Veranstaltungen ein wirtschaftlicher Geschäftsbetrieb. Um die künftige Besteuerung gegenüber der jetzigen Rechtslage nicht zu verschlechtern, sieht § 67 a II AO (RefE) für die betroffenen Vereine ein Wahlrecht vor. Die einmal getroffene Wahl soll den Verein für mindestens fünf Veranlagungszeiträume binden.

Verzichtet ein Sportverein auf die Anwendung des § 67 a I AO (RefE), gilt eine dem heutigen § 67 a AO weitgehend entsprechende Regelung. Verzichtet wird künftig lediglich auf eine Sonderregelung für Fußballbundesligavereine. Das bedeutet, daß ein Bundesligaverein erstmals sportliche Veranstaltungen durchführen kann, die als Zweckbetrieb zu beurteilen sind.

Der Referentenentwurf behält ansonsten die in § 67 a S. 1 Nr. 1 und 2 AO betroffene Unterscheidung zwischen den beiden Grundtypen von bezahlten Sportlern bei. Hinsichtlich der Auslegung der künftigen Bestimmung kann, soweit sie unverändert Gesetz wird, auf die Ausführungen in dieser Arbeit verwiesen werden.

Durch eine Neufassung des Gesetzestextes wird es künftig das Zuordnungsproblem, ob Einnahmen aus dem wirtschaftlichen Geschäftsbetrieb „Berufssportveranstaltung" vorliegen, nicht mehr geben. Vielmehr dürfen künftig zur Bezahlung von Sportlern alle Mittel verwendet werden, die aus einem wirtschaftlichen Geschäftsbetrieb stammen.

VII. Kleine Vereine, deren steuerpflichtiger Umsatz im Vorjahr unter 60 000 DM lag, sollen künftig zwischen einem Durchschnittssatz von 7 vom Hundert und der herkömmlichen Bestimmung der abziehbaren Vorsteuerbeträge wählen können.

Literaturverzeichnis

Arndt, Hans-Wolfgang/*Immel,* Cornelia: Zur Gemeinnützigkeit des organisierten Sports, BB 1987, 1153 ff.

Arnold, Karl-Michael: Steuerfreie Beteiligung einer gemeinnützigen Körperschaft an Gewinnen einer Personengesellschaft, BB 1986, 2033 ff.

Becker, Enno/*Riewald,* Alfred/*Koch,* Carl: Reichsabgabenordnung mit Nebengesetzen, Band 1, §§ 1 – 159 RAO, StAnpG, StSäumnG, 9. Aufl., Köln/Berlin/Bonn/ München 1963

Boettcher/Leibrecht, Dieter: Gemeinnützigkeitsverordnung, 2. Aufl., München 1971

Brandmüller, Gerhard: Steuerliche Hemmnisse bei der Eigenkapitalbildung gemeinnütziger Körperschaften, BB 1978, 542 ff.

Brockhaus: Der Große Brockhaus, 11. Band, SOL – UNJ, 16. Aufl. Wiesbaden 1957

Brockhausenzyklopädie: Brockhausenzyklopädie, 17. Aufl., 11. Band, L – MAH, Wiesbaden 1970, 17. Band, SCHR – STAL, Wiesbaden 1973, 19. Band, TRIF – WAL, Wiesbaden 1974

Buchner, Herbert: Die Rechtsverhältnisse im deutschen Lizenzfußball, RdA 1982, 1 ff.

Bühring, H.: „Ausschließlich gemeinnützige" Zwecke, DStZ-A 1958, 305 ff.

Burmeister, Joachim: Aufopferungsrechtliche Entschädigungsansprüche staatlich geförderter Hochleistungssportler, NJW 1983, 2617 ff.

Claßen, Andrea: Zum steuerlichen Abzug von Trainingskosten bei den gewerblichen Einnahmen von Amateursportlern, BB 1987, 173 ff.

Dötsch, Ewald/*Eversberg,* Horst/*Jost,* Werner F./*Witt,* Georg: Die Körperschaftsteuer, Stand 1987

Domann, Rita: Steuerbereinigungsgesetz 1986 : Änderungen der Abgabenordnung (Teil I), DB 1986, 611 ff.

Dziadkowski, Dieter: Zur Unternehmereigenschaft von Sportlern, BB 1986, 2377 ff.

Erman, Walter: Handkommentar zum Bürgerlichen Gesetzbuch, Band 1, §§ 1 – 853, AGBG, AbzG, 7. Aufl., Münster 1981

Evers, Robert: Kommentar zum Körperschaftsteuergesetz, Berlin 1923

Felix, Günther: Förderung der Allgemeinheit als Voraussetzung der Gemeinnützigkeit, FR 1961, 236 ff.

Felix, Günther/*Streck,* Michael: Inhalte und Tragweite der Reform der ertragssteuerlichen Abzugfähigkeit staatspolitischer und staatsdemokratischer Ausgaben aufgrund der Novelle 1983 des Parteiengesetzes, DStZ-A 1984, 79 ff.

— Körperschaftsteuergesetz mit Nebengesetzen, 2. Aufl., München 1984

Fischer, Harald: Sport und Geschäft – Professionalisierung im Sport, Berlin 1986

Fricke, Detlev: Ist das Erfordernis der „unmittelbaren" Zweckverwirklichung im steuerlichen Gemeinnützigkeitsrecht noch aufrechtzuerhalten? Diss. Göttingen 1967

Füllgraf, Lutz: Eine vertragliche Dreierbeziehung im Arbeitsrecht – Der Lizenzfußball, Diss. Kiel 1981

Göz, Karl: Das Württembergische Einkommensteuergesetz vom 8. August 1903 nebst Ausführungsbestimmungen, 2. Aufl., Tübingen 1908

Gothe, F.: Sport und Steuern im Vergleich nach der alten und neuen Abgabenordnung, DB 1979, 474 f.

Greffenius, Gunter/*Borcherdt,* Winfried: Vertragsrechtliche Praxis der Werbung durch Spitzensportler, in : Werbetätigkeit und Sportvermarktung, hrsg. von Wolfgang Grunsky, Heidelberg 1985, S. 1 ff.

Grunsky, Wolfgang: Die Befugnis der Sportverbände zur Regelung der Werbetätigkeit durch Mitgliedsvereine, in : Werbetätigkeit und Sportvermarktung, hrsg. von Wolfgang Grunsky, Heidelberg 1985, S. 13 ff.

Gübbels: Zum Begriff der Gemeinnützigkeit, GmbHRdsch 1950, 184 f.

Gutachten: Gutachten der Unabhängigen Sachverständigenkommission zur Prüfung des Gemeinnützigkeits- und Spendenrechts: Schriftenreihe des Bundesministeriums der Finanzen, Band 40, Bonn 1988

Hattenhauer, Hans (Hrsg.): Allgemeines Landrecht für die Preußischen Staaten von 1794, Frankfurt 1970

Hauber, Hermann: Steuerrecht der Vereine, 5. Aufl., Ludwigshafen 1981

Heckelmann, Dieter: Der Idealverein als Unternehmer? AcP 1979, 1 ff.

Hemmerich, Hannelore: Möglichkeiten und Grenzen wirtschaftlicher Betätigungen von Idealvereinen, Diss. Heidelberg 1981

Hönik-Schreiner, Renate/*Viehbeck,* Konrad: Der wirtschaftliche Geschäftsbetrieb nach § 14 AO, Herne/Berlin 1983

Hoffmann, Matthias: Steuerliche Behandlung der Veranstaltungen von gemeinnützigen Sportvereinen i. S. d. § 5 Abs. 1 Nr. 9 KStG 1977, FR 1981, 32 ff.

Hübschmann/Hepp/Spitaler: Kommentar zur Abgabenordnung und Finanzgerichtsordnung, 8. Aufl., Köln Stand 1987

Jauernig, Othmar (Hrsg.): Bürgerliches Gesetzbuch, 4. Aufl., München 1987

Kaiser, Ottomar: Der neue § 67 a AO – ein Danaergeschenk oder ein Segen für die Sportvereine? DB 1986, 1298 f.

Kalmes, Herbert: Umsatzsteuersatz für Leistungsentgelte von Nichtmitgliedern bei gemeinnützigen Vereinen, UR 1986, 198 ff.

Kampffmeyer, Paul/*Altmann,* Bruno: Vor dem Sozialistengesetz, Krisenjahre des Obrigkeitsstaates, Berlin 1928

Kaske, Joachim: Das arbeitsrechtliche Direktionsrecht und die arbeitsrechtliche Treuepflicht im Berufssport, Diss. Bayreuth 1983

Keßler, Rainer E.: Neue Regelungen zur unbeschränkten und beschränkten Einkommensteuerpflicht im Steuerbereinigungsgesetz 1986, BB 1986, 1890 ff.

Klein, Franz/*Orlopp,* Gerd: Abgabenordnung, 3. Aufl., München 1986

Klein, Willi: Deutsches Sporthandbuch, Band I, 2. Aufl., Wiesbaden Stand 1987

Knauth, Klaus-Wilhelm: Die Ermittlung des Hauptzwecks bei eingetragenen Vereinen, JZ 1978, 339 ff.

Koch, Karl: Abgabenordnung AO 77, 3. Aufl., Köln/Berlin/Bonn/München 1986

Krabbe, Helmut: Beschränkte Steuerpflicht bei künstlerischen, sportlichen, artistischen und ähnlichen Darbietungen, FR 1986, 425 ff.

Kraft, Josef: Die steuerliche Gemeinnützigkeit, Vierteljahresschrift für Steuer- und Finanzrecht 1932, 315 ff.

Kühl, Jochen: Rechtstatsächliche Konstruktionen der Werbung durch Verbände und Vereine, in : Werbetätigkeit und Sportvermarktung, hrsg. von Wolfgang Grunsky, Heidelberg 1985, S. 25 ff.

Kühn, Rolf/*Kutter,* Heinz/*Hofmann,* Ruth: Abgabenordnung Finanzgerichtsordnung Nebengesetze, 15. Aufl., Stuttgart 1987

Lang, Joachim: Gemeinnützigkeitsabhängige Steuervergünstigungen, StuW 1987, 221 ff.

— Zur steuerlichen Förderung gemeinnütziger Körperschaften, DStZ-A 1988, 18 ff.

Lauerbach, Erwin: Sport und Gesellschaft, in : Sport und Recht, hrsg. von Friedrich Christian Schroeder und Hans Kauffmann, Berlin/New York 1972, S. 6 ff.

Littmann, Eberhard/*Bitz,* Horst/*Meincke,* Jens Peter: Das Einkommensteuerrecht, Band 2, §§ 13 – 56, 14. Aufl., Stuttgart 1985

Mack, Hans: Zur Besteuerung gemeinnütziger Körperschaften - neuere Rechtsprechung und Verwaltungspraxis, DStR 1984, 187 ff.

Märkle, Rudi W.: Der Verein im Zivil- und Steuerrecht, 6. Aufl., Stuttgart/München/Hannover 1987

Meier, Norbert: Zur steuerlichen Behandlung der Einnahmen von inländischen Amateursportlern, FR 1986, 350.

Menge, Michael: Medizinische Aspekte des Kinderhochleistungssports, in: Kinderhochleistungssport, hrsg. von Udo Steiner, Heidelberg 1984, S. 1 ff.

v. Münch, Ingo (Hrsg.): Grundgesetz-Kommentar, Band 3, Art. 70 – 146, Gesamtregister, 2. Aufl., München 1983

Münchener Kommentar: Münchener Kommentar zum Bürgerlichen Gesetzbuch, Band 3, 1. Halbband, §§ 433 – 656, AbzG, München 1980

Mummenhoff, Winfried: Gründungssysteme und Rechtsfähigkeit, Köln/Berlin/Bonn/München 1979

Neufang, Bernd/*Schaeberle,* Jürgen/*Karg,* Helmut: Der Verein und das Finanzamt, Freiburg 1987

Palandt, Otto: Bürgerliches Gesetzbuch, 46. Aufl., München 1987

Pauly, Carl August: Hamburgisches Einkommensteuergesetz vom 9. Januar 1914, Hamburg 1914

Peter, Adalbert: Recht und Steuern der Vereine, 2. Aufl., Berg 1986

Poschenrieder, Franz-Joachim: Sport als Arbeit – Konsequenzen aus arbeitsrechtlicher Sicht unter Einbeziehung der Grundrechte, Diss. München 1977

Rader, Jürgen: ABC der Gemeinnützigkeit, Steuerbegünstigung gemeinnütziger, mildtätiger oder kirchlicher Vereine, 2. Aufl., Herne/Berlin 1987

— Was ist ein Zweckbetrieb im Sinne von § 65 der Abgabenordnung? BB 1979, 1192 ff.

Rauball, Reinhard: Olympische Statuten, Berlin/New York 1972

Reichert, Bernhard/*Dannecker,* Franz J./*Kühr,* Christian: Handbuch des Vereins- und Verbandsrechts, 4. Aufl., Neuwied/Darmstadt 1987

Reisch, Max/*Reichhardt,* Oswald/*Urbanke,* Urs: Probleme bei der Besteuerung von Amateursportlern aus nationaler und internationaler Sicht, DB 1988, 359 ff.

Reschke, Eike (Hrsg.): Handbuch des Sportrechts (SportR), Neuwied/Darmstadt, Stand 1987

Reuter, Dieter: Probleme der Transferentschädigung im Fußballsport, NJW 1983, 649 ff.

Roolf, Willy J.: Die Beteiligung einer gemeinnützigen Körperschaft an Personen- und Kapitalgesellschaften und der wirtschaftliche Geschäftsbetrieb, DB 1985, 1156 ff.

Roth, Edgar: Reibungspunkte bei der Besteuerung von gemeinnützigen Vereinen und Verbänden (insbesondere gesehen aus der Sicht der Sportvereine), DStTg 1984, 123 ff.

Sack, Rolf: Der „vollkaufmännische Idealverein", ZGR 1974, 179 ff.

Schad, Hans Joachim/*Eversberg,* Horst: Begünstigende Regelungen zur Vereinsbesteuerung, DB 1980, 1234 ff.

Schaeberle, Jürgen/*Neufang,* Bernd: Die Besteuerung der Vereine (Teil I), Inf 1984, 217 ff.

Schick, Stefan: Die Beteiligung einer gemeinnützigen Körperschaft an einer GmbH und der wirtschaftliche Geschäftsbetrieb, DB 1985,1812 ff.

Schleder, Herbert: Auswirkungen von Ablösezahlungen beim Vereinswechsel von Sportlern auf die Gemeinnützigkeit, DB 1983,2387 f.

— Steuerbereinigungsgesetz 1986 (Änderungen des Gemeinnützigkeitsrechts 1986), RWP SG 2.1 S. 121 ff.

Schmidt, Ludwig: Einkommensteuergesetz, 6. Aufl., München 1987

Schneider-Vontz, Hilmar: Zur Besteuerung der Sportbetriebe nach dem neuen § 67 a AO, DB 1986, 1950

Scholtz, Rolf-Detlev: Steuerbegünstigte Zwecke (Teil I), FR 1976, 181 ff.

Schwarz, Bernhard: Abgabenordnung, Freiburg i. Br., Stand 1987

Seiter, Hugo: Vertrags- und arbeitsrechtliche Probleme der Werbung durch Spitzensportler, in: Werbetätigkeit und Sportvermarktung, hrsg. von Wolfgang Grunsky, Heidelberg 1985, S. 41 ff.

Sommer, Michael: Einkünfte von Sportlern aus Werbeverträgen, BB 1981, 177 ff.

Sport + Spiel: Sport + Spiel, hrsg. vom Senat der Hansestadt Lübeck, 1984

Sport und Steuern: Sport und Steuern, hrsg. vom Bundesministerium der Finanzen, Bonn 1984

Sport und Steuern (SH): Sport und Steuern, Informationen zur steuerlichen Behandlung der Sportvereine, hrsg. vom Finanzminister des Landes Schleswig-Holstein, Stand 1986

Steuertips für Vereine: Steuertips für Vereine, hrsg. vom Bayerischen Staatsministerium der Finanzen, 4. Aufl., München 1983

Tipke, Klaus: Zur Reform der Reichsabgabenordnung, Stellungnahme zum Reformentwurf, 4. Teil: Steuerschuld, FR 1970, 412 ff.

Tipke, Klaus/*Kruse,* Heinrich Wilhelm: Abgabenordnung Finanzgerichtsordnung, Band I, 12. Aufl., Köln Stand 1987

Tröger, Walter/*Vedder,* Christoph: Rechtsqualität der IOC-Zulassungsregel – Anspruch und Wirklichkeit, in: Einbindung des nationalen Sportrechts in internationale Bezüge, hrsg. von Dieter Reuter, Heidelberg 1987, S. 1 ff.

Troll, Max: Besteuerung von Verein, Stiftung und Körperschaft des öffentlichen Rechts, 3. Aufl., München 1983

Trzaskalik, Christoph: Die steuerliche Förderung des Sports, StuW 1986, 219 ff.

Wachler, Paul/*Hoffmann,* Friedrich: Das Königlich Sächsische Einkommensteuergesetz vom 24. Juli 1900 i. d. F. der Gesetze v. 1. Juli 1902 und vom 15. Juni 1908 nebst Ausführungsverordnung und Instruktion, 4. Aufl., Leipzig 1916

v. Wallis, Hugo: Zu den Grundsätzen des Gemeinnützigkeitsrechts, DStZ-A 1979, 339 ff.

v. Wallis, Hugo/*Steinhardt,* Rolf: Steuerbegünstigte Zwecke nach der Abgabenordnung 1977, 5. Aufl., Herne/Berlin 1977

Weber, Wolfgang/*Endlich,* Günther: Die neue, alte Vereinsbesteuerung, BB 1981, 1330 ff.

Wegehenkel, Peter: Die Auslagerung eines wirtschaftlichen Geschäftsbetriebes einer gemeinnützigen Körperschaft durch Einbringung in eine Kapitalgesellschaft und die steuerlichen Folgen, DB 1986, 2514 ff.

Weisemann, Ulrich: Sport, Spiel und Recht, München 1983

Westerkamp, Georg: Ablöseentschädigungen im bezahlten Sport, Diss. Münster 1980

Widmann, Siegfried: Ausgewählte Probleme der Gemeinnützigkeit, JbFSt 1976/77 S. 385 ff.

Wochinger, Peter: Steuerliche Behandlung von Sportvereinen, NWB 1986, 1735 ff = Fach 2 S. 4655 ff.

Wunsch, Franz: Erbschaftsteuergesetz vom 3.6.1906/3.7.1913 nebst Ausführungsbestimmungen, 2. Aufl., Berlin 1915

Zimmermann, Emil: Das badische Einkommensteuergesetz vom 20. Juni 1884 in seiner neuesten Fassung nebst der Vollzugsordnung, Karlsruhe 1907

Zimmermann, F. W. R./*Ludewig,* D.: Erläuterungsbuch zum Erbschaftsteuergesetz, 4. Aufl., München/Berlin/Leipzig 1925

Kolibri 360 GmbH
Ferdinand-Jühlke-Straße 7
99095 Erfurt, Deutschland
produktsicherheit@kolibri360.de

Druck:
CPI Druckdienstleistungen GmbH
im Auftrag der
Kolibri 360 GmbH
Ferdinand-Jühlke-Str. 7
99095 Erfurt